Manfred Theisen

Uncover • Die Trollfabrik

Bisher von Manfred Theisen im Loewe Verlag erschienen:

Einer von 11
Uncover – Die Trollfabrik

Manfred Theisen

UNCOVER
DIE TROLLFABRIK

Figuren und Handlung des Romans sind frei erfunden.
Doch wer in den handelnden Figuren Personen der Zeitgeschichte
wiedererkennt, dem möchte ich seine Erkenntnis nicht nehmen.
Jeder ist in seinen Gedanken frei.

ISBN 978-3-7432-0182-8
1. Auflage 2020
© 2020 Loewe Verlag GmbH, Bindlach
Umschlagfotos: © Fred Mantel/Shutterstock.com,
© ViChizh/Shutterstock.com
Umschlaggestaltung: Michael Dietrich
Redaktion: Sarah Braun
Printed in the EU

www.loewe-verlag.de

Trolle nannten wir einst jene mythischen Fabelwesen hoch oben im Norden Europas. Grobe, ungehobelte Geister einer lang vergangenen Zeit. Wer heute nach Trollen sucht, der findet ihre Spuren im Netz. Es sind Menschen, die sich oft hinter Fake Accounts verstecken, um Streit zu säen und Fake News zu streuen. Sie können Regierungen stürzen, Präsidenten ins Amt verhelfen, provozieren, gegen Minderheiten hetzen, gegen Fremde und gegen jeden, der ihren Geldgebern nicht passt. Staatliche und staatsnahe Trolle sind Armeen von Lügnern und Betrügern, die mit Bots ihre bösen Botschaften verbreiten und in Bürohäusern hocken, die als Trollfabriken bezeichnet werden.

Sonntag, 29. Juli
Berlin, Kreuzberg

Berlin ist der Zwergpudel, der am Breitscheidplatz an eine Anti-Terror-Absperrung pisst, ist der speckige Typ, der mitten in der Nacht zwei Alditüten über den Ku'damm schleppt, ist ein chinesischer Tourist, der gerade am Brandenburger Tor einen Herzinfarkt erleidet – und Berlin ist das Studio des YouTube-Kanals *Uncover* in dem Hinterhof an der Reichenberger Straße.

Zu *Uncover* gehören meine Freundin Sarah, mein Kumpel Khalil, der für die Technik zuständig ist, und ich als Sprecher. Mein Name ist Phoenix Zander, auf YouTube kurz PhoenixZ. Wir nehmen ein Video auf. Ich stehe vor der Kamera im Aufnahmeraum und rede über *Fridays for Future*. Aber ich kann mich nicht konzentrieren. Denn schräg vor mir bewegt sich ein Stock. Er hebt seine dürren Vorderbeinchen und versucht, sich an einem zweiten Stock hochzuziehen. Doch sein Kumpel lässt los und so stürzen beide in die Tiefe. Geräuschlos fallen sie auf den Boden des Terrariums.

Khalil sitzt hinter der Glasscheibe am Laptop und hebt die Hand. »Stopp! Was ist los mit dir, Phoenix? Du musst in die Kamera gucken!«

»Sorry, diese Stabheuschrecken sind einfach zu bescheuert«, sage ich.

Es gibt keine langsameren, keine leiseren und ganz sicher keine unauffälligeren Tiere als Stabheuschrecken. Manche sehen aus wie Stöcke, andere wie Blätter.

Khalil betrachtet mich durchs Glas und seine Stimme dröhnt in meine Kopfhörer: »Ich komm jetzt rein und decke das Terrarium ab. Diesen Take machen wir nun schon zum vierten Mal. Bisher hatte doch alles problemlos geklappt.«

Da hat er recht. Im ersten Beitrag ging es um die *East Stratcom Task Force* der EU, die seit fünf Jahren russische Fake News entlarvt. Und ich habe jedes Wort sauber rübergebracht. Aber dann fiel mein Blick auf diese bekloppten Stabheuschrecken.

»Schon okay. Ich konzentriere mich wieder«, verspreche ich ihm.

Normalerweise würden wir nicht mitten in der Nacht ein Video für *Uncover* produzieren. Normalerweise. Doch es gibt kein Normalerweise mehr, denn seit ich mein Abi in der Tasche habe, bin ich tagsüber in der Redaktion der *Berliner Nachrichten* eingespannt. Es nennt sich »Praktikum«, aber es ist in Wahrheit ein Zwölfstundenjob. Also stehe ich hier nun nachts am Mikro und schwitze mir die Seele aus dem Leib. Denn hier drinnen ist es noch wärmer als draußen. Die Wände um mich herum sind mit hellbraunem Schaumstoff ausgelegt – richtig oldschool sieht das aus. Die Schalldämmung saugt jeden Hall aus der Luft und sie scheint die ganze Hitze der Stadt in sich gespeichert zu haben. Ich würde jetzt am liebsten kalt duschen.

»Bist du bereit?«, fragt Khalil.

Ich nicke, schaue direkt in die Kamera und nicht mehr auf die Stabheuschrecken. Der Schweizer Soziologe Benno Gerber behauptet, dass der friedliche Protest von *Fridays for Future* keinen Fortschritt bringt: »Weil die bedrohliche Konfrontation fehlt. Das herrschende System reagiert nur, wenn Regeln gewalttätig übertreten werden. Das Fernbleiben von der Schule oder das Besetzen von Straßen wie etwa bei *Extinction Rebellion* reicht dazu nicht aus. Die Politiker werden erst handeln, wenn es zur massiven Konfrontation kommt, wenn Demonstrierende die Polizisten angreifen oder Politiker mit Steinen bewerfen. Es bedarf der Eskalation durch Radikalität.«

Das sehe ich anders und sage es ins Mikro: »Ich wohne in Berlin. Hier gab es eine friedliche Revolution. Hier sind die Leute auf die Straße gegangen. Kein Schuss ist gefallen, kein Blut vergossen worden und trotzdem haben sie eine Mauer eingerissen. Wer das genauso sieht wie ich, der kann seine Meinung gerne hier« – ich deute mit dem Finger nach unten – »in die Kommentare hämmern. Oder meint ihr auch, dass *Fridays for Future* gewalttätig werden muss? Reagieren Politiker nur auf extremen Druck? Wir von *Uncover* freuen uns auf eure Kommentare. Nur eines: Bleibt fair! Hater sind nicht erwünscht.«

Ich höre mich selbst reden, ohne Punkt und Komma, ganz im Flow, und verabschiede mich mit den Worten: »Danke euch fürs Zuschauen. Ihr wisst, einen Daumen hoch ist ein Traum für uns. Wir sehen uns bald wieder – hier bei *Uncover*.«

Ich schnippe zum Schluss laut mit den Fingern. Das war's.

Khalil hebt den Daumen. Er ist zufrieden. Die beiden Stabheuschrecken sind wieder auf dem Weg nach oben und ich gehe rüber in den Regieraum zu Khalil. Der ist hinter einem riesigen Mischpult aus den 80er-Jahren verborgen, das mehr Knöpfe als das Cockpit eines Airbus hat. Daneben stehen Bongos und ein Keyboard, ein Mini-Synthesizer und ein megagroßes Tamburin. Doch all das braucht Khalil nicht. Ihm genügen sein Computer und die beiden Bildschirme auf dem Tisch neben dem Mischpult. Dort schneidet er routiniert die Einspieler ins Video.

Ganz nebenbei will er von mir wissen: »Was ist eigentlich mit Sarah?«

Die Frage habe ich schon den ganzen Abend erwartet.

»Beim nächsten Mal ist sie wieder dabei«, verspreche ich, obwohl ich es selbst nicht weiß.

»Alles in Ordnung mit euch beiden?«

»Ja«, sage ich, obwohl ich das auch nicht weiß.

Sarah ist knapp zwei Jahre älter als ich, studiert Politik und Geschichte auf Lehramt und ist gerade bei einem ihrer Kommilitonen. Sie lernen für die letzte Klausur in diesem Semester, die sie morgen schreiben. Ich vertraue ihr. Trotzdem ist mir nicht wohl bei dem Gedanken, dass sie bei einem anderen Typen zu Hause ist. Seit ein paar Tagen ist ziemlich dicke Luft zwischen uns. Denn ihr gefällt es nicht, dass ich das Praktikum bei den *Berliner Nachrichten* mache. Schließlich wollten wir in ihren Semesterferien ursprünglich zum Segeln nach Korsika fahren.

»Morgen früh entscheidet es sich, ob wir den Stick kriegen«, sagt Khalil.

»Triffst du dich mit Hammed?«

»Exakt.«

»Ich hoffe, er hält diesmal, was er verspricht.«

»Er kann doch nichts dafür, dass ihn dieser Typ immer wieder hängen lässt.«

»Na, mal sehen, ob die vertraulichen Dokumente aus Syrien« – dabei setze ich mit meinen Zeigefingern »vertraulich« in Gänsefüßchen – »tatsächlich so topsecret sind.«

Khalil schaut nicht zu mir rüber, sondern schneidet am Laptop das Video.

Ich boxe Khalil aufmunternd gegen die Schulter. »Morgen wissen wir mehr. Dann haben wir hoffentlich endlich den Stick mit den Daten.«

»Ich hoffe es. Willst du 'nen Kaffee?«

Wir beide gehen in den Wohnungsflur. Auf der 50er-Jahre-Kommode stehen mehrere weiße und goldene Köpfe von Schaufensterpuppen mit uralten Perücken und darüber hängen gerahmte Google-Earth-Aufnahmen der fünf Kontinente. Überall in der Wohnung gibt es Vintage-Sachen: Aschenbecher, die keiner mehr braucht, Kassettenrekorder, die keiner mehr benutzt, und ein orangefarbenes Telefon aus den 70ern, das nicht angeschlossen ist. Der Vormieter mit dem Künstlernamen *Rodeo* hatte die wohl durchgeknallteste Studiowohnung in Berlin. Jetzt gehört sie *Uncover* und Khalil.

Wir gehen hinüber zur Bar. Ich stelle mich dahinter, mache den Espresso und schäume Mandelmilch auf. Kuhmilch gibt es hier nicht, denn Khalil lebt vegan. Mittlerweile weiß ich auch, dass ich die Mandelmilch auf keinen Fall heiß aufschäumen darf, sonst bricht sie gleich in sich zusammen. Früher war Khalil richtig speckig, aber seit anderthalb Jahren ist er vegan und dünn, obwohl er so unsportlich ist.

Er sitzt auf einem der Barhocker, die mit Tigerfell überzogen sind. Ich habe mich schon am ersten Tag gefragt, ob es von einem echten Tiger stammt. In diesem Studio halte ich alles für möglich. Die Wand hinter Khalil ist mit *Marvel*-Comicseiten aus den 60ern tapeziert: *The Fantastic Four, Iron Man, Thor, Spider-Man* und *Hulk*.

Wir quatschen über die Stabheuschrecken, darüber, dass sich diese Stöcke wie Karnickel vermehren, nippen Cappuccino und essen veganes Baklava von Khalils Mutter. Ich bin müde und zugleich total aufgedreht. Über das Video reden wir nicht. Vielmehr will Khalil wissen, wie es heute in der Redaktion war.

Ich sage: »Mein Vater nervt ein bisschen.«

»Wieso?«

»Er wollte, dass ich heute Abend länger bleibe. Unseren Kanal nimmt er nicht wirklich ernst.«

»Wir seine Zeitung ja auch nicht wirklich. Kennst du einen unter fünfzig, der noch Zeitungen kauft?«

»Die machen jedenfalls eine Story über die Influencer-Szene in Berlin. Und mein Vater meinte, dass ich mich da doch am besten auskenne.«

»Ich hab dich gleich gewarnt. Es ist nie einfach, in einem Betrieb zu arbeiten, wo der eigene Vater der Chef ist. Welcher Praktikant muss denn sonntags ran?«

»Er ist nur Chef vom Ressort Politik, kein Chefredakteur. Und du hast den Bart voll Mandelmilch.«

Khalil lacht und macht sich den Bart sauber.

Warum ich seit zwei Wochen das Praktikum bei den *Berliner Nachrichten* überhaupt mache? Weil die Ausbildung gut ist. Papa hat mir versprochen, dass ich ein Volontariat erhalte, falls ich mich im Praktikum geschickt anstelle. Und sonntags arbeite ich nur, weil er mir gesagt hat, dass ich dafür freitags freibekomme.

Mein Handy vibriert. Sarah schreibt, dass sie schon in meiner Wohnung ist und auf mich wartet.

Wo bist du?, will sie wissen.

Ich antworte: *Bei Khalil. Wir haben eben das Video aufgenommen.*

Jetzt noch?, fragt sie.

Ich musste länger in der Redaktion bleiben, erkläre ich.

Sie schreibt, dass sie sich auf mich freut.

Khalil kann verstehen, dass ich sofort zu ihr will. Er möchte ohnehin das Video lieber allein zu Ende bringen. »Dann habe ich meine Ruhe«, sagt er.

Mein Fahrrad steht vor der Glastür des Anbaus. Darüber prangt in Neonbuchstaben »Rodeo's Studio«. Khalil lässt hinter mir das Rollo herunter. Er mag es nicht, wenn die Leute direkt in seine Wohnung schauen können.

Ich fahre über den Hinterhof durch das Tor hinaus auf die Reichenberger Straße. Kopfsteinpflaster. Im türkischen Bistro ist es still, im deutschen Bierlokal ist hingegen immer noch was los. Ich kann die Chaoten nicht verstehen. Wie kann man in dieser Hitze nur den ganzen Abend Bier und Schnäpse kippen? Gesang ist zu hören und die Deutschlandfahne hängt draußen. Fand heute ein Spiel der Nationalmannschaft statt?

Knapp eine halbe Stunde später bin ich am Ku'damm. Ein paar Typen geben zwischen den Blitzern Vollgas. Ich frage mich, wie sie an das Geld für die fetten BMW und Daimler kommen. Was für Idioten! Überall kontrolliert die Polizei und die heizen ihre Karren hoch, als gäbe es kein Morgen, als sei die Stadt nicht schon überhitzt genug. Manchmal hätte ich gerne ein ruhiges Berlin, aber es gibt kein ruhiges Berlin. Es ist ein Topf voller Ameisen – voller Ameisen auf Dope, die nie Ruhe geben und immer schneller leben wollen.

Sonntag, 29. Juli
Estnische Grenze zu Russland

Während auf den Straßen von Berlin immer noch der Verkehr fließt, bewegt sich 1 669 Kilometer nordöstlich entfernt die Narva ruhig durch die Nacht. Im Fluss spiegelt sich der Mond und die Wolken ziehen bedächtig über die flache, bewaldete Landschaft. In der Mitte der Narva dümpelt ein Grenzschiff und ein Panzer aus dem Zweiten Weltkrieg thront am estnischen Ufer auf einem Sockel. Sauber geputzt ist er, als würde er gleich losbrüllen, Ruß husten und in die Schlacht rollen.

Leonid Gontscharow lehnt sein Fahrrad an eine der Birken. Sein Name ist russisch, aber er lebt auf der estnischen Seite des Flusses. Leonid blickt hinüber auf einen der Grenzpfähle am Ufer. Überall auf der Welt gibt es Grenzen, aber die hier an der Narva ist besonders: Sie trennt die Europäische Union von Russland. Seit Jahrhunderten gibt es an diesem Fluss immer wieder Krieg. Die Esten gegen die Russen. Die Schweden gegen die Russen. Die Deutschen gegen die Russen. Eigentlich müsste das Wasser der Narva rot von Blut sein und Stahlhelme müssten darin treiben, aber alles hier wirkt friedlich. Dabei ist es gerade wieder ein brüchiger Frieden zwischen Russland und Europa. Und sowohl auf estnischer wie auch auf russischer Seite wächst die Wachsamkeit der Soldaten.

Leonid ist schlank, breitschultrig und sein Gesicht scharfkantig. Er hat getrunken, denn heute war der *Tag der russischen Flotte*. Trotz des Alkohols klettert er auf das Podest zum Panzer. Männer in seinem Alter haben normalerweise Frau und Kind, er hat niemanden. Nicht einmal eine vernünftige Trennung hat er hinter sich.

Der Panzer ist ein *A T-35-85*: klein, kompakt, wendig, und trägt einen roten Stern auf jeder Seite. Es ist einer jener russischen Panzer, die zum Ende des Zweiten Weltkriegs unter Stalins Führung Hitlers Truppen aus Estland vertrieben haben. Er steht hier auf EU-Seite und soll daran erinnern, wer Europa vom Faschismus befreit hat. Leonid zieht eine Sprühflasche mit schwarzer Farbe und ein Fläschchen *Samagonka* aus seiner Sportjacke. Darin ist noch eine Pfütze des Hochprozentigen. Er kippt den selbst gebrannten Schnaps herunter und wirft das Fläschchen in hohem Bogen in die Narva.

Dann schaut er auf die Sprühdose in seiner linken Hand, ploppt den Deckel ab und hält die Dose senkrecht. Leonid malt über den roten Stern des *A T-35-85* ein Hakenkreuz, geht einen Schritt weiter und malt noch ein Kreuz – so viele, bis sich die Hakenkreuze rund um den Panzer berühren. Neben das Geschütz schreibt er: »RUSSEN RAUS!«

Er lehnt seinen Kopf an das kühle Kanonenrohr. Ein solches Rohr ist wie ein Fernglas in die Zukunft. Es wird wieder Krieg geben. Das hofft Leonid zumindest. Denn nur durch einen Krieg können Estland und das gesamte Baltikum von Russland zurückerobert werden. Leonid legt sich rücklings auf den Panzer und schaut in den Himmel. Er hat einen Hollywoodfilm mit Ryan Gosling gesehen, in dem die Behauptung der USA in Szene gesetzt wurde, dass die Amerikaner auf dem Mond gelandet seien. So ein Blödsinn. In Hollywood sitzen nur Wahrheitsverdreher.

»*Ne prawda!*«, murmelt er vor sich hin. »Alles gefakt! Wenn ihr wirklich dort oben gewesen seid, warum könnt ihr heute nicht mehr dorthin? Propaganda, nichts als Propaganda!«

Leonid zielt mit dem Finger auf den Mond. *Peng!* Der Mond fällt angeschossen herunter und er schaut auf seine Fingernägel. Sie sind sauber abgekaut. Der Bürojob in der Trollfabrik reibt ihn auf. Er erinnert sich gerne an die Jahre in der Armee und die Freiheit in der Uniform. Gemeinsam mit seinen Kameraden war er in Georgien und hat dort Russland verteidigt.

Ein Auto kommt, es fährt auf den Parkplatz. Mit einem Schlag ist er wieder ganz klar im Kopf. Leonid gleitet neben dem Auspuff vom Panzer hinunter und versteckt sich dahinter. Er fühlt den 18-jährigen Rekruten in sich, den Einzelkämpfer. Wenn sie ihn hier erwischen, mit der Sprühflasche in der Hand und den Hakenkreuzen auf dem Panzer, ist er geliefert, egal ob das im Auto Esten oder Russen sind. Denn es sind vielleicht jene Russen oder Esten, die Ruhe wollen und keine Provokationen möchten. Dabei will Leonid genau das: Er will provozieren. Er will, dass sich morgen die russische Bevölkerung von Estland über den mit Nazi-Symbolen beschmierten sowjetischen Panzer aufregt, dass sie auf die Straße geht und dass dieses Pulverfass Estland in die Luft fliegt.

Jeder in Narva spricht Russisch. Jeder. Halb Estland spricht Russisch. Warum also müssen die Kinder in der Schule Estnisch lernen? Das ist krank. Die Russen müssen sich erheben. *Das* will Leonid. Sie sollen sich von der Unterdrückung durch die EU befreien. Diese Ruhe im Baltikum – in Estland, in Lettland und in Litauen – ist nichts als eine Lüge. So wie die Ruhe in der Ukraine eine Lüge gewesen war. *Alles Lüge*, denkt er. Zumindest ist die Krim russisch und irgendwann wird es die gesamte Ukraine sein. Alles wird wieder so sein, wie es früher einmal war. Alle haben dann den gleichen Pass, es gibt keine Grenzen mehr und überall kannst du mit Rubel zahlen. Leonid hockt hinter dem Panzer, seine Gedanken sind mit ihm durchgegangen.

»Konzentrier dich«, flüstert er sich selbst zu und lauscht: Die Autotüren öffnen sich, aufgeregte Stimmen, die Türen knallen dumpf wieder zu. Audi oder Mercedes, tippt Leonid. Er kennt sich mit Autos aus. Die Stimmen klingen jung und Schritte knirschen im Kies. Sie sprechen lautes scheußliches Russisch. Es ist voller Schimpfwörter. Der russische Präsident Konstantin Komarow hatte vor den Olympischen Spielen in Sotschi das Benutzen von Schimpfwörtern unter Strafe gestellt. Das war richtig, denn Russisch ist versaut von Schimpfwörtern. Noch haben die Leute, die gerade aus dem Wagen gestiegen sind, nicht die Hakenkreuze auf dem Panzer gesehen und nicht den Spruch »RUSSEN RAUS!« entdeckt.

Jemand ruft: »Hey, hier ist ein Fahrrad!«

Leonid lugt um den Panzer herum und sieht, wie einer von ihnen auf sein Fahrrad steigt. Anhand des Fahrrads kann Leonids Identität zurückverfolgt werden. Schließlich hat so ein Rad eine Rahmennummer und zur Rahmennummer gibt es eine Kaufquittung. Er hat das Fahrrad extra offiziell im Geschäft gekauft und nicht gebraucht, um kein gestohlenes Rad zu erwischen. Und jetzt das!

Einer schreit: »Los, in den Wagen!«

Der Typ auf Leonids Fahrrad schafft es nicht, schnell genug abzusteigen: »Hey, wartet! Ihr Schweine!«

Der Audi fährt vom Parkplatz und der Fahrer grölt aus dem Fenster: »Strampeln, strampeln, dann kommst du schon nach Narva!«

Mit diesen Worten verschwindet der Wagen. Der Fahrradfahrer schreit noch einmal verzweifelt, dann verstummt er.

Nur das Quaken der Frösche ist zu hören.

Leonid sieht, dass der Radfahrer wegfahren will. Das darf er nicht zulassen! Er rennt dem Mann hinterher. Der bremst, dreht sich um und Leonid streckt ihn mit der Faust nieder. Dem Mann fliegt die Kappe herunter und er kippt nach hinten – direkt auf den Hinterkopf. Es ertönt ein dumpfes Geräusch, als sei ein Sack umgefallen. Sein Blut ist grau im Kies zu sehen und versickert im Mondlicht.

Leonid schnappt sich die Kappe, auf der steht: *Komarow, der ehrlichste Mensch der Welt.* Er setzt sie auf und zieht sein Fahrrad unter dem Mann weg. Seit seinen Jahren im Militär hat er niemanden mehr geschlagen. Er fühlt sich gut, greift in seine Jacke und drückt dem Kerl die Sprühflasche in die Hand. Dann steigt er aufs Rad, steigt noch einmal ab, um den Lenker zu richten, und fährt die Straße nach Narva entlang. Glatt wie Lakritze glänzt der Asphalt im Mondlicht. Schilder stehen am Straßenrand. Sie sagen, dass die Straße durch Mittel der EU finanziert worden sei.

Leonid schüttelt den Kopf und sagt: »Scheiß Europa.«

Montag, 30. Juli
Berlin, Datschensiedlung

Eymen ist Fotograf. Er sitzt neben mir, schwitzt und raucht. Alt wie mein Vater ist er und fett. Er stößt mit dem Bauch unten ans Sportlenkrad. Eymen hat mich gefragt, ob ich etwas dagegen hätte, wenn er rauchen würde. Ich habe Nein gesagt, was rückblickend betrachtet ein Fehler gewesen war, denn jede Faser meines T-Shirts riecht jetzt nach Nikotin. Im Film darf es solch qualmende Typen mit Zigarette im Mund schon gar nicht mehr geben. Im echten Leben hocken sie einfach neben dir und fahren Mercedes-SUV. Am liebsten würde ich das Fenster runterkurbeln, aber das geht nicht wegen der Klimaanlage.

Ich rufe auf meinem Handy unser *Uncover*-Video von heute Nacht auf. Jetzt ist es später Nachmittag und das Video hat schon 127 897 Aufrufe, 27 987 Likes und kaum Dislikes. Ich scrolle mich durch die Kommentare zum *Fridays for Future*-Beitrag. Einer will, dass endlich Steine geworfen werden, damit sich etwas ändert, eine andere möchte, dass die NATO gegen Leute wie den brasilianischen Präsidenten vorgeht, der den Regenwald abbrennen lässt. Ich bin erstaunt, wie radikal einige unserer Abonnenten denken.

»Die Leiche muss hier irgendwo in diesem Scheiß Datschistan sein«, flucht Eymen. Ich schaue vom Handy auf und sehe, wie er sich am Hals herumfingert. Das ist echt nicht schön. Ob er ans Abnehmen denkt? Er ist wie eine Karikatur seiner selbst. Wir sollten auf *Uncover* mal eine Story über ihn bringen. Er erinnert mich an *Tanzverbot*, diesen übergewichtigen YouTuber, der ständig isst und ständig darüber redet, dass er sich irgendwann einmal tot fressen wird. Und weiter den Pappmüll von McDoof frisst. Genau so kommt mir Eymen vor. Er ist ein Kugelfisch mit durchgeschwitztem Poloshirt. Nur seine Augen sind wacher. Damit scannt er rechts und links die Schrebergärten ab.

Draußen in der Hitze liegt ein Meer von Datschen. Wir gondeln an dem Kleingärtnerglück vorbei und ziehen eine Wolke von Staub hinter uns her. Die Kleingärtner zeigen Flagge: Deutschlandflaggen, Union-Berlin-Flaggen, Türkei-, Russland-, Italien- und Piratenflaggen. Und wir sehen Rauchsäulen, die über den Grills in den Himmel steigen. Rauchzeichen von Tieren: Rinder, Schweine, Lämmer und Hühner.

Eymen bremst, er hat hinter einem Zaun einen Haufen Rentner entdeckt. Wie Feuerkäfer hängen sie in dem Garten beieinander.

Ich erhalte eine Nachricht von Khalil. Vermutlich will er mit mir über den gestrigen Beitrag reden. Schließlich läuft bei *Uncover* zurzeit alles ein bisschen chaotisch ab, weil ich tagsüber in der Zeitung eingespannt bin. Vorher konnten wir ständig über den Kanal quatschen, aber das ist jetzt schwierig. Doch Khalil will nicht über das Video sprechen. Auf dem Display meines Handys steht nur: *Hab den Stick.*

Offenkundig hat sein Informant endlich die Informationen weitergeleitet. Ich schicke ihm einen Daumen hoch und frage: *Was ist drauf?*

Er: *Jede Menge. Das meiste ist aber auf Russisch. Da muss Sarah ran. Wir müssen das Material schnell sichten.*

Ich: *Kommst du später zu mir? Das ist näher von der Redaktion.*

Er: *Okay. Bis heute Abend.*

Ich sende wieder einen Daumen hoch und will Sarah von der Neuigkeit berichten. Doch Eymen befiehlt mir genervt: »Steck das Handy weg. Du bist jetzt hier in dieser Geschichte. In keiner anderen.«

Da ich ihr dennoch schreibe, nimmt er mir das Handy weg und droht, es aus dem Wagen zu werfen.

»Okay, okay. Ich lass es sein.«

Wir stehen jetzt mit dem Wagen direkt vor der Parzelle, auf der ein Toter gefunden wurde. Die Polizei ist noch nicht da, die Feuerwehr auch nicht, aber Eymen und ich. Eymen sagt grinsend, während er den Bauch unter dem Lenkrad Richtung Ausstieg bewegt: »Immer schön mitschreiben, Phoenix. Namen und Aussagen. Alles notieren. Das ist dein Job.«

Als ich die Tür unseres Mercedes öffne, werde ich von einer Wolke roten Staubs erwischt, die der Wagen gerade aufgewühlt hat. Und es riecht nach Gegrilltem. Ein Kilo Rindfleisch kostet 15 000 Liter Wasser, aber so gut wie nichts im Lidl.

Eymen ist vorgegangen und fragt die Menge: »Wo ist denn der Tote?«

Allen ist klar: Dieser Kerl ist Fotograf der *Berliner Nach-*

richten – schließlich prangt auf dem Objektiv seiner Kamera ein Aufkleber der Zeitung. Er macht hier seinen Job, nicht mehr und nicht weniger. Und ich bin mit dabei, ein Praktikant.

Jeder der Kleingärtner ist kleiner als ich, keiner unter fünfzig. Eine beleibte Frau mit Schürze erklärt, dass sie die Leiche gefunden habe. Sie sieht aus, als sei sie einem dieser alten russischen Märchenfilme entsprungen, die sonntags auf KiKA laufen.

»Sollen wir nicht auf die Polizei warten?«, fragt sie Eymen.

Der winkt ab. »Dann latsch ich halt dem Geruch nach. Ich finde diesen Toten schon.«

Das muss er nicht, denn die Frau geht nun doch voran, ihre Hüften sind ausladend und ihr Gang ist breitbeinig. Ihr Mann folgt uns, oder sollte ich besser Männlein sagen? Ich weiß nicht, wo Berlin solche Figuren herholt. Jetzt fällt mir auch der Geruch auf: beißend, süßlich – widerlich.

»Wie 'ne faule Tüte«, sagt Eymen, der anscheinend meine Gedanken gelesen hat. Er deutet Rauchen an. »Na, 'ne Tüte halt. Hast du noch nie 'ne Tüte geraucht?«

»Doch, doch«, lüge ich.

Wir gehen an der Datsche vorbei, die vorne eine richtige Veranda mit Schaukelstuhl hat. Dahinter ist, gerahmt von Sonnenblumen, noch ein schlichter Schuppen. Wir laufen auf den Schuppen zu und der Gestank ist extrem. Du kannst weghören und auch wegsehen, aber wegriechen kannst du nicht. Da musst du dir schon die Nase zuhalten.

Die Märchenoma zeigt auf ihre Nase. »Tot. Hab noch nie was gerochen. Aber mein Mann hat eine feine Nase.«

Die Oma zieht aus der Tür ein Messer aus Holz, das als

Riegel diente, und drückt es mir in die Hand. Ich bin erstaunt. So ein Holzmesser hat mir Sarahs Vater auch mal geschenkt. Es wird beim Training von Systema genutzt, einem sowjetischen Kampfsport, der darauf abzielt, den Gegner zu entmachten und möglichst schnell zu töten.

Der rappeldürre Opa schaut Eymen an und sagt vorwurfsvoll, dass er die Polizei gerufen habe. »Nicht *Sie*, sondern die Polizei! Wir brauchen einen Kommissar, keinen Fotografen.«

»Schwätz nicht, Eugen«, unterbricht ihn die Oma. »Es war die Heizdecke. Dieser Sturkopf Erich wollte das Ding nicht wegschmeißen. Der hat doch selbst im Sommer gefroren. Vermutlich ist er unter der Heizdecke vor dem Heizofen eingeschlafen, hat im Schlaf gestrullt und dann gab es einen Kurzschluss. Hör auf, von Mord zu reden, Jenia.«

Es macht Klick in meinem Kopf: Jenia ist die russische Abkürzung für Jewgeni und gleichbedeutend mit dem deutschen Namen Eugen. Vermutlich sind wir auf einen Haufen Russlanddeutscher gestoßen, die sich in der Kolonie zusammengefunden haben. Der Name Jenia ist so typisch russisch wie Wodka und Kreml. Sofort kommen mir diese Oma und dieser Opa vertraut vor. Schließlich sind Sarahs Eltern und ihre Großmutter Anna auch Russlanddeutsche.

Eymen steht vor der Tür des Schuppens und zögert, sie zu öffnen. Hat er Angst, einen Tatort zu verunreinigen? Oder bilde ich mir das nur ein? Dann zieht die Oma die Tür auf. Heraus dringt ein Gestank, der mir sofort die Nase verätzt. Eymen hält sich ein Taschentuch vors Gesicht und fotografiert gleichzeitig in den Schuppen hinein.

»Bleib weg«, sagt er. »Bleib bloß weg, Phoenix.«

Immer wieder blitzt das Licht in der Hütte auf, aber ich stehe mit diesem Holzmesser hinter der Tür und kann nicht hineinschauen. Ich frage mich, warum Eymen den Leichnam so oft fotografiert. In einer seriösen Zeitung wie den *Berliner Nachrichten* wird ein solches Foto nicht abgedruckt werden.

Sirenen sind zu hören. Die Polizei hat endlich ihren eigenen Funk abgehört. Ich stecke das Holzmesser in meinen Hosenbund, als müsse ich es verbergen.

Eymen drückt die Tür des Schuppens wieder zu und fordert: »Erzählen Sie diesem jungen Mann, wie Sie ihn gefunden haben und wer Sie sind.«

Die beiden Alten erklären, sie hätten nicht geahnt, dass ihr Freund Erich Fron schon die ganze Zeit tot vor seinem Heizlüfter gesessen habe.

»Hat Herr Fron in der Datsche gelebt?«, frage ich.

»Das ist verboten«, sagt die Oma.

»Und?«, bohrt Eymen nach. »Wir dürfen auch nicht bei Rot über die Straße laufen.«

Die Oma wird ehrlich: »Manchmal hat er hier gewohnt, weil er seine Wohnung ...«

Dann verstummt sie, denn zwei Polizeibeamte kommen auf uns zu. Eymen stupst mich an. Ich begreife und schreibe mir noch Vor- und Nachnamen der Zeugen auf.

»Und ihre Telefonnummer?«

Eymen sagt: »Brauchen wir nicht.« Er hat es eilig. Am Auto angekommen fragt er: »Wir haben alles. Oder?«

»Weiß nicht«, erwidere ich. Immer noch sticht mir der Geruch von Erich in die Nase. Ich wusste vorher nicht, wie gegrillter Mann riecht.

Eymen schaut mich übers Dach des Wagens an: »Ich denke, du machst diesen YouTube-Kanal über Politik und so was.«

Ich nicke und sage bestimmt, um nicht unschlüssig zu wirken: »Ja, wir haben alles für den Artikel.«

»Gut. Wenn du das so siehst. Das musst du entscheiden. Die Entscheidung, welches das beste Foto ist, überlässt du mir.«

Das klingt fair.

»Scheiße, wenn du nichts riechst«, sagt Eymen, als wir wieder im Wagen sind. »Echt Scheiße.«

Er zündet sich eine Zigarette an. Dann atmet er tief ein und aus. Ich genieße den Rauch, denn er überdeckt Erichs Geruch.

In der Redaktion gibt mir Lokalchef Frank Böseke sechzig Zeilen Platz für den Artikel auf der ersten Lokalseite. Vermutlich ist sechzig auch Bösekes Alter. Er hat ausgedünntes Haar, Augenränder und klammert sich an den guten alten Journalismus, wo Bericht und Kommentar noch sauber voneinander getrennt wurden wie Plastik- und Papiermüll. Von uns YouTubern hält er nichts.

Aber ich schreibe erst einmal Sarah, dass Khalil endlich den Stick hat. Sie antwortet mit einer Sprachnachricht: »Kann heute Abend erst später. Hab dich lieb!«

Das war eine sehr knappe Antwort, zu knapp. Nicht einmal ein bedauerndes Emoji. Ich überlege, ob ich ihr sagen soll, dass wir sie für die Übersetzung brauchen, und sehe, dass am Nachrichtentisch der Fernseher läuft – ein Interview mit Konstantin Komarow. Der russische Präsident sieht in seinem schwarzen Anzug und der Sonnenbrille aus wie ein verschlagener Mafioso. Wie konnten die Russen nur so einen KGB-Mann an die Spitze wählen? Ich verstehe das nicht.

Und tippe an Sarah: *Was ist denn los? Warum kommst du später?*

Sie: *Treffen mit Freunden von der Uni. Willst du mitkommen?*

Ich: *Nein.*

Sie: *Wir lernen heute auch nicht. Wir feiern nur, dass wir heute unsere letzte Klausur geschrieben haben. Wird bestimmt lustig.*

Ich schicke einen Daumen nach unten.

Sie sendet mir einen Smiley. *Vielleicht überlegst du es dir noch.*

»Wie weit bist du?«, will Böseke wissen. »Bald ist Andruck.«

»Noch zwei Minuten«, sage ich und mache mich an die Arbeit.

Um halb acht stelle ich mein Fahrrad hinten im Hof ab und schreibe Khalil: *Bin zu Hause, warte auf dich.*

Vorne sind die Häuser der Fasanenstraße blitzblank, aber hier hinten im Hof sieht es anders aus. Meine Mutter wird noch im Sender sein und mein Vater schreibt in der Redaktion einen Kommentar über das drohende Auseinanderbrechen der Koalition in Berlin.

Ich habe Magenschmerzen, ich würde Sarah am liebsten anrufen und ihr verbieten, mit ihren Kommilitonen auszugehen. Doch das wäre lächerlich. Ich will nicht eifersüchtig sein. Deshalb drücke ich das Handy tiefer in meine Jeanstasche und steige die drei Stockwerke hoch. Im zweiten Stock steht ein Fenster offen. Mir weht der Geruch von Gegrilltem in die Nase. Rind, Lamm, Huhn, Schwein. Die Opfer des Sommers. Und ich muss an Erich Fron denken …

Im dritten Stock gibt es zwei Wohnungstüren: die meiner Eltern ist links, meine rechts. Ich wohne in der Einliegerwohnung. Den Schlüssel in der Hand höre ich ein Geräusch in meiner Wohnung. Ob meine Mutter da ist? Oder ein Einbrecher? Ich lege mein Ohr an die Tür und horche. Es ist still. Ich bin mir sicher, dass eben ein Geräusch aus meiner Wohnung gekommen ist.

Ich schreibe Mama: *Bist du bei mir in der Wohnung?*

Sie antwortet nicht.

Wieder ein Geräusch. Da ist jemand. Ganz sicher.

Ich rufe Mama an.

»Bist du in meiner Wohnung?«

»Wie? Ich bin im Sender. Ich sitze gerade an dem Beitrag über …«

»… die Koalition«, vermute ich.

»Woher weißt du das?«

»Weil Papa auch einen Kommentar über die Koalitionskrise schreibt.«

»Die Fliegen kreisen immer um die gleiche …«

»… Scheiße«, sage ich und wir lachen. Normalerweise geben wir uns nach solch einer Gedankenübertragung ein High five. Aber Lachen ist auch gut.

Jemand ruft im Hintergrund nach Mama und dann legen wir auf. Vor ein Uhr nachts wird sie nicht zu Hause sein.

Ich horche wieder an der Wohnungstür. Jetzt ertönt in der Wohnung meiner Eltern ebenfalls ein Geräusch. Aber das kenne ich: Es ist Mascha, die miaut. Sie hat Hunger. Sie hat immer Hunger. Mascha kann zwei Dinge besonders gut: essen und sich streicheln lassen. Für eine Sekunde hat sie meine Aufmerksamkeit, doch dann höre ich wieder ein Geräusch in meiner Wohnung. Ich drehe langsam den Schlüssel im Schloss, drücke vorsichtig die Tür auf und schaue mich um: Garderobe, zwei Jacken, rechts die Klotür, geradeaus die Tür zu meinem Zimmer. Ich gehe auf Zehenspitzen darauf zu.

Dann reißt jemand die Tür direkt vor meiner Nase auf und Sarah fällt mir um den Hals. Ich bin zu überrascht, um überrascht zu sein. Sie haucht mir ein wenig erotisch das Wort »Überraschung« ins Ohr und drückt mir einen Kuss auf den Hals. Ich bekomme Gänsehaut und wir küssen uns. Liebe fühlt sich gut an. Meine Hand ist in ihrem Haar. Es ist weich und reicht ihr bis zur Mitte des Rückens. Was für ein Glück, dass ich heute mal nicht länger in der Redaktion bleiben musste.

Zwei Jahre sind wir jetzt zusammen. Das also ist der Grund für die Überraschung. Typisch! Was für ein Klischee: Der Mann vergisst den Jahrestag, die Frau denkt daran. Sie hat den halben Schreibtisch leer geräumt und darauf Sushi vorbereitet. Weil ich Sushi liebe und weil sie Sushi liebt und weil es in dieser winzigen Einliegerwohnung nur eine viel zu kleine Küche gibt. Das reimt sich und ich habe jetzt das Gefühl, als würde sich das ganze Leben reimen. Alles ist gut, sie ist bei mir und ich scherze: »Ich dachte, ich hätte heute schon Geburtstag.«

»Mittwoch feiert erst mal meine Oma. Dann bist du dran.«

»Okay, okay«, erwidere ich. »*It's time to have a party. But not my birthday party.* Ich habe verstanden.«

Sie grinst, weil sie weiß, dass ich keine Lust habe, meinen achtzehnten Geburtstag zu feiern. Manchmal ist es gut, wenn du die Stadt und die Schule wechselst. Denn dann weiß niemand, wann du Geburtstag hast, und ich bin ein Geburtstagshasser, einfach unfeierbar. Es ist mir immer total peinlich, wenn mich jemand hochleben lässt.

Sie sagt: »Ist schon gut. Ich habe ja niemanden eingeladen. Komm, lass uns essen.«

Wir stellen uns an unsere Matten, um das Sushi zu rollen, als es klingelt.

Sarah schaut verzweifelt und ich stöhne: »Oh, den hätte ich fast vergessen.«

»Khalil?«, fragt sie.

»Wer sonst? Ich habe dir doch gesagt, dass er den Stick mit den Informationen zu Syrien hat. Wir wollen sie heute sichten.«

Sie geht an mir vorbei zur Wohnungstür. Dabei will ich lieber mit ihr im Bett liegen und Sushi essen. Gedanken aus dem Unterleib und dem Herzen sind das.

»Khalil?«, fragt sie durch die Gegensprechanlage.

»Wer sonst?«, antwortet Khalil.

Ein paar Minuten später sitzen wir am Schreibtisch und essen Sushi. Khalil isst nichts, ein Fisch ist für ihn eben auch ein Tier. Er hat ohnehin nur eines im Sinn: den Stick. Wir öffnen die Dateien am Computer. Darin befinden sich mitgeschriebene Telefonate zwischen Moskau und Damaskus, SMS und interne Mails aus dem Regierungsumfeld des syrischen Präsidenten Ibrahim al-Tawīl, die ausgedruckt und wieder gescannt worden sind. *Wer macht denn so was?*

In einem anderen Dokument informiert ein syrischer Offizier über die Unterstützung durch russisches Kriegsgerät. Das mag für Insider interessant sein, aber für unseren Kanal?

Sarah übersetzt eine russische Liste mit Militärmaterial und -personal, die den syrischen Streitkräften zur Verfügung gestellt wurden. Ich rolle die dritte Sushi-Rolle. Die Militärhilfe der Russen wurde von Ibrahim al-Tawīl für den Angriff auf die Millionenstadt Homs benötigt. Es wird bis auf die Kommastelle genau aufgeführt, wie teuer jede Rakete ist, die von einem russischen Kampfjet Suchoi SU-25 abgefeuert wurde. Selbst die Arbeitsstunden der russischen Bomberbesatzung von drei TU-95 sind aufgelistet und abgerechnet. Schließlich findet Sarah auf dem Stick noch ein strategisches Papier auf Russisch, in dem der syrischen Regierung ein Vorschlag zur Rückzahlung der Auslagen gemacht wird. Dabei geht es nicht nur um Land, sondern auch um Ölquellen. Ein Name taucht immer wieder auf: Juri Myasnik. Er soll für die Russen für die künftige Verwaltung der Ölquellen auf syrischem Territorium verantwortlich sein.

»Ist das etwa dieser Oligarch und Freund vom russischen Präsidenten?« Khalil schaut mich fragend an.

Ich nicke und sage: »Genau der.«

Sarah ist irritiert. Sie kennt Myasnik nicht.

»Juri Myasnik«, fängt Khalil an, »war schon unter dem Ex-Präsidenten Hofschneider im Kreml. Er verpasst jedem Präsidenten seinen Style – und für Komarow hat er diesen Geheimagentenlook mit *Brioni*-Sonnenbrille geschneidert.« Wenn Khalil so redet, ist er schwer zu stoppen und gerne belehrend. »Heute entwirft er außerdem die Uniformen für die russische Armee und obendrein produziert er sie in seinen Fabriken. Extrem lukratives Geschäft, wie du dir denken kannst.«

»Ist das so?«, fragt Sarah. Sie sagt es ein wenig ironisch, damit sich Khalil darüber bewusst wird, wie belehrend er gerade klingt.

Doch Khalil redet weiter, als ob er vor einer Gruppe Studenten stände: »Aus Dankbarkeit dafür, dass Komarow ihm so viel Geld verschafft hat, gründete Myasnik in St. Petersburg und anderen Städten Trollfabriken. Dort sitzen heute Hunderte von Usern mit Fake-Accounts und Social Bots und manipulieren die Meinungen auf der ganzen Welt – auf Facebook, Twitter, YouTube und all den anderen sozialen Medien.«

»Und dieser Myasnik soll jetzt die Ölquellen in Syrien verwalten?«

Khalil nickt. »Ja. Komarow hat sich einen treuen Hund herangezüchtet.«

»Damit nehmen sie den Syrern doch die einzige Einnahmequelle, die sie haben. Das wird das Land völlig ausbluten.«

»Okay, lasst uns mal überlegen«, versuche ich nun, Khalil davon abzuhalten weiterzureden. Ich schlage vor, dass wir erst die Daten auf dem Stick komplett übersetzen und dann die Bombe platzen lassen.

»Das ist gut«, pflichtet mir Sarah bei.

Dennoch möchte Khalil gleich heute ein neues *Uncover*-Video machen: »Wir haben doch noch andere Themen auf Vorrat. Die nehmen wir auf und kündigen am Ende an, dass wir einen Stick mit Material gegen den russischen Präsidenten Komarow und seinen Freund Myasnik in der Hand haben. Dann ...«

Mit einem »Haaallo« unterbreche ich ihn. »Wir haben erst heute Nacht ein Video hochgeladen. Und wir sind nicht bei dir im Studio, sondern hier bei mir.«

»Ich finde, es klingt gut, was Khalil sagt«, meint Sarah. »Wir sollten einfach zu Khalil ins Studio fahren und die Sache aufnehmen. Das geht doch schnell. Wir machen die Leute schon mal ein bisschen neugierig. Mehr nicht.«

Ich lasse mich überreden und ein paar Minuten später sitzen wir in der U-Bahn.

Montag, 30. Juli, Spätschicht
Narva, Agentur Tere Päevast

Es ist 21.30 Uhr estnischer Zeit und damit eine Stunde später als in Deutschland. Die estnische Polizei sucht landesweit nach einem Radfahrer mit roter Kappe mit der markanten Aufschrift: »Komarow, der ehrlichste Mensch der Welt«. Der junge russische Este, den Leonid niedergeschlagen hat, hatte Sascha geheißen. Ein Taxifahrer aus Narva, der mehr Gold als echte Zähne im Mund hat, wird im estnischen Fernsehen interviewt. Er berichtet, er habe den Toten am Panzer gefunden – nach Alkohol riechend. Kein Wort von der Sprühdose, nichts von den Hakenkreuzen.

Der Taxifahrer arbeitet nicht für *Takso 24*, sonst würde Leonid ihn kennen, denn sämtliche *Takso 24*-Mitarbeiter stehen auf der Gehaltsliste der Agentur.

»Kommst du mit?«

Die Stimme gehört zu seinem Kollegen Michail Solovjev. Er hat zwar genauso breite Schultern wie Leonid, ist aber speckig, selbst seine Finger wirken wie dicke Bockwürste. Michail studiert in Tartu – etwa zwei Autostunden von Narva entfernt.

Wie alle in Leonids Abteilung im vierten Stock beherrscht

er perfektes Russisch, Estnisch und Deutsch. In den Abteilungen unter ihnen, in den Stockwerken zwei und drei, sprechen die Mitarbeiter ebenfalls Estnisch und Russisch, aber statt Deutsch schreiben sie fließend Französisch, Italienisch, Griechisch, Flämisch, Ungarisch, Lettisch, Polnisch, Kroatisch, Rumänisch, Spanisch und Englisch. Da diese Abteilungen nicht so groß wie die deutsche sind, sind sie auf den beiden Stockwerken in einzelnen Großraumbüros untergebracht. In dem Gebäude an der *Puškini maantee 27b* sind nahezu sämtliche europäische Sprachen plus Türkisch vertreten. Offizieller Name des Büros ist *Agentur Tere Päevast*, was zu Deutsch so viel wie »Guten Tag« heißt. Es ist angeblich das Callcenter einer estnischen Telefongesellschaft. Aber in Wirklichkeit ist es die erste russische Trollfabrik auf dem Gebiet der Europäischen Union. Zurzeit dreht sich die Spätschicht auf den ergonomischen Stühlen.

»Also, was ist? Kommst du?«, wiederholt Michail seine Frage. »Um zehn macht das *German* zu.«

»Kann nicht. Ich hab noch einiges an Kleinkram zu erledigen.«

»Lass doch die Neue das machen, diese Blonde mit … « Er deutet die Oberweite seiner Kollegin an und findet sich extrem witzig.

»Sie hat sogar einen Namen«, sagt Leonid. »Nadja Kurkowa.«

»Sie hat aber nicht nur einen Namen, sondern auch …«

Wieder deutet Michail die Oberweite an und schaut auffällig über vier Schreibtische hinweg zu Nadja. Die hockt angestrengt vor dem Bildschirm und tippt. Sie ist zuständig für die Online-Artikel von ARD und ZDF. Ihr Job ist es, auf Äußerungen der Redaktionen zu Russland, der Ukraine und speziell zur Politik Komarows zu reagieren.

Leonid schüttelt den Kopf. »Nee, lass mal. Geh du ruhig mit deinen Freundinnen essen. Ich will noch was tun.«

Was Leonid nicht ahnt: Abteilungsleiterin Karina Kusnezowa, die nur ein Dutzend Schritte von ihm entfernt in ihrem Büro steht, beobachtet ihn durch die verspiegelte Glasscheibe. Sie hat ihr Stehpult extra hochgefahren, um so einen besseren Überblick über den Großraum zu haben. Sie wurde heute früh aus Moskau über Leonids nächtliche Aktion am Panzer informiert. Dass ihr Mitarbeiter zuweilen etwas hitzig ist, weiß sie. Aber er ist extrem loyal. Und das schätzt sie.

Karina ist nicht nur hübsch, sondern gilt auch als äußerst durchsetzungsfähig. Schlank, schwarzes Haar und stets im Kostüm. Sie hat mit ihrer Zwillingsschwester Galina in Tallinn Germanistik und Betriebswirtschaft studiert und blickt gerne mit ihren knapp dreißig Jahren von ihren High Heels auf andere Frauen herab. Doch jetzt schaut sie nur zu Leonid. In Karinas Augen ist er schlichtweg unterfordert. Sie muss ihm eine Aufgabe geben – eine wirkliche Aufgabe.

Karinas Blick fällt auf ihre rot lackierten Fingernägel. Sie poliert mit dem Daumen den kleinen Diamanten auf ihrem Zeigefinger. Knapp 400 Euro hat er gekostet. Dann klickt sie sich auf Leonids Arbeitsplatz und beobachtet nun an ihrem Bildschirm, was er sich auf seinem Bildschirm anschaut: estnisches Fernsehen. Ob er Angst hat, die Polizei könne ihn erwischen?

Noch einmal überfliegt sie seine Akte: Leonid Gontscharow, aufgewachsen in Kainda (Kirgisistan), Vater Alkoholiker, Mutter wanderte allein vor 32 Jahren nach Deutschland aus. Deutsch lernte Leonid von seinem deutschstämmigen Großvater mütterlicherseits. Nach der Schule Militärlaufbahn. Einsatz in Georgien. Seit neun Jahren arbeitet er für Juri Myasnik. Anfänglich war er freier Mitarbeiter in der Trollfabrik *Agentur Internet Research* in St. Petersburg an der *Sawuschkina 55*, zuständig für die Betrachtung deutscher Medien. Seit zwei Jahren ist er in Narva. Auffälligkeiten: Die Agentur musste einschreiten, als er von einer Frau wegen Körperverletzung angezeigt worden war. Die Klage wurde abgewiesen und die sehr junge Frau wegen Verleumdung angezeigt. Seither hatte Leonid keine Freundin mehr, die Agentur ist sein einziger Lebensinhalt.

Karina blickt noch einmal zu ihm hinüber, da klingelt ihr Telefon. Ihr Vorgesetzter Igor Petrow ruft sie aus Moskau an. Und wenn er anruft, ist es immer dringend ...

Leonid beendet das TV-Streaming, denn er kann nicht ewig fernsehen. Schließlich muss er sich um seinen Job kümmern. Der tägliche Kleinkram steht an. Ein brandenburgischer Landtagsabgeordneter, Jens Lutz Schwanke von der AfD, hat einen Videobeitrag gepostet.

Er fordert mehr Gefängnisse: »Wenn immer mehr Flüchtlinge nach Deutschland strömen, gibt es logischerweise auch mehr Verbrechen und damit mehr Verbrecher. Deshalb brauchen wir mehr Gefängnisse. Das ist teuer, aber es ist noch teurer, die Flüchtlinge frei herumlaufen zu lassen.«

Leonid unterstützt Schwankes Video mit Social Bots. Er füttert die Softwareprogramme mit Hashtags und Wörtern, auf die sie anspringen – liken, teilen und kommentieren. Sie sind wie Bluthunde, die den Hasen aufscheuchen und ins Verderben treiben.

Doch er bekommt die Sache mit dem Panzer nicht aus dem Kopf. Es ist wie ein Programm auf dem Computer, das immer noch im Hintergrund läuft. Warum redet niemand über die Hakenkreuze? Warum nicht über die Aufschrift »RUSSEN RAUS!«? Seine ganze Aktion war völlig umsonst, wenn niemand die Provokationen anspricht.

Ein gewisser *Orkan Soylu* hat gerade das Video von Schwanke auf Facebook kommentiert und ihn als »Rassisten« bezeichnet. Leonid reagiert als *mrwhitepanther* auf den Kommentar und informiert sich auf den sozialen Netzwerken über Orkan Soylu. Der New-Wave-Türke ist vor vier Jahren vor Erdogan nach Deutschland geflohen, hat eine Praxis als Kinderpsychologe in Remscheid eröffnet, ist verheiratet und hat zwei Mädchen. Auf YouTube betreibt er einen Kanal, auf dem er Erklärvideos zum Thema »Kindliche Traumata« hochlädt. Er wurde des Öfteren von Medien zu »Traumata von Flüchtlingskindern« interviewt. Leonid schreibt einen Kommentar zu Soylus jüngstem YouTube-Video:

> NeleNeulich: *Du Türkensau fickst mich und dann fickst du deine Frau und deine beiden unschuldigen Mädchen. Jetzt weiß ich auch, warum Erdogan dich rausgeschmissen hat. Jeder Türke spuckt auf dich!*

Auf dem abonnierten Kanal *Uncover* wurde ein neues Video gepostet. Leonid ist verwundert. Normalerweise veröffentlichen die Berliner YouTuber um PhoenixZ wie auch ihr Kollege *LeFloid* nur alle vier oder fünf Tage ein News-Video. Zu seiner Überraschung geht es nur um ein Thema: »*Uncover* exklusiv: Russische Bomben – Flüchtlinge zahlen für Komarows Waffen!« Das lässt bei Leonid sofort alle Alarmglocken läuten.

Was will dieser Halbwüchsige? Was bildet der sich ein?, denkt er. Mit seinem spitzbübischen Gesicht und der leichten Stupsnase erinnert er ihn an den Reporter Tim aus *Tim und Struppi*. Eine Witzfigur. PhoenixZ redet schnell. Leonid muss sich konzentrieren, um ihn zu verstehen, zumal keine zwei Meter von ihm entfernt seine Kolleginnen miteinander diskutieren.

Er drückt sich die Kopfhörer fester aufs Ohr und hört PhoenixZ sagen: »… also, was glaubt ihr? Wer bezahlt am Ende die Bomben, die Russland auf Syrien wirft? Der syrische Präsident Ibrahim al-Tawīl? Nein! Es ist das syrische Volk! Und dazu gehören auch die Menschen, die heute bei uns Asyl haben. *Uncover* liegen Informationen vor, wie diese Bezahlung genau vonstattengehen wird.« PhoenixZ hält einen Stick in die Kamera. »Da sind die Fakten drauf, die beweisen, wie sich Komarow und der Oligarch Juri Myasnik auf Kosten der Ärmsten noch reicher machen.«

Leonid stutzt. Was behauptet der Kerl da? Juri Myasnik soll sich am syrischen Volk bereichern? Der YouTuber beendet seinen Beitrag mit: »Diese Daten« – er hält den Stick erneut vor die Cam – »werden in Moskau wie eine Bombe explodieren.«

Früher hat PhoenixZ auf seinem Kanal nur *Minecraft*, *GTA* und *Fortnite* gezockt und jetzt …? Was sind das für Dokumente, von denen dieser YouTuber redet?

Leonid schickt eine Nachricht an Karina Kusnezowa mit dem Link zum Video. Dann schreibt er als angeblicher Syrer *AmerAlg* einen Kommentar unter das Video. Er bezeichnet PhoenixZ und seine Bande als Lügner und Komarow-Hasser, die von der deutschen Regierung bezahlt würden. Und endet mit: *Nur Russland rettet uns, das syrische Volk.* Uncover *lügt. PhoenixZ ist ein Verräter des syrischen Volkes.*

Daraufhin lehnt er sich genüsslich zurück und wartet ab. Er überlegt, nun seine Pause zu machen, es wäre genau der richtige Zeitpunkt. Daher geht er vorbei an Karina Kusnezowas Büro und direkt zum Fahrstuhl. Sein Audi steht schräg gegenüber von der Agentur direkt an der Straße *Puškini maantee*. Leonid besorgt sich noch Piroggen und alkoholfreies Baltika-Bier.

Zehn Minuten später fährt er auf das Panzerdenkmal zu. Die Polizei hat die Spuren gesichert, Leute stehen am Tatort. Sie haben Kerzen und Blumen an die Birke gelehnt. Es ist fast 22 Uhr und trotzdem noch hell. Die Hakenkreuze sind nicht mehr zu sehen. Leonid steigt aus und geht unauffällig näher zum Panzer. Es riecht nach Lack. Wer zur Hölle hat den Panzer gestrichen? Er schaut sich um. Wie immer dümpelt in der Mitte des Flusses das russische Grenzschiffchen.

Zurück in der Agentur soll er sich in Karina Kusnezowas Büro einfinden. Sie bittet ihn, vor ihrem Stehpult Platz zu nehmen, und kommt gleich zur Sache: Leonid soll solche nächtlichen Aktionen künftig unterlassen. »Der Mann ist tot. Das hätte Ärger geben können.«

»Es war Notwehr. Ich wollte nur …«, beginnt Leonid zur Verteidigung.

»Ja«, unterbricht sie ihn. »Ich weiß, du bringst nicht einfach so Menschen um.« Sie duzt ihn und blickt zu ihm hinunter. Dieses Stehpult lässt ihn auf seinem Stuhl geradezu winzig erscheinen. »Wir kennen dich. Und wir wissen deine Arbeit zu schätzen.«

Wer *wir* ist, sagt sie nicht. Doch Leonid ist klar, dass mit *wir* nur hohe Personen gemeint sein können. Dass Karina Beziehungen bis nach oben hat, weiß jeder im Büro. Ihr Vater war in Estland vor dem Zusammenbruch der Sowjetunion Kommandeur in der heute estnischen Provinz Viru.

»Wir finden es gut, dass du derart von der Sache überzeugt bist, dass du sogar privat als Provokateur arbeitest. Aber wir dulden keine Alleingänge.«

Leonid ist einsichtig, jedenfalls schaut er wie ein Hund, der das falsche Stöckchen gebracht hat.

»Na, nun nimm es mal nicht so persönlich. Wir haben nur nicht mehr so viel frische Farbe im Depot und Größeres mit dir vor. Ist das klar?«

Sogleich hellt sich sein Gesicht auf. »Haben Ihnen die beiden Grenzpolizisten auf dem Boot etwas mitgeteilt?«

Karina schaut vielsagend auf ihr Handy. »Die Agentur weiß mehr über dich, als du ahnst. Aber immer können wir dich nicht beschützen. Du kannst übrigens schon gleich Feierabend machen.«

»Ich muss mich nur noch um diesen Blogger von *Uncover* in Berlin kümmern.«

»Ja, ich habe deine Nachricht gelesen. Doch du solltest dich ausruhen. Es muss gestern eine lange Nacht für dich gewesen sein. Morgen kommst du bitte um 12.30 Uhr zum Chinesen zum Mittagessen.«

»Ja«, sagt er, bedankt sich und die Tür klickt leise hinter ihm ins Schloss. Für eine Sekunde ist es still in Leonids Kopf, dann dreht er sich um und schaut in die verspiegelte Scheibe zu Karinas Büro. Ob sie ihn jetzt beobachtet?

Leonid ist zufrieden. Sein Name wurde in Moskau gehört. Ehe er die Tasche packt, liest er noch ein paar der Kommentare zu PhoenixZ' Beitrag:

Prank13 vor 4 Minuten: *Die Russen haben alles in der Hand. Die haben schon entschieden, wer in den USA Präsident wird. Und in Deutschland hat die AfD sogar ihre Wahlwerbung auch auf Russisch veröffentlicht.*

PhilOSoFus vor 4 Minuten: *Verschwörung! Verschwörung! Wer ist der mächtigste Mann im ganzen Land? Er wird Konstantin Komarow genannt. Ihr spinnt doch alle. Ihr Idioten!!!!!*

Revolver vor 7 Minuten: *AmerAlg hat recht. Übelste Russenhetze! Die Syrer sollen endlich gehen. Die Russen haben für Frieden gesorgt, jetzt müssen die Flüchtlinge zurück in die Wüste.*

Sogar der YouTuber *Mr. Trueblatt* hat sich schon mit einem Video zu Wort gemeldet und will von *Uncover* Beweise sehen. Sonst würde er PhoenixZ nichts glauben. »Nur Fakten zählen, keine Fakes. Ich schätze meine Kollegen von Uncover, aber sie müssen mit ihrer Quelle rausrücken.«

Leonid kommentiert nun das Video von dem User *Mr. Trueblatt*:

ProRuss4: *Du hast recht. Gut erkannt. Die wollen nur Komarow fertigmachen. Dieser Wichser von* Uncover *ist ein Russenhasser. Wir müssen zusammenhalten!*

Das hat gesessen, denn kurz darauf entspinnt sich bei *Mr. Trueblatt* eine heiße Diskussion über Komarow-Bashing, an der sich Leonid alias *ProRuss4* beteiligt. Die Fans von *Mr. Trueblatt* regen sich über ihn auf und er provoziert weiter und weiter – bis sein Telefon klingelt.

»Leonid«, sagt Karina. »Du solltest nach Hause gehen. Michail Solovjev übernimmt das.«

Schweren Herzens übergibt Leonid die Geschichte an Michail, der sich sofort unter *Fritsche23* an die Arbeit macht ...

Montag, 30. Juli, 23.44 Uhr
Berlin, Charlottenburg, Phoenix' Wohnung

»Gut, dass Sushi nicht kalt werden kann«, sage ich und rolle noch Thunfisch, Tang und Reis zusammen. Wir sind gerade wieder zurück vom Studio und hocken am Schreibtisch.

Endlich herrscht Ruhe. Und endlich bin ich allein mit Sarah. Schon in der U-Bahn haben wir uns geküsst und die Finger vom Handy gelassen, um unsere Zweisamkeit zu genießen. Wir wollen nicht wissen, wie die Leute auf unseren Beitrag reagieren, nicht wissen, ob sie uns in den Himmel heben oder verteufeln – wir wollen Ruhe. Zwei Jahre sind wir zusammen. Die Sushirolle lasse ich jetzt liegen, nehme Sarah an der Hand und ziehe sie mit aufs Bett. Ich bin verliebt und müde und hellwach zugleich, ziehe ihr das Oberteil aus, Hose und Schlüpfer – und dann klingelt es an der Tür.

»Nee, jetzt reicht's«, sage ich.

»Wir machen einfach nicht auf«, flüstert sie mir zu und öffnet meine Hose. Es klingelt erneut und ich strample mich aus der Jeans.

Ich höre ein Klopfen und die Stimme meines Vaters: »Mach auf!«

Genau jetzt ist mir jede Lust vergangen. »Oh nein. Was will der denn?«

Sie weiß es auch nicht, lächelt und sagt: »Na denn.«

»Ich komme!«, rufe ich und gehe genervt in Unterhose zur Tür.

Kaum dass ich die Klinke nach unten gedrückt habe, steht mein Vater gut gelaunt vor mir. Sein schlankes Gesicht grinst breit. Er steckt immer noch im Anzug und drückt mir die druckfrische Zeitung in die Hand.

»Allein?«, fragt er, während er aus dem Jackett und aus den Schuhen schlüpft. Von Letzteren verabschiedet er sich mit einem erleichterten »Ah! Endlich Freiheit«.

»Sarah ist noch da«, sage ich.

»Und Khalil?«

Ich schüttele den Kopf.

»Habt ihr gefeiert?«

»Wie?« Ich bin überrascht. »Woher weißt du von unserem Jahrestag?«

»Jahrestag?« Er schaut genauso überrascht wie ich, was mich leicht verwirrt. Papa hängt sein Jackett an die Garderobe und öffnet seine Krawatte.

Er hat blaue wache Augen und Augenbrauen, die so dicht sind, dass sich darin tausend Geschichten verstecken könnten. Es ist mitten in der Nacht, aber er wirkt, als hätte er ein Kilo Kokain durch die Nase gezogen.

»Sarah!«, ruft er laut in Richtung meines Arbeits- und Schlafzimmers.

»Guten Abend, Tobias«, dringt Sarahs Stimme freundlich durch die Tür.

Mein Vater sagt grinsend: »Zwei Millionen Klicks.«

Ich erkenne auf dem Titelblatt der Zeitung ein Foto von mir, Sarah und Khalil – alle mit Headset vorm Bildschirm.

»Wo habt ihr das her?«

»Aus dem Netz. Hast du was dagegen?«, grinst er und befiehlt: »Lies!«

Flüchtlinge Opfer russischer Machtspiele – darunter die Zeile: *Geheimdokument: Berliner YouTuber von Channel* Uncover *klagen Komarows Syrienpläne an.*

»Ich bin wirklich stolz auf dich«, sagt Papa. »Nachdem wir die Sache online aufgegriffen haben, sind auch *Spiegel Online*, ARD, ZDF und *Süddeutsche Online* aufgesprungen – einfach alle. Selbst die *Blöd*. Ihr seid bestimmt gleich im *Nachtjournal*.«

»Was?«

»Guckt ihr kein Fernsehen?«, fragt er mich. »Alle haben es gebracht. Wir haben extra das halbe Blatt für die Abendausgabe umgeworfen. Ihr seid die Top Story. Und weißt du, wer uns darauf gebracht hat?«

Ich weiß es nicht.

»Eymen. Er war schon zu Hause und hat mal geschaut, was du so online veranstaltest. Dann hat er sich dein Video angesehen und *bang*!« Papa boxt mich liebevoll gegen die Schulter. »Jetzt ist es überall.«

Ich blicke auf mein Handy. Zig Telefonnummern. Ob das Journalisten waren? Einige haben Sprachnachrichten hinterlassen.

»Warum bist du nicht ans Handy gegangen?«, will Papa wissen. »Wenn ihr es nicht gebracht hättet, wäre mir die Sache zu heiß gewesen. Aber ich kann mich auf dich verlassen. Du wirst es schon ordentlich recherchiert haben. Stimmt's?«

Ich nicke.

»Und warum gehst du nicht ans Handy?«

»Weil Sarah und ich alles bis auf Musik ausgestellt haben. Wir sind jetzt genau seit zwei Jahren zusammen …«

»… und wollten eigentlich heute Abend feiern«, ergänzt Sarah, die sich ein Hemd von mir angezogen hat und im Flur erscheint.

Papa nimmt sie in den Arm. »Überall kommt eure Story.«

Sarah zeigt mir auf dem Display ihres Handys unser Video: 2,7 Millionen Aufrufe.

»Ihr habt so recht«, sagt mein Vater. »Hier leben Hunderttausende Syrer. Und wir schauen zu, wie Komarow ihnen die Lebensgrundlage in Syrien zerstört. Gleichzeitig beschweren sich russlandnahe Parteien wie die AfD über die Flüchtlinge in Deutschland. Das geht so nicht weiter. Die Russen produzieren Flüchtlinge, die wir aufnehmen, weil wir menschlich reagieren. Dafür werden wir dann auch noch beschimpft. Lies mal meinen Kommentar. Mach!«

Er drückt mir die Zeitung erneut gegen die Brust.

»Ja, ja«, sage ich.

Wenige Minuten später sitzt er an meinem Schreibtisch und rollt sich Sushi, während ich seinen Kommentar lobe. Mein Vater liebt Essen, Wein und über Politik reden. Hier und jetzt kommt alles drei zusammen. Papa ist durch und durch ein News-Typ. Er steht schon mit den Morgennachrichten des Deutschlandfunks auf, was mich früher oft genug genervt hat, weil ich morgens lieber Musik hören wollte.

Er will wissen, was alles auf dem Stick ist. »*Spiegel Online* hat schon spekuliert, dass es vor allem um Öl geht.«

»Das ist auf alle Fälle ein Teil davon«, sage ich. »Wir haben auch die Informationen darüber, wer die Schulden für Moskau in Syrien eintreibt und wie viel Euro die Russen für jede einzelne Bombe und Militäraktion fordern.«

»Euro?«, fragt mein Vater. »Ich dachte, die rechnen in Dollar ab.«

»In den Unterlagen ist von Euro die Rede«, bestätigt Sarah.

»Aber sag mal«, wendet sich Papa direkt an mich. »Wer ist denn dieser Schuldeneintreiber auf russischer Seite? Kennt man den Namen?«

»Abwarten«, übernimmt Sarah die Antwort für mich. »Wir werden es auf *Uncover* bringen.« Sie schaut mich ernst an. Ich soll nichts verraten.

Papa zieht aus meinem Stifte-Eimer das Holzmesser und betrachtet es. »Brieföffner?«

Ehe er mich weiter darüber ausfragen kann, nehme ich ihm das Holzmesser weg – und sage: »Wer hat denn den Krieg in Libyen bezahlt? Oder den Krieg im Irak?«

Papa weiß es nicht.

Ich spreche weiter: »Am Ende geht es bei einem Krieg doch immer um Geld. Aber wenn die Bomben fallen, redet niemand über Geld.«

»Ich liebe Krabbenfleisch«, sagt mein Vater, als er sich ein Stück Sushi von der Rolle abschneidet. »Ich muss zugeben, Phoenix, du und Sarah und Khalil, ihr habt uns mit eurem Video aufgeweckt. Wir lassen uns zu sehr von der Tagespolitik einlullen und wären gar nicht auf die Idee gekommen, genauer hinzusehen, wie der syrische Präsident Ibrahim al-Tawīl den Krieg bezahlen will. Und was genau die Russen von diesem Krieg haben.«

Papa schenkt sich und Sarah Rotwein nach und stößt mit ihr an. Ich trinke wie immer nur Wasser.

»Also. Wer bezahlt Kriege wie im Irak?«, bohre ich weiter.

»Seit Ben Crank in den USA Präsident ist, ist alles anders. Der Kerl hat nicht nur die Lüge zum Programm erhoben, sondern auch noch den US-Steuerzahlern die Finanzierung der Rüstungsausgaben für das US-Militär in Syrien und dem Irak untergejubelt, damit die Rüstungslobby in den USA frei schalten und walten kann.«

»Und warum lese ich nichts davon in den Zeitungen und höre nichts davon in den Nachrichten?«

»Vielleicht solltest *du* kein Praktikum bei *uns* machen, sondern *wir* ein Praktikum bei *euch*. Hat eigentlich Khalil den Informanten aufgetan?«

»Ja, er hat die Kontakte.«

Ich drehe das Holzmesser zwischen meinen Fingern. Sarahs Vater Georg hat es mir geschenkt. Er hat es selbst geschnitzt. Ich stecke das Messer zurück in den Stifte-Eimer.

»Es ist gut, dass Khalil Arabisch spricht«, sagt Papa und an Sarah gewandt: »Du übersetzt die russischen Dokumente?«

Sie nickt.

»Wo ist denn der Stick?«, will er wissen.

»Khalil hat ihn«, sage ich.

»Habt ihr die Daten auch auf deinem Rechner?«

»Wieso?«

»Weil dann andere darauf zugreifen könnten.«

Darüber haben wir noch gar nicht nachgedacht.

»Es gibt also nur einen Stick?«, fragt mein Vater.

Wir nicken.

»Wer weiß alles davon, dass der Stick bei Khalil ist?«

Warum stellt er diese Frage?

»Soweit ich weiß, nur wir drei. Und jetzt auch du«, sage ich.

Papa überlegt: »Ihr solltet uns eine Kopie von dem Stick geben.« Mit *uns* kann er nur die *Berliner Nachrichten* meinen.

Sarah und ich sagen sofort: »Nein.«

»Das wäre eine Lebensversicherung für euch. Wenn wir als Zeitung öffentlich machen, dass wir eine Kopie haben, lohnt es sich nicht, euch den Stick zu stehlen. Ich glaube, dass die Informationen darauf gefährlich für euch sind. Ihr tretet Leuten auf die Füße, die sogar Engel schlachten.«

Ich bin erschrocken von Papas wildem Vergleich. »Wen meinst du damit?«

»Fanatiker, Geheimdienste ...«

»Wenn wir euch eine Kopie vom Stick geben, werdet ihr die Dokumente morgen veröffentlichen«, gebe ich zu bedenken.

»Nein«, sagt Papa.

»Was meinst du dazu, Sarah?«, frage ich.

Sie ist sich unsicher. Ich sitze links und sie rechts von meinem Vater, der sich noch ein Stück Sushi in den Mund schiebt. Während er kaut, sind wir still.

»Eigentlich will ich den Stick nicht abgeben«, erklärt Sarah nach einer kurzen Pause. »Ich glaube auch nicht, dass Khalils Informant das gut fände. Er hat uns den Stick gegeben, uns, dem YouTube-Kanal *Uncover*, und nicht den *Berliner Nachrichten*.«

Mein Vater will wissen, was wir dem Informanten für den Stick bezahlt haben.

»Nichts«, sagt Sarah. Sie schaut mich über Papas Sushi hinweg fragend an. »Oder?«

»Zumindest hat Khalil nicht von Geld gesprochen«, bestätige ich.

»Dabei ist der Stick vermutlich Gold wert. Falls die Informationen darauf stimmen. Wie kommt Khalil denn überhaupt an so geheime Dokumente?«

Ich antworte: »Irgendeine Tante von ihm hat den Kontakt verschafft. Sie hat wohl Kontakt zu einem syrischen Netzwerk hier in Deutschland, das wiederum Kontakt zu Leuten von der *Dschabhat Fath asch-Scham* in Syrien hat.«

Papa sagt nur: »Und wie habt ihr die Echtheit der Dokumente bestimmt?«

Seine Frage macht mich schlagartig nervös. Als ich nicht antworte, hakt er nach: »Was sagen eigentlich Khalils Eltern dazu? Die sind doch vor zig Jahren als politische Flüchtlinge nach Deutschland gekommen.«

»Die wissen von nichts«, sage ich. »Die sind total ängstlich.«

Mein Vater gießt sich Rotwein nach. »Was ist *Dschabhat Fath asch-Scham*?«

Sarah erklärt ihm, dass sich die Organisation früher *Al-Nusra-Front* nannte. Das seien radikale Muslime, die noch in Syrien aktiv seien – meist im Untergrund.

»Willst du nicht bei uns in der Redaktion anfangen?«, fragt mein Vater, beeindruckt von Sarahs Ausführungen.

»Nee, ich werde Lehrerin. Ich mag meine Fächer Politik und Geschichte. Deshalb werde ich zwei Dinge nie tun: Ich werde keine Politikerin und ich werde keine Journalistin. Das würde mir den Spaß an der Sache versauen.«

»Das akzeptiere ich. Eine Beamtin in der Familie ist sowieso nicht schlecht«, sagt er grinsend und prostet ihr zu. Dabei hat er den Ellbogen auf den Tisch gestützt und hält in der anderen Hand die Gabel mit dem Sushi hoch.

Beiläufig erklärt er, dass mein Bericht von dem Toten in der Laubenkolonie nicht gedruckt worden sei. »Hennekamp wollte, dass wir das Syrienthema auch lokal aufbereiten. Wir haben deshalb vier Flüchtlinge befragt. Die sind jetzt auf der Eins Lokales.«

Marius Hennekamp ist der Chefredakteur der *Berliner Nachrichten*. Er wirkt in den Redaktionskonferenzen stets entschlussfreudig. Papa mag ihn, weil er selbst entschlussfreudig ist. Sonst hätte er seine Stelle in seinem geliebten Köln bei seinem geliebten *Kölner Stadtanzeiger* nicht gekündigt und in Berlin neu angefangen. Mama ist schon vor vier Jahren zum *Rundfunk Berlin-Brandenburg* nach Berlin gegangen. Sie war wegen mir zwölf Jahre daheim geblieben, dann aber kam das Angebot vom Radiosender. Vorletztes Jahr sind schließlich auch Papa und ich hierhergezogen und ich habe Sarah kennengelernt.

»Ich hoffe, Phoenix, du bist nicht enttäuscht, dass wir deinen Bericht rauswerfen mussten.«

»Keine Sekunde«, sage ich.

Ich schaue auf die vier Fotos der Syrer auf der ersten Lokalseite. Darüber steht die Überschrift: *Betrogen und belogen: das syrische Volk – was Flüchtlinge denken*. Und darüber ein kurzer Aufsetzer mit Foto von einem Jungen namens Alexander. Titel: *Wo ist Alexander? – Sechsjähriger in Köpenick nach Geburtstagsfeier vermisst, Polizei bittet um Hilfe*.

»Online ist dein Bericht über den Toten in der Laube drin«,

meint Papa. »Eymen hat ihn noch ein bisschen aufgemöbelt.«

»Wie?«

»Er war doch mit dabei. Eymen kann gut schreiben.«

Ich klicke mich auf die Onlineausgabe der *Berliner Nachrichten* und überfliege den Artikel *Der Tote in der Laube*. Klingt nach einem Krimi. Es ärgert mich, dass Eymen in meinem Bericht herumgeschrieben hat. Aber als ich ihn lese, bin ich erstaunt. Der Text ist jetzt länger und packend geschrieben.

»Gut?«, fragt Papa.

»Ja, schon …«

»Wir hatten in Köln mal so einen Fotografen wie ihn, aber der hat sich dann leider tot gekokst.« Er nimmt mich in den Arm. »Ich hätte nicht geglaubt, dass du mit deinem Kanal so etwas auf die Beine stellst, Phoenix.«

»Es sind ja auch noch Sarah und Khalil dabei.«

»Woher kennst du überhaupt Khalil?«

»Er ist eigentlich ein Freund von Sarah. Oder Verehrer?« Sie schmunzelt. »Weiß nicht. Für mich war er immer nur ein Freund.«

»Und woher kennst du ihn?«

»Aus der Grundschule«, verrät Sarah. »Khalil war schon immer ein Überflieger. Er studiert jetzt Informatik.«

»Und ganz nebenher programmiert er für irgendein Start-up«, verrate ich meinem Vater. »Sie entwickeln Systeme, mit denen du später Informationen auf der Windschutzscheibe deines Autos eingespiegelt bekommst.«

»Also ist er ein Nerd?«, scherzt Papa.

»Kann man so sagen«, erwidert Sarah. »Aber vor allem ist

er ein netter Kerl. Und ohne ihn wäre *Uncover* nur halb so gut.«

»Hackt er auch?«, will Papa wissen.

»Wenn es sein muss«, meint Sarah. »Ich kenne jedenfalls niemanden, der so viel Ahnung vom Netz hat. Und niemanden, der so schnell recherchiert. Falls ihr bei der Zeitung jemanden braucht, dann würde ich eher ihn nehmen. Aber ich kann mir Khalil dort nicht vorstellen.«

»Warum?«

»Weil da zu viele Egomanen sind. Er würde untergehen.«

Mein Vater findet ihre Bemerkung nicht gut, doch er hebt sein Glas und stößt erneut mit ihr an. Erst als das letzte Sushi gegessen ist, geht Papa.

»Ich liebe dich«, sagt Sarah, als wir endlich im Bett liegen.

»Ich dich auch«, erwidere ich.

Ich hatte vor Sarah nur zwei Freundinnen, aber mit ihr könnte ich zusammenleben. Sie hat eine Ruhe in sich, die ich nicht habe, und sie besitzt eine Leichtigkeit, die ich nicht besitze.

»Ich war übrigens heute sauer, als du geschrieben hast, dass du später kommst.«

»Gestern«, berichtigt sie mich. »Jetzt ist alles vorbei. Keine Treffen für die Uni mehr. Ich habe Ferien. Wir könnten uns also morgen in den Zug setzen und nach Korsika fahren.«

»Ich muss das Praktikum machen«, sage ich. »So viel wie bei den *Berliner Nachrichten* lerne ich nirgends. Das hilft uns auch für unsere Arbeit bei *Uncover*.«

»Schon kapiert«, sagt sie leicht eingeschnappt. Es ist ihr wirklich ernst mit dem Segeln. Eigentlich fände ich es ja auch gut, aber nach Korsika kann ich auch noch nächstes Jahr.

Doch das werde ich hier und jetzt nicht als Argument bringen, sonst streiten wir uns garantiert.

Ich schaue aufs Handy. Es ist fast ein Uhr, wir haben 5,3 Millionen Klicks, sind zwei Jahre und einen Tag zusammen und trotzdem ist die Stimmung mies.

Es ist halb vier Uhr nachts, als mein Handy geht. Immer noch auf stumm gestellt, spüre ich es vibrieren. Zig verpasste Anrufe. Auf der Bettkante sitzend höre ich die Sprachnachrichten ab. Ich sei ein »Wichser« und soll mich in Acht nehmen, sonst würden sie mir zeigen, was mit Lügnern passiert. »Kanakenfreund«, »Wichser«, wieder »Wichser«. Die Bandbreite der Schimpfwörter beschränkt sich auf »Verräter« und »Wichser« und »Pimmellutscher«.

Dann schaue ich auf unseren Channel. Wir haben mittlerweile knapp sieben Millionen Klicks. Die Leute haben sich in den Kommentaren noch weiter ausgelassen. »Lügner«, »Verräter«, »Wichser« und »Kanakenfreund« sind mit dabei. Und einige fragen sich, warum ich Russland hasse. Ein *AmerAlg* will mich aufsuchen, falls ich nicht mit meinen Fake News aufhören sollte. Der klingt sehr aufdringlich, denn er veröffentlicht in seinem Kommentar sogar meine Adresse. Das ist nicht gut. Aber er ist nicht der Einzige, der mir droht, nicht der Einzige, der schreibt, dass er weiß, wo ich wohne. Wir haben noch kein einziges Dokument veröffentlicht, trotzdem behaupten die Leute, sie seien gefakt, und einer kommentiert, ich solle mir den Stick in den Arsch schieben. Khalil hat schon auf einige Kommentare geantwortet und mehrere bei YouTube angezeigt.

Ich schreibe ihn an.

Er antwortet, er habe einen solchen Shitstorm auch nicht erwartet. Dann rufe ich ihn an. Aber wir kommen erst gar nicht dazu, uns zu unterhalten, denn Sarah sagt schlaftrunken: »Was ist los?«

Ich winke ab. »Nichts. Mach die Augen ruhig wieder zu.« Ich will sie jetzt auf keinen Fall beunruhigen.

»Khalil?«, fragt sie.

Ich nicke.

»Wie geht es ihm?«

Ich will von ihm wissen, wie es ihm geht.

»Beschissen«, sagt er. »Meine Eltern sind ausgeflippt. Irgendwelche Hater haben bei ihnen angerufen und meine Mutter ›Bitch‹ und ›Araberhure‹ genannt, echt bedrohlich.«

»Hast du dich von der Echtheit der Dokumente überzeugt?«, frage ich Khalil, weil Papas Skepsis mich verunsichert hat. Seine Frage hat mich bis in meine Träume verfolgt.

»Na klar«, versichert er mir. »Du kennst mich doch. Ein Kollege von mir in Tel Aviv hatte auch schon mit meinem Informanten zu tun.«

»Journalist?«

»Nein, Informatiker wie ich. Er arbeitet fürs israelische Innenministerium.«

»Hast du ihm Daten vom Stick zugeschickt?«

»Nur ein, zwei Dokumente.«

»Bist du wahnsinnig?«

»Kein Stress. Die Sache ist sicher.«

»Und die russischen Dokumente?«

»Hey, noch haben wir nichts veröffentlicht. Mach dir also nicht jetzt schon Sorgen. Wir haben ein dickes Ding am Haken, sonst würden sich nicht so viele Leute so sehr aufregen.«

Dienstag, 31. Juli, frühmorgens
Polen, Słubice

Es gibt einen Laden im Haus, der führt Zigaretten, Tabak und Getränke, vor allem Alkohol. Dort ist alles ständig verfügbar wie in New York. 24/7. Selbst jetzt, kurz vor Sonnenaufgang. Über dem Laden ist ein Balkon, auf dem Jonathan Gerstenkorn gerne sitzt, wenn es windstill ist. Und in diesem Sommer ist es fast immer windstill und überall heiß. Der Anstrich bröckelt vom bröseligen Balkon wie staubtrockener Kuchen von der Gabel. Die Wohnung an der *Nadodrzańska* ist Jonathans neues Nest. So nennt er seine Quartiere gerne. Das in Słubice hat zwei Zimmer, Küche und Bad mit Badewanne.

Die Wohnungen, in denen er lebt, kauft er stets. Immer unter falschem Namen mit falschen Papieren. Mal heißt er Maximilian Hanks, mal John Cup oder John sonst was. So besitzt er bis heute ein kleines Hotel in Nieborów nahe Warschau, ein Appartement in Singapur, eins in Madrid, in seiner Geburtsstadt London zwei, in Düsseldorf eins, mehrere in Berlin, die er direkt nach dem Mauerfall gekauft hat, und in Israel vier Wohnungen und ein eigenes Haus in der Jerusalemer Altstadt – gleich am Österreichischen Hospiz. Später will er dort leben, vor knapp zehn Jahren hat er schon mit

Frau und Sohn dort gewohnt. Wichtig ist ihm vor allem, dass seine Unterkünfte ein Bad mit Badewanne haben. Dort kann er im Wasser liegend entspannen und nachdenken.

Jonathan schläft wenig, höchstens tagsüber nach Sonnenaufgang. Hier in Słubice fühlt er sich gut, obwohl in jüngster Zeit nichts bei ihm glattgelaufen ist. Słubice mit seinen knapp 17 000 Einwohnern ist durch und durch polnisch und liegt doch Tür an Tür mit Frankfurt an der Oder. Der Fluss trennt den Euro-Raum vom *Złoty*-Raum. Vier *Złoty* sind ein Euro. Das schwankt zwar ein wenig, aber nur ein wenig. Jonathan ist es ohnehin egal, denn er ist reich. Geld besitzt für ihn keinen Wert. Wenn du seit 28 Jahren Leute umbringst, verschieben sich die Werte. Würde sein Sohn noch leben, so würde Jonathan noch mehr Geld anhäufen und es ihm irgendwann vererben. Aber Jonathan ist allein, was gut für seine Arbeit ist. Für ein Kind sind seine Arbeitszeiten ohnehin schlecht. Kinder müssen morgens um halb sieben oder sieben raus und ab in den Lernbunker. Jonathan steht auf, wenn es nötig ist. Kinder brauchen einen festen Wohnort, weil sie ja nicht heute in London und morgen in Budapest zur Schule gehen können. Doch Jonathan muss flexibel sein.

Er raucht viel und angeblich ist der Zigarettenladen unter ihm der preiswerteste in ganz Polen. Jedenfalls wirbt er damit, um die Deutschen aus Frankfurt an der Oder über die Grenze zu locken. Jonathan ist schlank wie ein Brite, trägt einen gezwirbelten Schnauzbart wie der Brite aus dem *Asterix*-Comics und geht gerade wieder mit durchgestrecktem Kreuz in die Wohnung zurück. Er lässt die Balkontür offen stehen. Nicht um zu lüften, denn draußen ist es genauso heiß wie drinnen, aber so hört er das Zirpen der Grillen.

Jonathan reicht das Licht des Mondes und der Bildschirme, um glücklich zu sein. Er kocht nie für sich, geht höchstens essen oder isst Rosinenbrötchen und trinkt Kaffee. Kein Brite trinkt nur Kaffee. Bis auf Jonathan. Einen neuen Auftrag hat er nicht. Sein Agent hat sich nach der letzten Pleite nicht mehr gemeldet, was aber nichts heißt. Jobs kommen so sicher wie Ebbe und Flut. Jedenfalls war es bisher immer so. Schließlich gibt es in seiner Branche nicht so viel Konkurrenz. Sechs verlässliche Killer kennt er – und er kennt jeden. In Asien gibt es viele, aber die arbeiten nur in Asien. In Europa hingegen gibt es wenige. Ein paar davon sind einfach nur brutal und dumm, Bulgaren und Slowenen. Die kennen keine Ehre, die kennen nur Geld.

Er sitzt vor drei Bildschirmen und zockt auf dem mittleren davon *Counter-Strike* mit Jugendlichen in Australien. Seine Maus ist so ergonomisch, dass er schneller mit ihr feuern kann als ein Ferkel blinzeln. E-Sportler wäre er bestimmt geworden, wenn er vierzig Jahre später geboren worden wäre.

Auf dem äußeren Bildschirm schaut er sich parallel ein Unboxing-Video an. Ein rothaariger Junge mit dem königsblauen Trikot des deutschen Fußballvereins FC Schalke sagt: »Hallo, Freunde. Hier bin ich wieder, euer Friedrich.« Dann holt er mit seinen ungeschickten Fingerchen eine *Fortnite*-Figur nach der nächsten aus einem Sack. Es sind der stählerne Omega, der fuchsköpfige Drift, Teknique und Carbide.

Jonathan sieht den Jungen, aber er ist mit den Gedanken ganz woanders, in Malta. Dort hat er vor wenigen Tagen einen Auftrag für die Mafia vermasselt. Er sollte einen Journalisten, der in Sachen Korruption recherchierte, erledigen. Ein vermeintlich leichtes Opfer, denn er trug einen Herzschrittmacher. Den hackte Jonathan und schaltete ihn ab, sodass der Journalist mitten im Supermarkt zusammenbrach. Doch zufällig befand sich ein Arzt vor Ort und reanimierte ihn.

Friedrich ist fertig mit seinem Unboxing-Video und Jonathan hält das Bild an. Wie alt mag der Junge sein, sieben, acht? Und es scheinen seine Eltern zu sein, die ihn dabei filmen. Wie pervers ist es, sein eigenes Kind ins Netz zu stellen?

Jonathan greift zu seinem Feuerzeug und will sich eine Zigarette anzünden, doch es ist kein Benzin mehr darin. Nichts funktioniert, gar nichts. Er geht zum Herd und holt sich Feuer an der Gasflamme. Tief dringt der Rauch der Zigarette in seine Lunge. Egal wie heiß es ist, der Rauch beruhigt ihn.

Jonathan geht wieder zum Balkon. Gleich wird die Sonne aufgehen. Es ist immer noch heiß – rund 30 Grad. Die Nacht trägt T-Shirt und der Tag läuft mit freiem Oberkörper herum. Bei seinem nächsten Einsatz wird er keinen Fehler machen. Das schwört er sich. Dort unten läuft ein Betrunkener kreuz und quer über die Straße. Er ist über den ganzen Rücken tätowiert. Früher haben die Leute als Initiation mit dem Rauchen angefangen, jetzt lassen sie sich tätowieren. Seit das Rauchen verpönt ist, sind die Tattoo-Studios voll. Menschen brauchen Initiation, sie wollen etwas wagen, das gefährlich ist, sie wollen mutig sein.

Er schmunzelt und schnippt die Zigarette über die Brüstung vom Balkon. Da liegt sie nun und brennt ein Loch in die Nacht, während Jonathan weiß, dass er zu viel raucht, zu viel vor dem PC hockt, sich darin nur irgendeinen Schwachsinn anschaut und zu langsam stirbt. Er fühlt sich alt heute Nacht, einfach alt.

Dienstag, 31. Juli
Berlin, Charlottenburg, Phoenix' Wohnung

Die Decken in den Wohnungen an der Fasanenstraße sind bereits hoch, aber das Treppenhaus ist riesig wie eine Kathedrale. Ich halte Sarahs Hand und wir gehen die steinernen Stufen hinunter.

Es ist 7.35 Uhr und ich habe kaum geschlafen. Dennoch bin ich hellwach, genau wie Sarah. Sie trägt Flipflops, ich trage Flipflops und unsere Flipflops machen *flip flop* auf den Stufen. Es ist so was von Sommer – der erste Sommer mit dem Abitur in der Tasche und einer unglaublichen Geschichte im Netz. Hier im Treppenhaus ist es immer ein paar Grad kühler als in der Wohnung.

Eigentlich bin ich gut gelaunt. Nur die Drohanrufe und die ganzen Hates im Netz machen mich nervös. Ich weiß, dass einige davon von Trollen gepostet wurden, irgendwo in Russland, in St. Petersburg oder Kasan, verfasst und mit Social Bots gelikt wurden. Aber die meisten Leute, die haten, sind echt und greifen dich an, als hättest du ihnen einen Zeh abgehackt. Es ist ein unglaublicher Hass, der in ihnen brennt und immer mehr Menschen entzündet. Wut klickt am meisten. Ich kenne das und trotzdem macht es mir Angst.

»Nein. Von euch lasse ich ...«, flüstere ich.
»Was ist?«, fragt mich Sarah.
»Nichts«, antworte ich. »Ich habe nur mit mir selbst geredet.«
»Und was gesagt?«
»Ich will diesen Hass im Netz nicht mehr lesen. Und schon gar keine Anrufe mehr erhalten.«
»Ich glaube übrigens, einige von denen rufen tatsächlich von ihrem eigenen Handy aus an. Die denken, dass wir sie nicht bei der Polizei anzeigen.«
»Wir tun es ja auch nicht«, erwidere ich.
Sarah gibt mir einen Kuss und noch einen. Und lächelt. Ihre Grübchen lächeln immer mit. Wir stehen auf den Stufen zwischen dem zweiten und dem ersten Stock, aber ich bin nicht richtig bei der Sache und öffne die Augen.
»Lass uns weitergehen«, sage ich.
Flip, flop, flip, flop.
Das Haus riecht aus jeder Ritze frisch renoviert. So ein Haus ist der feuchte Traum eines jeden Spießers, hatte meine Mutter gespottet. Aber Papa gefiel das Haus. Er mag Stuck und Mama unterstützt seine Träume. Selbst der Handlauf des Treppengeländers endet an jedem Stockwerk in einer geschnitzten antiken Figur: Neptun, Zeus, Hydra ... Hier gibt es nur Eigentumswohnungen – die meiner Eltern ist 138 Quadratmeter groß plus meiner Einliegerwohnung von 39 Quadratmetern.
Sarah zieht die Haustür auf. Die Sonne scheint uns gnadenlos ins Gesicht. Ich beschirme meine Augen und dann fällt mein Blick auf das Literaturhaus schräg gegenüber. Die halbe Straße ist zugeparkt. Eine Kosmetikfirma dreht einen

Werbefilm für ihr neues Parfum. In diesem Literaturhaus ist immer was los.

Wir biegen links ab und gehen in die Bäckerei. Ich habe das Gefühl, dass mich die Leute anstarren. Es ist mir peinlich. Ich bestelle: »Zwei Croissants und fünf Brötchen.«

Das Handy vibriert. Mein Vater will in einer Nachricht wissen, warum ich schon wieder nicht rangehe.

Weil gefühlt eine Million Leute meine Nummer haben, schreibe ich.

Dann brauchst du eine neue Nummer, antwortet er. *Lass uns frühstücken.*

»Ich hätte noch gerne ein Petit Four«, sagt Sarah. Sie zeigt auf ein Zitronencremetörtchen und mir wird klar, dass Papa noch nicht auf der Arbeit ist.

Ich schicke ihm einen Daumen hoch.

Die Verkäuferin hat die Schachtel mit dem Petit Four und die Tüte mit den Croissants und Brötchen auf den Tresen gelegt und will kassieren, aber ich füge hinzu: »Geben Sie mir bitte noch fünf Brötchen mehr.«

Sarah schaut mich fragend an und ich sage: »Mein Vater will mit uns frühstücken.«

»Und deine Mutter?«

»Äh, ich weiß es nicht.«

»Na super. Dann legen Sie bitte noch zwei Croissants dazu«, erwidert Sarah.

Neben der Bäckerei sitzt ein Bettler auf dem Boden. Ich hatte ihn eben nicht gesehen. Vermutlich ein Bulgare. Da hocken Armut und Vorwurf direkt neben dem Bäcker. Er fragt mich nach einer Zigarette. Vermutlich doch kein Bulgare, eher Berliner.

»Ich rauche nicht«, sage ich und gehe weiter. Dann drehe ich mich um und reiche dem Bettler das Wechselgeld vom Bäcker. Er hat nur einen Arm. Der leere Ärmel fällt mir jetzt erst auf. Seine Lippen sind aufgeplatzt und der Mund ist dunkel. Was für ein Scheißleben. Mitten in dieser verschissenen, reichen Hauptstadt, in der die Bundestagsabgeordneten Privatkindergärten haben, lebt dieser Mann auf der Straße und hat keine Chance. Er ist ganz sicher nicht das Kind eines Bundestagsabgeordneten gewesen.

Sarah nimmt mich in den Arm, sie spürt mein Mitleid und meine Wut. Und die Wut über die Leute dort drüben im Café des Literaturhauses, das gerade für eine Parfumwerbung herhält.

Als ich bei meinen Eltern klingeln möchte, sehe ich, dass mein Nachname auf der Klingel daneben durchgestrichen ist. Statt Zander steht dort hinter Phoenix das Wort »Kinderficker«: Phoenix Kinderficker.

Sarah ist sofort auf hundertachtzig und ich muss sie beruhigen. Ich bin geschockt. Normalerweise bleiben die Hater online. Doch hier muss jemand vor unserem Haus gewesen sein, ganz leibhaftig.

Die Vorstellung gefällt mir ganz und gar nicht.

Sarah klingelt bei meinen Eltern.

»Ja?«, hören wir die Stimme von Mama durch die Gegensprechanlage.

»Kannst du bitte mal runterkommen?«, fragt Sarah. »Und bring einen kleinen Schraubenzieher mit.«

»Warum?«, fragt meine Mutter zurück.

»Schick bitte deiner Mutter ein Foto«, sagt Sarah zu mir. Ich fotografiere das Klingelschild und klicke auf Senden.

Minuten später starren Mama und Papa auf das Wort »Kinderficker«.

Sarah schraubt das Klingelschild auf, zieht die beschmierte durchsichtige Schutzfolie heraus und zerknickt sie. Dann schraubt sie das Klingelschild wieder zu. Nun ist mein normaler Name wieder zu lesen.

Mein Vater ist erschüttert. In den 26 Jahren Zeitungskarriere sei ihm so etwas noch nie passiert.

»*Times are changing*«, sagt meine Mutter. Sie scheint es lockerer zu nehmen, als ich gedacht hätte.

»Du musst Anzeige gegen unbekannt erstatten«, meint mein Vater.

»Das ergibt keinen Sinn«, erwidere ich.

»Und was ergibt Sinn?«

Ich weiß es nicht und Sarah weiß es auch nicht.

»Sich nicht beeindrucken lassen«, behauptet meine Mutter. »Das ergibt Sinn. Die wollen uns doch nur einschüchtern.«

»Das haben sich die Juden auch gedacht und stillgehalten«, meint mein Vater. »Wie das ausging, wisst ihr. Zuerst haben sie deren Geschäfte beschmiert und dann die Menschen an den Laternen aufgehängt. Solche Typen müssen die ganze Härte des Gesetzes spüren. Das sind Faschisten, egal ob von rechts oder von links.«

»Vielleicht wohnt der Typ bei uns ums Eck«, spekuliert Mama. »Überleg mal, wie schnell der reagiert haben muss. Gestern Abend habt ihr das Video auf YouTube hochgeladen und heute Nacht muss er schon die Klingel beschmiert haben.«

»Aus Moskau ist der bestimmt nicht angereist«, behaupte ich.

»Wieso Moskau?«, fragt Mama.

»Ich gehe mal davon aus, dass es irgendwelche Russlandfreunde gewesen sind – Komarow-Versteher oder Russlanddeutsche oder beides.«

»Dann sollten wir gleich mal bei meinen Eltern nachfragen«, erklärt Sarah und grinst angriffslustig, denn sie hält meine Bemerkung für eine Spitze gegen ihre Eltern. »Wir Russlanddeutschen halten schließlich alle zu Komarow.«

»So war es nicht gemeint«, erwidere ich. »Aber es gibt doch wirklich viele Komarow-Versteher in eurer Community.«

Dagegen will sie nichts sagen und wir stoßen die Haustür auf. Mit der Brötchentüte in der Hand und meinen Eltern hinter uns vergesse ich für kurze Zeit den »Kinderficker« und die Hates.

Mein Vater brüht den Kaffee immer mit der Hand auf, so richtig mit Filtertüte und Wasserkocher, weil er so besonders viel Koffein habe. Wir sind in der Küche – keine Einbauküche, sondern Einzelgeräte mit Tisch und vier Stühlen. Jeder ist beschäftigt, jeder hat seine Aufgabe, wir sind ein eingespieltes Team.

Wie oft war Sarah schon bei uns, während ich nur noch selten bei ihren Eltern bin? Als Sarah und ich für mein Abi gelernt haben, war ich oft in Brandenburg. Sarah ist zwei Jahre älter als ich, aber sie war in der Schule zweitausend Noten besser. Ich verstehe mich ganz gut mit ihrem Vater, trotz seines Frusts über die Arbeitslosigkeit. Er hat mich ein wenig Systema gelehrt. Ihre Eltern darf man nur nicht auf Komarow und Russland ansprechen, dann sind sie gleich gereizt und fühlen sich angegriffen. Sie tun immer so, als würde ich den russischen Präsidenten einfach nicht verstehen. In ihren Augen ist er so was wie ein Retter für Russland. Das nervt schon ziemlich.

»Egal was diese Idioten dir noch an die Klingel schreiben, ihr müsst an der Story dranbleiben, jetzt wo alle aufgesprungen sind«, erklärt Papa, während der Kaffee durch den Filter läuft und in die Kanne tropft. »Einfach dranbleiben und heute gleich ein Video nachschieben.«

»Oder die Kinder halten erst mal die Füße still.«

»Oder das«, erwidert er.

Dann redet Mama von der Hundestaffel, die in Köpenick auf der Suche nach dem kleinen Alexander im Einsatz ist. »Diese Spürhunde finden alles.«

»Hoffen wir mal«, sagt Papa. Er will nicht über Hunde und nicht über das vermisste Kind reden, sondern über unsere Geschichte.

Ich tue ihm den Gefallen: »Zuallererst müssen wir die Dokumente komplett übersetzen. Da ist noch jede Menge auf dem Stick, das wir nicht gesichtet haben.«

Papa schaut mich an. Ich stehe direkt neben ihm und er schüttet Wasser auf den Kaffee, während Mama auf der anderen Seite Tomaten dünn wie Papier schneidet. »Oder ihr arbeitet mit uns gemeinsam in der Redaktion«, schlägt er vor.

Wir sortieren Teller und decken den Tisch. Sarah hat noch Dill gerupft und Mama eben schon Quark mit Frühlingszwiebeln vorbereitet. Es kommt mir so vor, als sei Sonntag. Papa trägt die Kanne zum Frühstückstisch, an dem wir sitzen wie eine Familie in einer Margarinereklame. Unten hatte jemand »Kinderficker« an mein Klingelschild geschrieben und wir spielen hier heile Welt. Papa gießt jedem ein. Das macht er immer – das ist sein Ritual.

Sarah schmiert sich Erdbeermarmelade aufs Croissant und kommt gleich zur Sache. Ihre Augen sprühen vor Aufregung: »Ich fahre nach dem Frühstück zu Khalil und übersetze die Dokumente. Dann können wir loslegen. Ich glaube, es ist besser, schnell die Fakten zu bringen. Was einmal im Netz ist, kann uns keiner mehr nehmen.«

Papa stimmt ihr zu, Mama ebenfalls und Mascha miaut. Ich hätte sie fast vergessen. Sie steht vor ihrem leeren Schüsselchen neben der Küchenzeile. Alle frühstücken und sie hat nichts. Deshalb ist sie sauer.

Ich stehe auf und suche nach dem Futter.

»Sie frisst momentan nur noch Trockenfutter«, sagt Mama. Ich kippe es aus der Pappschachtel in den silbernen Topf und streichele Mascha. Sie hebt ihren Schwanz und kaut zufrieden, frisst und schnurrt und ich will gar nicht aufhören, sie zu streicheln. Es beruhigt mich. Ihr Tigerfell ist an einigen Stellen grau. Für eine Sekunde blitzt der getigerte Bezug der Barhocker im Studio vor mir auf. Es ist so viel passiert.

Ich setze mich. Die Gedanken schwappen unkontrolliert in mir hin und her: die Hates, das beschmierte Klingelschild … Ich will nicht nachts in einer Häuserecke verprügelt werden. Warum reagieren die Leute gleich so voller Hass? Konfrontation statt Diskussion. Nur noch schwarz und weiß, keine Grautöne sehen sie mehr.

Sarah und Papa reden. Ob die beiden gar keine Angst haben? Ich habe Angst, doch würde es nicht zugeben. Bislang ist mir nichts passiert. Sarah stößt das Messer ins Brötchen und ist fest entschlossen, die Welt zu verbessern. Sie hat

Jagdfieber und redet nun über die journalistischen Chancen, die das Netz bietet. Ich bin eher für Trockenfutter, wie Mascha. Ich muss heute nicht mehr jagen gehen.

Papa und sie diskutieren über *Rezo*, der vor über einem Jahr ein Video über die Zerstörung der CDU auf YouTube veröffentlichte und damit für Aufsehen gesorgt hat. Am Ende habe er doch wieder Blödelvideos gemacht, aber er habe einen wichtigen Beitrag geleistet.

Jetzt muss ich mich einmischen und stelle meinen Kaffee ab. »Das hier ist was anderes als ein *Rezo*-Video«, sage ich. »Die Russen haben schon Leute im Ausland vergiftet.«

»Das waren Doppelagenten«, meint mein Vater. »Es ist zudem nicht erwiesen, dass der Kreml hinter den Morden steckt.«

Mama hält Papas Einwand für naiv. »Wer soll die Leute denn sonst umgebracht haben?«

Sarah redet von dem Oligarchen Juri Myasnik, der mit seinen Trollen die Meinung in Europa beeinflusst. Sie scheint sich über ihn informiert zu haben, denn sie weiß mittlerweile mehr über Myasnik als ich. »Als Ben Crank Präsident geworden ist, hatte Myasnik auch seine Finger im Spiel. Im Bericht dieses Sonderermittlers zur vergangenen US-Präsidentenwahl wurde Myasniks Name ebenfalls erwähnt. Und selbst beim Brexit waren seine Trolle aktiv. Man kann ihm nur nie etwas nachweisen. Der Typ ist wie ein Stück nasse Seife. Aber jetzt haben wir Dokumente, die eindeutig gegen Myasnik und den russischen Präsidenten Komarow sprechen.«

»Ja, lasst euch nicht einschüchtern«, erklärt mein Vater. »Wir helfen euch.«

Papa gießt Sarah Kaffee nach, setzt die Kanne ab und krempelt sich die Ärmel hoch, als würde er gleich mit Sarah die Welt aus den Angeln heben.

Danach gehen er und ich in die Redaktion der *Berliner Nachrichten*, Mama in ihre Redaktion und Sarah fährt mit dem Rad zu Khalil. Jeder macht jetzt erst mal seinen Job, als hätte die Welt sich seit gestern nicht verändert.

Dienstag, 31. Juli, 12.30 Uhr
Narva, Restaurant China House

Garantiert hundert Prozent China!

Es klingt zu vielversprechend, was auf dem Schild steht, mit dem der einzige Chinese in Narva wirbt. Es ist ein gelbblau gestrichenes Holzhaus. Die Farben sind kräftig wie die eines brasilianischen Schmetterlings. Aber das Haus ist von sozialistischen fünfstöckigen Wohnmaschinen gerahmt. Die Außenwände sind nicht einmal verputzt, jeder Stein der Mauern ist zu sehen.

Karina und Leonid begrüßen die Bedienung, die jedem eine laminierte Speisekarte in die Hand drückt. Nichts wirkt hier wirklich chinesisch, schon gar nicht diese Bedienung im schlecht sitzenden gold-blau-grün-gelben chinesischen Kostüm. Eher könnte sie Kaukasierin sein.

»Wo dürfen wir uns hinsetzen?«, fragt Karina.

»Möglichst nah zur Küche«, scherzt die Bedienung. »Dann muss ich nicht so weit laufen.«

Leonid lacht. Karina findet das nicht lustig. Sie ist es gewohnt, im Mittelpunkt zu stehen, und nicht irgendwelche billigen Bedienungen. Also wählt sie den Platz ganz hinten im Lokal. Während es draußen taghell ist, liegt das sonst menschenleere *China House* im Schatten. Leonid hätte sich lieber an einen der Tische im Außenbereich gesetzt, aber Karina wollte nicht. Sie ist ein heller Hauttyp und meidet die direkte Sonne.

Leonids Augen wandern die Karte auf und ab, er entscheidet sich für die Nummer 18, Karina für die 43. Karina empfiehlt ihm noch je eine Portion 9b und c. Das seien nur Häppchen, köstlich, so etwas wie Tapas. Die beiden lachen über nichts und Karina plaudert von Peking: schlechte Luft, viel Verkehr, jedoch frisches Essen. Darunter würden die Chinesen auch halb tote Mäuse verstehen. Zumindest habe es gute russische Pelmeni mit einem dillartigen Kraut gegeben.

»Warum waren Sie in Peking?«, will Leonid wissen.

Er hat sich für das Essen ein wenig chic gemacht. Trägt eine eng anliegende Stoffhose mit einem schneeweißen Hemd und hat die braunen Schuhe gebürstet.

»Das ist schon lange her«, sagt sie. »Es war eine Begegnung russischer und chinesischer Sportschützen.«

»Sie sind Sportschützin?«, fragt er.

»Ich habe leider kaum noch Zeit dazu.«

»Gewehr oder Pistole?«

»Nach Laune«, antwortet sie keck mit ihrem roten Mund. Karina weiß, wie sie Leonid aus der Reserve locken kann. Ein Lächeln, ein wenig Privates erzählen, mit den Haaren spielen.

Sie trägt ein hellblaues schlichtes Kostüm. Leonid beobachtet sie, ihre Oberarme und Beine sind schlank wie die eines jungen Mädchens. *Mit einer Frau wie ihr könnte ein Mann weiterkommen*, denkt er. Sie ist keine von diesen oberflächlichen Mädchen für den Altar: zwei Ringe, ein Liebesschloss am Wasserfall von Ontika und den Schlüssel über die Klippe ins Meer werfen. Sie ist eine Katze – wunderschön und eigenwillig.

Die Pseudochinesin kommt und teilt ihnen mit, dass es keine 9c mehr gibt. Die Krabben seien aus. Stattdessen empfiehlt sie die 9e.

»Dann möchte ich lieber die 10a«, sagt Karina und bestellt auch gleich für Leonid. »Ach ja, für uns beide auch noch Wodka.« Und an Leonid gewandt: »Wir stoßen an, damit du mich endlich duzt.«

Die Bedienung lächelt freundlich, doch Karina gibt ihr ein eindeutiges Handzeichen, dass sie abschwirren soll.

Leonid fühlt sich ein wenig von Karina überrollt und unwohl. Die möchte wissen, warum er so gut Deutsch spricht. »Du warst doch noch nie in Deutschland?«

»Nie«, bestätigt er.

»Und sprichst trotzdem wie ein Deutscher. Das ist eine Kunst.«

»Eher Genetik«, sagt er. »Mein Großvater war …«

»Also«, unterbricht sie ihn und wird sachlich. »Wir brauchen deinen Einsatz. Schon morgen.« Nun hat sie ihn vollends überrumpelt. »Du sollst ab morgen die Koordination in der Agentur übernehmen. Ich muss für ein paar Tage nach Berlin.«

»Wegen Ihrer Schwester?«

»Woher weißt du, dass sie in Berlin lebt?«

Er zuckt mit den Schultern. »Ich denke, jeder in der Abteilung weiß das.«

»Nun gut. Ich muss jedenfalls beruflich nach Berlin.«

»Und Wladimir?«

Normalerweise übernimmt ihr Stellvertreter Wladimir die Koordination in Karinas Abwesenheit.

»Er wird nicht mehr hierher zurückkommen, er bleibt in Moskau. Ich werde ihn vielleicht sogar dort sehen.«

»Fliegen Sie auch dorthin?«

»Du«, sagt sie. »Wir duzen uns doch, oder?«

»Fliegst du auch dorthin?«

»Ja, erst nach Moskau und von da aus nach Berlin.«

Das Essen kommt auf einem Tablett. Stäbchen wollen beide nicht, also Löffel und Gabel. Die Fake-Chinesin hat die Getränke vergessen. Karina bestellt den Wodka wieder ab und stattdessen zwei halbe Liter Löwenbräu. Leonid will kein Bier in der Hitze trinken, aber das lässt sie nicht zu. Löwenbräu müsse er probieren. Es gebe ja auch was zu feiern.

»Ich benötige also demnächst einen neuen Stellvertreter«, wiederholt Karina. »Du kannst schon mal ausprobieren, ob dir die Arbeit gefällt, falls du bald die Abteilung ganz leiten solltest.«

Er schaut überrascht.

»Willst du nicht wissen, warum ich nach Berlin muss?«

»Doch, natürlich.«

»Es geht um deine Geschichte von gestern.«

»*Uncover?*«

»Es wird von uns erwartet, dass wir etwas unternehmen. Dieser Kanal und sein Sprecher Phoenix Zander sind dir ja schon lange ein Dorn im Auge.« Leonid fühlt sich endlich verstanden. Karina erkennt die Gefahr, die von solchen politischen YouTubern ausgeht. Sie sagt: »Wir müssen ihn stoppen. Solche Zecken vergiften die Atmosphäre. Sie warten doch nur auf den Moment, in dem unser Präsident Schwäche zeigt. Einige deutsche Kommentatoren stellen sich schon die Frage, ob sich Deutschland bei den Aufbauzahlungen für Syrien besser zurückhalten solle. Sie befürchten, dass das Geld sofort über Ibrahim al-Tawīl in russische Taschen fließt. Weitere Enthüllungen dieses Kanals könnten uns also schaden. Die deutsche Bevölkerung ist in solchen Dingen schwer einzuschätzen. Erinnere dich daran, wie sie in München 2015 die Flüchtlinge mit Blumen begrüßt haben. Die sind zu allem fähig.«

»Was sind das eigentlich für Dokumente, über die PhoenixZ spricht?«

»Ist das wichtig, Leonid? Bist du ein Journalist?«

Das ist er nicht.

»Siehst du. Der Mann in der Reinigung fragt ja auch nicht, wo der Schmutz auf dem Hemd herkommt. Er sorgt dafür, dass das Hemd sauber wird. Ich sage dir, was du tun sollst. Und du tust es.«

Er nickt.

»Wenn ich weg bin, sagst du deinen Kollegen, was sie tun sollen. Und sie werden es tun. Ganz einfach ist das. Lass dich ja nicht auf Diskussionen ein. Sonst hast du nur Gegacker im Hühnerhaufen.«

Karina spürt förmlich, wie sie Leonid mit ihrer Dominanz gegen die Stuhllehne drückt. Er ist genau der Richtige für den Job. Er wird ihr treu sein: Er buckelt nach oben und tritt nach unten.

»Es ist unwichtig, was in den Dokumenten steht oder ob es sie überhaupt gibt. Denn alles kann gefälscht werden. Wahrheit ist nur der Glaube an Realität. Es gibt keine Wahrheit. Die wichtigsten Bücher der Welt, die Bibel und der Koran, sind alles Fakes, reine Glaubenssache. Aber wirksam, sehr wirksam. Das hier ist auch kein Chinese, obwohl der Laden mit hundert Prozent China wirbt. Wenn wir nachher in der Agentur gefragt werden, wo wir gewesen sind, werden wir trotzdem sagen, dass wir chinesisch gegessen haben. So funktionieren Fakes. Unsere Aufgabe besteht darin, die Menschen zu verunsichern und ihnen dann ganz einfache Wahrheiten einzutrichtern. Und jetzt müssen wir dafür sorgen, dass niemand mehr solchen Ratten wie PhoenixZ vertraut. Verstehst du? Niemand.«

»Werfen wir eine Blendgranate?«, fragt Leonid.

»Was meinst du damit?«

»Ich habe gestern Abend im Netz gelesen, dass in Berlin ein kleiner Junge vermisst wird.«

»Ich weiß, Alexander heißt er. Er ist sechs Jahre alt.«

»Genau«, sagt Leonid. »Der Junge war gestern auf einem Geburtstag in Berlin Köpenick. Er selbst wohnt wohl auch in der Gegend. Jedenfalls, als seine Mutter ihn abholen wollte, war Alexander nicht da. Ein syrisches Flüchtlingskind war mit ihm über den Gartenzaun geklettert und dann haben sich die beiden aus den Augen verloren ...«

»... unser Essen wird kalt«, unterbricht Karina ihn. Dieser Leonid ist noch gewiefter, als sie dachte. »Probier erst mal, Leonid.«

Er probiert.

»Und?«, fragt sie.

»Scharf. Sehr scharf.«

»Gegen die Hitze gibt es nichts Besseres.«

Leonid sagt, dass ein wenig zu viel Curry in der Soße sei.

Karina stimmt ihm zu und beide nehmen einen kräftigen Schluck vom Löwenbräu, das gerade gekommen ist.

»Wie finden Sie denn nun die Idee, den Fall ›Alexander‹ in den deutschen Medien hochzukochen, um von den *Uncover*-Enthüllungen abzulenken?«

»Genau richtig finde ich das«, sagt sie. »Das tun wir auch schon seit heute früh.«

»Davon habe ich nichts mitbekommen. Ich habe ausgeschlafen.«

»Das habe ich dir ja auch gesagt. Also, der kleine Syrer, mit dem Alexander gespielt hat, heißt Rami und sein Vater Amer Tallak. Heute Morgen haben wir schon ein Foto von Amer Tallak ins Netz gestellt. Und die Frage aufgeworfen, ob er etwas mit der Entführung des kleinen Alexanders zu tun habe.«

Leonid ist begeistert und trinkt das Löwenbräu in einem Zug aus.

Sie erzählt weiter: »Amer Tallak ist zwar gar kein Muslim, sondern Christ, aber er ist Araber.«

»Genau so habe ich es mir auch vorgestellt«, erwidert Leonid und Karina ist froh, dass sie ihn zu ihrem Ersatzmann auserkoren hat.

»Wir brauchen für die sozialen Medien noch ein gefaktes Foto von Tallak vor einer Moschee«, sagt sie. »Das müsste sich leicht manipulieren lassen. Um die Aktion weiter zu verstärken, werden zwei unserer bestochenen deutschen Abgeordneten die Sache auf Parlamentsebene ins Gespräch bringen lassen. Wozu bezahlen wir denn diese rechten Parteien?«

»Das müsste funktionieren. Schließlich kommt Alexander aus einer russlanddeutschen Familie. Und die Russlanddeutschen stehen treu zu uns. Sie werden schon für Unruhe sorgen und gegen die Deutschen vorgehen.«

»Du verstehst mich. Ich werde noch heute Nachmittag nach Moskau fliegen und du vertrittst mich im Büro und kochst den Fall ›Alexander‹ weiter hoch. Ich werde noch mit unseren Leuten beim russischen Fernsehen besprechen, wie sie euch unterstützen können. Schließlich schauen die Russlanddeutschen in Berlin gerne russisches Fernsehen. Auch von dieser Seite aus müssen wir aktiv werden.«

Leonid nickt und nickt.

»Ach ja. Mach bitte Michail und seinen Damen ruhig ein wenig Feuer unterm Hintern.«

»Gerne«, sagt Leonid. »Diesem speckigen Faulpelz tut ein bisschen Bewegung gut.«

Jetzt nickt Karina. Sie mag es, wenn ihre Mitarbeiter sich gegenseitig ausbooten. Teile und herrsche, so ist die Devise – immer und überall.

»Ich muss jetzt noch mit meiner Schwester in Berlin telefonieren«, erklärt sie und schiebt den Teller zur Seite. »Geh du schon mal in die Agentur. Die Rechnung übernehme ich.«

Ihr Ton hat sich verändert, er ist plötzlich rauer. Sie redet mit ihm wie mit der Bedienung.

Dienstag, 31. Juli, 14.25 Uhr
Berlin, Köpenick

Journalismus ist eine Herde. Alle stürzen sich auf eine Geschichte und auf alles und jeden, der damit zu tun hat. So warten wir seit zweieinhalb Stunden vor dem Haus von Alexanders Eltern. Ihre Namen: Anton und Marlene Schneider. Das Häuschen liegt in einem Neubauviertel von Köpenick in der Otto-Grün-Straße. Nur durch die Briefkästen und die in den Carports geparkten Autos unterscheiden sich die Häuser voneinander.

Die Schneiders werden von uns belagert. Zu ihrem Schutz stehen zwei Polizisten vor der Tür in der prallen Sonne. Alle übrigen Polizisten Berlins suchen in zwei Kilometer Luftlinie von hier nach Alexander. Selbst die Spürnasen der Hundestaffel konnten ihn bislang nicht finden. Da wir nicht an Alexanders Eltern herankommen, haben wir die Nachbarn der Schneiders interviewt. Alle halten die Familie für gut integriert und Alexander kann perfekt Deutsch und Russisch.

Besonders eng sind die Schneiders mit der Familie Marek befreundet, die in der Parallelstraße wohnt. Die Gärten ihrer beiden Häuser stoßen hinten aneinander. Alexander geht häufig mit Johannes, dem Sohn der Mareks, in deren Pool.

Der Pool ist allerdings zurzeit von einer Plane abgedeckt, weil die Mareks seit vier Tagen in Kroatien sind. Ich habe versucht, die Familie in ihrem Feriendomizil zu erreichen. Doch Herrn und Frau Mareks Handys sind abgeschaltet. Also lungern wir hier rum.

Mir ist ein bisschen übel, was nicht nur an der Hitze, sondern auch an meiner plötzlichen Berühmtheit liegt. Ich kenne kaum jemanden meiner Kollegen, aber sie erkennen mich alle. Ich habe mich noch nicht daran gewöhnt, wegen des Videos heute selbst eine Story zu sein.

Ich sitze im Mercedes neben Eymen. Wir haben die Fenster geschlossen, der Wagen läuft im Leerlauf und die Klimaanlage ist voll aufgedreht, aber trotzdem ist es heiß. Ich habe ihm gesagt, dass ich es nicht gut finde, wenn der Motor die ganze Zeit läuft, woraufhin mich Eymen auslachte. Er wolle nicht die Welt, sondern uns retten. Und das gehe nur mit Klimaanlage.

Jetzt schauen wir auf dem iPad fern. Damit wir etwas auf dem sich spiegelnden Bildschirm sehen können, hat Eymen aus einem schwarzen Handtuch ein Zelt darüber gespannt und es oben am Rückspiegel befestigt.

»Ich hasse diese Warterei!«, flucht er. »Warum sind wir nicht bei der Suche nach Alexander dabei? Da passiert wenigstens was. Guck dir das an!«

Sie zeigen auf RTL einen Jungen, der erzählt, dass er Angst habe, in Köpenick allein zur Schule zu gehen.

»Wieso?«, fragt der Reporter.

»Mama meint, dass bei uns so viele Leute wohnen, die nicht hierhergehören. Und weil Mama arbeiten muss, bringt mich Oma zur ...«

»Das passt«, meint Eymen und tupft sich den Schweiß von der Stirn. »Eben die Statistik von verschwundenen Kindern in Europa und jetzt dieses ängstliche Kind. Das können die Kollegen vom Boulevard. Emotionen. So macht man die Leute nervös.«

Eine aufgebrachte Frau mischt sich ein und behauptet, dass das »Staatsfernsehen« – womit sie ARD und ZDF meint – die Kriminalität der Ausländer ständig herunterspiele. Sie sagt: »In unserem Fernsehen habe ich einen Araber gesehen, der hat erzählt, was Sache ist. Die klauen unsere Kinder und lassen sie bei den Scheichs arbeiten. Ich will nicht wissen, was sie noch mit ihnen machen. Der Vater von Alexanders Freund ist doch auch ein Flüchtling.«

»Herr Tallak«, wirft der RTL-Mann ein.

»Genau. Der hat ihn bestimmt entführt. Jedenfalls haben sie sein Foto im Fernsehen gezeigt.«

»Was redet die Frau da für einen Müll?«, frage ich Eymen.

»Die Leute haben halt Angst. So hübsch, wie dieser Alexander war – blondes Haar, blaue Augen. Auf so was fahren Araber ab«, antwortet er.

»Hast du was gegen Araber?«

»Ich habe auch was gegen Russen, Türken, Albaner, Deutsche und Berliner.« Er boxt mir leicht gegen die Schulter. »Hey, Junge, bin doch kein Rassist. Entspann dich. Ich war selbst mal Asylant. Kurde bin ich. Meine Seele und mein Rücken sind voller Beweise.«

»Bist du gefoltert worden?«

Er geht nicht auf meine Frage ein, sondern meint: »Zumindest bist du jetzt aus der Schusslinie. Die Meute hat eine neue Beute – und die heißt Alexander.«

Er steckt sich eine Zigarette an und bläst den Qualm in die klimatisierte Luft. Ich bekomme einen Hustenanfall. Verdammter Mist!

Eymen sagt: »Hey, du erstickst ja.« Er stößt über mich hinweg die Beifahrertür auf. »Schnapp mal frische Luft.«

Ich steige aus. Doch die frische Luft ist nicht frisch, eher vergammelt. Ich schleppe mich rüber zum Haus der Schneiders und hocke mich vor die brusthohe Gartenhecke. Hier habe ich Schatten. Ich will mit Sarah reden, aber sie reagiert nicht auf meinen Anruf.

Dann wähle ich Khalils Nummer.

»Hallo, Phoenix. Wie geht's?«

»Wie weit seid ihr?«

»Es ist gar nicht so einfach. Sarah muss sich in das ganze Syrienthema einarbeiten. Und auch ich habe eben erst verstanden, was der Iran in Syrien will.«

Ich würde Khalil am liebsten unterbrechen, doch da könnte ich mich auch einem ICE entgegenstellen.

Und so geht seine Belehrung weiter: »Im Iran leben meist Schiiten, in Syrien Sunniten. Die Iraner versorgen den syrischen Präsidenten Ibrahim al-Tawīl seit Jahren mit Soldaten. Das wissen wir ja alles.«

»Ja, wissen wir«, sage ich.

»Okay. Aber nun fordern die Iraner von Ibrahim al-Tawīl, den Sunniten im Süden Syriens das Land und die Häuser wegzunehmen und stattdessen Schiiten dort anzusiedeln. Die meisten Syrer, die bei uns in Deutschland wohnen, sind übrigens Sunniten. Die werden also nun einfach enteignet, ohne etwas dagegen tun zu können. Zurück nach Syrien können sie dann nicht mehr. Und jetzt kommt der Clou. Warum tut das der Iran? Was ist im Süden von Syrien? Richtig, Israel. Und somit haben die Israelis künftig direkt vor ihrer Haustür Hunderttausende Schiiten, deren Führer das Ziel haben, den Staat Israel zu zerstören.«

»Das ist heftig«, sage ich und zucke zusammen, denn vor mir taucht ein Golden Retriever auf. Weil ich hocke, ist seine Schnauze exakt in Höhe meines Kopfes. Vermutlich pinkelt er sonst an diese Gartenhecke. Jetzt schaut er mich mit halb offenem Maul an und hechelt vor Hitze.

Der Atem des Hundes riecht und Khalil redet weiter: »Deshalb fahren auch so viele Syrer nach Syrien zurück. Sie versuchen, ihr Hab und Gut einem Verwandten zu überschreiben, sonst ist es nämlich fort. Dann können sie nie wieder zurück in ihre Heimat. Verstehst du? Phoenix? Hörst du mir zu?«

»Ja, das tue ich«, antworte ich und der Retriever geht hechelnd weiter.

»Eine Sache muss ich dir unbedingt noch erzählen«, sagt Khalil. »Ich habe mal recherchiert, wer die Hetze gegen Amer Tallak und die Araber im Netz befeuert.«

»Und wer ist es?«, frage ich.

»Einige von ihnen sind die Gleichen, die auch im Fall ›Alexander‹ aktiv sind und die uns heute Nacht die Hates geschrieben haben. Sie sitzen nicht in Russland in den bekannten Trollfabriken von Myasnik, sondern in der EU – direkt an der estnischen Grenze zu Russland. Der Ort heißt Narva. Die *East StratCom Task Force* hat heute gleich mehrere Fakes zum Fall ›Alexander‹ aufgedeckt. Da kursiert ein gefaktes Interview mit einem angeblichen Libyer im Netz, der gegenüber russischen Reportern von organisiertem arabischem

Kinderhandel redet. Alles Fake. Das Interview wurde sogar im russischen TV-Sender *Rossija 1* ausgestrahlt.«

Daher hat die aufgewühlte Frau auf RTL also ihre Informationen gehabt – nicht von einem deutschen, sondern einem russischen Sender, den sie als »unser Fernsehen« bezeichnete.

»Ich habe diesen Libyer auch abgecheckt. Er wohnt gar nicht in Libyen, sondern in Narva. Die Stadt ist der ideale Ort für eine Trollfabrik, denn von den 60 000 Einwohnern sind 55 000 russischstämmig.«

Eymen hupt.

»Ich muss auflegen«, sage ich und kurz darauf sitze ich wieder neben Eymen, der verkündet: »Wir müssen Florian von der *B.Z.* folgen. Der fährt nämlich dem Übertragungswagen von n-tv hinterher und die sind garantiert auf dem Weg zu Tallaks Wohnung.«

»Dem Vater von Alexanders Spielkameraden?«

»Schau mal nach seiner Adresse.«

Die Meute hat eine neue Beute und ich rufe die Suchfunktion auf dem Handy auf: »Hat der Syrer auch einen Vornamen?«

»Amer ... Im Fernsehen spekulieren sie, dass er einem Kinderhändlerring zuzuordnen ist. Da kann man eins und eins zusammenzählen ...«

Wir überholen diesen Florian von der *B.Z.* Eymen fragt mich, ob ich endlich die Adresse von Tallak habe. Denn der Übertragungswagen von n-tv sei spurlos verschwunden.

»Der muss abgebogen sein!«, regt er sich auf. »Wohin soll ich fahren? Find endlich diese Adresse, Phoenix!«

»Es gibt online keine, nicht einmal eine Telefonnummer. Ich weiß nicht, wo der Typ wohnt.«

Jetzt bin ich auch schlecht gelaunt. Was kann ich dafür, dass dieser Tallak nicht im Netz zu finden ist?

Eymen lässt den *B.Z.*-Journalisten wieder vor und sagt: »Wir fahren ihm nach. Florian ist zwar ein Arschloch, aber vielleicht kennt er ja die Adresse.«

Wir folgen also diesem Florian, der nun rechts ranfährt und halb auf dem Bürgersteig parkt. Wir halten direkt hinter ihm. Dann steigt Florian aus und kommt auf uns zu. Dünn, drahtig und mit einem zu großen Kopf für seinen kleinen Körper ausgestattet, klopft er an unsere Windschutzscheibe.

»Was ist?« Eymen lässt das Seitenfenster einen Spalt weit herunter. »Willst du mir die Scheibe demolieren?«

Eymen ist kein Stern am Himmel der Höflichkeit, aber zu diesem Florian ist er besonders warmherzig.

»Wisst ihr, wo der Syrer wohnt?« Florian schaut zu uns in den Wagen, demonstrativ an Eymen vorbei und mir direkt in die Augen.

»Bist du eigentlich bescheuert?«, blafft Eymen. »Warum bist du dem Übertragungswagen dann nicht weiter nachgefahren?«

»Hab mit denen telefoniert. Die fahren zum Funkhaus.«

Was ist das blöd! Da folgt einer dem anderen und keiner weiß, wohin.

»Also habt ihr auch keine Ahnung«, sagt Florian abschätzig und geht.

»Diese dumme Sau!«, flucht Eymen gegen die Windschutzscheibe.

»Okay, okay. Beruhig dich. Ich kenne jemanden, der die Adresse für uns herausfinden kann.« Dann schreibe ich Khalil.

Wenige Minuten später haben wir Amer Tallaks Adresse. Es ist eine Wohnung im fünften Stock eines Hochhauses. Als wir losfahren, folgt uns dieser Florian.

»Den müssen wir loswerden«, meint Eymen und biegt in das Parkhaus eines Einkaufszentrums. Wir ziehen einen Parkschein. Die Schranke öffnet sich, die Schranke schließt sich. Genauso bei Florian hinter uns.

Eymen befiehlt mir: »Bezahl den Parkzettel am Automaten im Stock über uns.«

»Warum?«

»Frag nicht. Tu es.«

Fünf Minuten später kehre ich mit dem bezahlten Parkschein zurück und wir fahren wieder zur Ausfahrt. Zettel rein, Schranke hoch, Schranke runter. Wir sind draußen. Ganz im Gegensatz zu Florian. Denn der muss erst mal zum Ticketautomaten. So hängt Eymen also die Konkurrenz ab.

»So ein Idiot«, freut sich Eymen. »Ich frage mich, wie der überhaupt laufen gelernt hat.«

Wir sind nicht die Ersten beim Hochhaus, in dem Tallak wohnt. Unten vor der Tür stehen zwei Reporter von der *Bild*, einer von der *Süddeutschen Zeitung* und ein Sat.1-Team. Eymen kennt sie alle. Es ist eine kleine Welt. Eine junge Frau und einen langhaarigen Typen mit Fotokamera weiß Eymen nicht zuzuordnen. Die Frau fällt mir sofort auf – sie ist schlank und groß wie ein Leuchtturm und hat kurz geschnittenes goldblondes Haar.

»Bestimmt Blogger«, spekuliert Eymen. »Kennst du die?«

Ich zucke mit den Schultern. »Keine Ahnung.«

Wir parken direkt auf dem Bürgersteig vor dem Hochhaus

im Halteverbot. Eymen tritt zu dem *Bild*-Fotografen. Sie schlagen ein.

»Lange nicht mehr gesehen«, sagt Eymen.

»War auf einer Kreuzfahrt nach Norwegen«, erklärt der Mann mit den zwei Kameras, den Eymen Markus nennt. »Der Süden ist mir zu warm.« Er spricht so ungefärbtes Deutsch, dass er nur aus Hannover kommen kann.

»Und hier?«, scherzt Eymen. Er zeigt mit beiden Daumen auf sein hellgelbes T-Shirt, auf dem sich ein Schweißfleck ausgebreitet hat. »Klimakatastrophe, sage ich nur. Ich halte es nur noch mit der Klimaanlage im Wagen aus. Hast du diesen Tallak schon gesehen?«

»Stände ich dann noch hier?«

Eymen stellt mich vor. »Das ist Phoenix, der Sohn vom Politikchef.«

Ich gebe Markus die Hand.

»Nachbarn befragt?«, erkundigt sich Eymen.

»Sinnlos. Die haben Angst, was Falsches zu sagen. Die meisten sind Asylanten oder Illegale.«

»Und in seiner Wohnung im fünften Stock?«

»Da gibt es nur vereinzelt Klingelschilder. Auf keinem steht ›Tallak‹.«

Na super. So werden wir Tallak nie finden. Das Haus hat elf Stockwerke und ist beige gestrichen. Hier drin wohnen wahrscheinlich mehr Leute als in den mittelgroßen Dörfern in Brandenburg. Jede Wohnung scheint einen Balkon zu besitzen. Eigentlich wäre das Haus okay, aber alles hier ist verwohnt. Einige Briefkästen sind sogar aufgebrochen. So ein Hochhaus kann zehn Notausgänge haben, trotzdem hast du keine Chance, jemals der Scheiße zu entkommen.

Wir tummeln uns unter dem Vordach am Eingang, denn hier ist Schatten. Ich schaue ab und an zu der hübschen blonden Journalistin. Jeder, der das Haus verlässt oder betritt, wird von uns beäugt. Tallaks Foto haben wir aus dem Netz. Wer es hochgeladen hat, weiß keiner. Es könnte auch das Foto von sonst wem sein.

Florians Wagen fährt heran. Er parkt schräg gegenüber vor dem türkischen Supermarkt. Eymen lacht ihn aus: »Ach, wie nett, endlich kommt auch die *B.Z.*«

»Klappe«, raunzt Florian. »Verarschen kann ich mich selbst.«

Sein Kinn ist gespalten und sein scharfer Blick wünscht uns in die Hölle. Er will mit den Leuten von Sat.1 reden. Eymen raucht wieder, Kollege Markus auch, aber E-Zigarette. Erdbeer- und Tabakgestank vermischen sich zu einer unheiligen Kombination. Keiner beschwert sich, obwohl sich der Qualm im Hauseingang verfängt. Ich will nicht zu der Journalistin schauen, tue es aber doch. Die lächelt zurück. Das ist eine Eröffnung. Sie will angesprochen werden. Oder bilde ich es mir nur ein?

Gerade jetzt schickt mir Sarah eine Nachricht: *Bin fertig. Das Material ist spannend!*

Ich: *Das heißt?*

Sarah: *Erzähle ich dir später. Wann kommst du?*

Die blauen Augen meiner Kollegin beobachten mich neugierig. Ob sie einen Freund hat?

Ich schreibe: *Komme vermutlich hier nicht so schnell weg.* Dann streiche ich das »vermutlich«.

Sarah: *Wann denn etwa?*

Ich: *Weiß nicht. Wir warten vor einem Hochhaus auf einen*

Syrer, Amer Tallak, der Alexander entführt haben soll. Dahinter setze ich ein Kuss-Emoji mit Herzchen und noch eines.

»Ich habe Durst«, sage ich zu Eymen.

Der nickt und fragt in die Runde: »Will sonst noch einer was zu trinken? Der Junge geht da drüben was holen.«

Er zeigt auf den Supermarkt. Ich zucke zusammen. Hat er gerade »der Junge« gesagt? Ja, das hat er. Und benutzt er mich als Laufburschen? Ja, das tut er.

Eymen zieht sein Portemonnaie. »Also? Ich geb 'ne Runde aus.«

»Ich komme mit«, verkündet die Journalistin.

Alle im Hauseingang grinsen, als wären sie in ein Geheimnis eingeweiht. Die Situation ist mir unangenehm. Alle bestellen Wasser, nur Eymen selbst will Cola: »Kein Zero, kein Light, sondern Cola.« Dabei schlägt er sich auf den Bauch und bekommt Lacher als Belohnung.

Ob er wirklich ein Flüchtling gewesen ist? Ich weiß es nicht. Ich kann ihn überhaupt nicht einschätzen. Ist er Held oder Schurke?

»Mara«, sagt die junge Journalistin zu mir, als wir die Straße überqueren, und schiebt ein »Praktikantin« nach.

»Auch Praktikant«, entgegne ich, die andere Seite der Straße erreichend. »Ich heiße Phoenix.«

»Ich weiß, du bist PhoenixZ«, ergänzt sie. Sie kennt mich von YouTube. »Ist das dein Künstlername?«

»Nein. Meine Eltern fanden den Namen gut. Kennst du den Schauspieler River Phoenix?«

Sie schüttelt den Kopf.

»Der hat bei *Indiana Jones* mitgespielt. Er hatte die Rolle des jungen Indi.«

Sie schüttelt immer noch den Kopf.

»Aber den Phoenix, der aus der Asche aufgestiegen ist, den kennst du?« Ich schmunzele und sie nickt leicht verlegen.

»Und du bist auch so einer, der sich nicht unterkriegen lässt?«

Jetzt fühle ich mich geschmeichelt. Aber es ist zu warm, um noch röter zu werden.

Vor dem Supermarkt stehen Obst und Gemüse in Kisten. Alles ein bisschen billiger als im Rewe, alles frisch und trotzdem gehen fast nur Türken in den Supermarkt, so wie kaum Türken in den Rewe gehen. Früher gab es *eine* Mauer in Berlin, heute gibt es überall Mauern – zwischen den Arabern und den Türken, den Türken und den Deutschen, den Albanern und den Russen und der AfD und den Grünen. In Köln hatte ich einige türkische Freunde, in Berlin keinen einzigen.

»Was studierst du?«, will sie wissen.

Ich schweige, denn der Geruch von Gegrilltem steigt mir in die Nase. Er muss aus einem Fenster oder einem Hof kommen. Und er trägt eine Erinnerung mit sich – die Erinnerung an Erich. Ich werde nie wieder Fleisch essen können.

»Ekelig«, sagt sie.

»Was?«

»Na, der Geruch. Im Sommer kannst du diesen Gerüchen nicht entkommen. Ich finde das belästigend.«

»Kadavergeruch ist das«, erwidere ich.

»Ich wäre dafür, dass es verboten wird. Schließlich gibt es immer mehr Leute, die vegetarisch leben und denken. Warum dürfen uns die anderen mit dem Fleischverbrennen belästigen?«

Was soll ich dazu sagen? *Vegetarisch denken?*

»Was studierst du?«, fragt sie mich erneut.

»Ich studiere nicht.«

»Was willst du studieren?«

»Nichts«, antworte ich und nehme eine Tomate in die Hand, rieche daran. »Die duftet gut.«

Doch sie bleibt beim Thema Studium.

Die Glastüren des Supermarktes schieben sich zur Seite. Es wird kühl. Sie erzählt aufgeregt: »Ich studiere Ethnologie und Englisch. Das ist mein Traumstudium. Ich hatte echt Glück, bin sofort in beide Fächer gekommen. Null Wartezeit. Ein Freund von mir …«

Mara informiert mich über sich: dass sie mit vollem Namen Mara Zymbrowski heißt und ihr Vater von Polen eingewandert ist. Sie redet über ihre Freunde, darüber, dass sie zwei Brüder hat und den YouTuber *Tanzverbot* gut findet, weil er zwar nur *McDonald's*-Food isst, aber so ehrlich sei und er sogar mit Rezo ein Video übers Essen gedreht habe. Sie erzählt mir alles, ob ich es wissen will oder nicht. Und sie gefällt mir mit jedem Atemzug besser. Selbst vor der Kühltruhe hier in diesem klimatisierten Supermarkt ist mir heiß.

»Geboren bin ich in Bayreuth. Kennst du die Bayreuther Festspiele?«

»Kenne ich nicht«, sage ich. »Ich bin nicht religiös.«

Sie lacht und sieht dabei noch hübscher aus. »*Nicht religiös*«, wiederholt sie. »Das ist gut. Magst du klassische Musik?«

»Kommt darauf an, was man darunter versteht. *Beatles*?«

Das findet sie auch lustig. Egal was ich sage, sie findet es gut. Im Regal greift sie nach dem Wasser: zwölf kleine Plastikflaschen in einem Plastikpack. »Das dürfte reichen.«

»Ja, genug Plastik«, erkläre ich. »Das Wasser trinken wir und das Plastik geben wir den Fischen.«

»Ich denke auch, dass es zu viel Plastik ist. Aber es wird ja später getrennt.«

»Stimmt. Wir trennen hier den Plastikmüll sauber vom Rest und dann kommt der hübsch getrennte Plastikmüll in die Türkei.«

»Uuuund?«, fragt sie lang gezogen.

»Die Türkei kann solche Mengen überhaupt nicht recyceln und schüttet den Plastikmüll direkt ins Mittelmeer.«

»Echt?«

»Sagt jedenfalls die Tagesschau. Die muss es doch wissen.«

Sie schweigt und läuft Richtung Kasse. Trotz Plastikflaschen in der Hand macht sie den Weg bis zur Kasse zum Laufsteg. Schultern zurück, Brust raus. Ich möchte ihr die Flaschen abnehmen, aber sie will nicht.

Sarah schreibt wieder: *Wir müssen uns unbedingt sehen.* Und hängt noch ein Kuss-Emoji an.

Ich ignoriere ihre Nachricht und habe sofort ein schlechtes Gewissen. Sarah will mich vermutlich nicht nur wegen des Sticks sehen. Und ich bin hier mit dieser Mara.

Die lächelt mich an. Es kribbelt in meinem Magen, was mein schlechtes Gewissen noch größer macht.

Ich ziehe für Eymen noch eine Cola aus dem Kühlschrank, dann bezahle ich mit seinem Zehn-Euro-Schein. Das Gesicht des Kassierers kommt mir bekannt vor. Hinter der Kasse nehme ich jetzt die Flaschen.

Vor dem Supermarkt erzählt mir Mara, dass sie nur durch Beziehungen an das Praktikum beim *Abendspiegel Berlin* gekommen sei. Schließlich wollen alle zum *Abendspiegel*.

»Und wie ist es da?«

»Locker«, sagt sie. »Und bei den *Berliner Nachrichten*?«

»Auch.«

»Obwohl dein Vater der Politikchef ist?«

»Gerade deshalb«, scherze ich.

Ich drehe mich noch einmal um und blicke durch die Scheibe in den Supermarkt. Jetzt weiß ich, an wen mich der Kassierer erinnert. Ich sage zu Mara, dass sie schon zu unseren Kollegen gehen soll. Ich hätte etwas vergessen. Das Wasser muss sie nun wieder selbst tragen.

»Was ist denn?«

»Will mir noch ein Eis holen«, lüge ich.

»Ich will auch eins«, erwidert sie.

»Ich bring dir eins mit.«

»Ich will lieber selbst auswählen.«

Ich gebe auf und so stehen wir wieder an der Kasse, jetzt mit Eis am Stiel. Der Kassierer wundert sich schon über uns. Ich schaue ihn mir genauer an, dann werfe ich heimlich einen Blick auf mein Handy und sehe mir Tallaks Foto an und bin davon überzeugt, dass er der Gesuchte ist.

Da lauern wir vor dem Hochhaus und er sitzt hier seelenruhig an der Kasse gegenüber. Ob er überhaupt weiß, dass er verdächtigt wird? Mara erkennt ihn nicht. Sie ist zu sehr damit beschäftigt, mir zu sagen, wie toll ihr Praktikum beim *Abendspiegel* ist und was sie noch alles im Leben vorhat. Sie habe schon Brasilien bereist und dort würden die Goldgräber die größte Gefahr für das Ökosystem darstellen. Und die Großgrundbesitzer würden den Regenwald abbrennen, um ihren Rindviechern Weideland zu verschaffen. Ich nicke, obwohl ich das schon tausend Mal gehört habe. Dann sage ich ihr, dass die NATO die brasilianische Regierung unter Druck setzen müsse, damit der durchgeknallte brasilianische Präsident den Regenwald in Ruhe lässt.

»Aber wir müssen auch unser Verhalten ändern«, meint sie. »Das ist sonst nicht fair.«

»Nein, erst mal muss dieser Präsident Angst bekommen. Sonst kann Greta von Montag bis Freitag für die Zukunft streiken. Ohne Regenwald läuft nichts. Vielleicht wäre es ja auch mal gut, wenn die Leute montags *for future* streiken, und zwar alle.«

»Im Video hast du aber gesagt, dass dieser Soziologe unrecht hat, dass auch friedliche Demonstrationen etwas bewirken können.«

»Stimmt. Ich will auch keine Gewalt. Aber ich habe gelesen, dass der Amazonas-Regenwald nicht mehr zu retten ist, wenn es dort dieses Jahr noch einmal so stark brennt wie im vergangenen Jahr. Dann kann der Wald nicht mehr genügend Wasser abgeben und sich als Ökosystem nicht mehr halten. Über Jahre hinweg würde er langsam sterben.«

»Wirklich?«

Ich nicke.

Das bringt sie ins Grübeln und wieder stehen wir vor dem Laden, die Kisten mit Obst und Gemüse im Rücken und Eis am Stiel in der Hand. Ein RTL-Team ist nun auch vor Ort. Eymen begrüßt uns mit einem: »Der Junge ist mit ihr zurück. Höhöhö!«

Nachdem die Flaschen verteilt sind, schicke ich Eymen die Nachricht, dass der gesuchte Tallak an der Kasse vom Supermarkt sitzt und wir uns heimlich auf die andere Straßenseite begeben sollten. Aber Eymen schaut nicht auf sein Handy.

Ich sage ihm: »Ich habe eben eine Nachricht von der Redaktion erhalten. Die müsstest du auch bekommen haben.«

»Was wollen die denn?«, fragt er. »Dass du mal endlich auf dein Handy schaust.«

Er sieht mich verdutzt an. Dann guckt er endlich auf das Ding und meint: »Komm, wir machen uns auf.«

»Wo wollt ihr denn hin?«, fragt ihn Markus.

»Zurück in die Redaktion.«

»Echt?«

»Die glauben, dass Tallak nicht hier wohnt.«

»Und wo wohnt er?«

»Was weiß ich?«

Markus schaut kritisch und noch kritischer schaut Eymens Feind Florian, der nachfragt: »Oder kennst du die richtige Adresse des Syrers?«

»Das hier ist nicht die richtige Adresse?«, fragt der RTL-Reporter.

»Frag Eymen«, erwidert Florian und hebt dabei hinterhältig die Mundwinkel.

»Ach, du Idiot. So oder so brauche ich erst mal Zigaretten«, meint Eymen. »Komm mit, Junge.«

Wir gehen rüber zum Supermarkt. Ich spüre die Blicke unserer Kollegen im Rücken. Auch der von Mara ist darunter. Ob ich ihr von Tallak hätte erzählen müssen?

»Das ist er«, sagt Eymen. »Er hat diese kleine Narbe über der rechten Braue.«

Ich nicke.

Eymen bemerkt: »Der sieht aus, als hätte er nichts Böses getan.« Er holt sich eine Schachtel Zigaretten an der Kasse und fragt den Kassierer: »Haben Sie nicht sonst immer diese

Schildchen auf den Kitteln? Damit man weiß, wie Sie heißen.«

»Ja«, antwortet der Mann.

»Oder ist Ihr Name geheim?«

Der Kassierer gibt ihm das Wechselgeld zurück.

»Aber in Ihrem Fall ist das gar nicht nötig«, meint Eymen. »Wir kennen Sie ja.«

Der Kassierer wundert sich.

»Tallak«, sagt Eymen.

Tallak zuckt zusammen.

»Das ganze Netz kennt Ihren Namen.« Eymen beugt sich über die Geldablage zu Tallak hinüber. »Wir sollten ungestört miteinander reden.«

Jetzt fällt Tallaks Blick auf das Schild »Berliner Nachrichten«. Wann wird wohl die Polizei hier auftauchen? Schließlich müssen die auch mitbekommen haben, was im Netz los ist. Tallak reibt sich nervös die Hände.

»Keine Sorge. Ich rede mit Ihrem Chef«, sagt Eymen und schaut zu einem Mann, der ganz hinten im Laden herumräumt. Mir befiehlt er: »Du bleibst hier. Herr Tallak kann die Kasse schon mal schließen.«

Tallak und ich sehen Eymen hinterher, als seien wir Verbündete. Es dauert keine fünf Minuten, da ist Eymen zurück und der Supermarktbesitzer sagt, dass Herr Tallak natürlich mit Eymen und mir in das Büro gehen könnte.

So hocken wir in einem stickigen Büro. Ein Schreibtisch und ein Tisch mit vier Stühlen stehen in der Ecke.

Eymen sagt, dass er ein paar Porträtfotos von Tallak machen möchte.

»Bitte nicht«, erwidert Tallak.

Doch Eymen entgegnet ihm: »Ihr Chef hat nichts dagegen.«

Dreistigkeit ist das zweite Glück, heißt es im Russischen. Und Eymen fotografiert, bittet Tallak sogar aufzustehen, einmal ohne knallroten Supermarktkittel, einmal mit, von der Seite, von vorne, sitzend und stehend, mal ernst, mal traurig, mal neutral.

»Nun erzählen Sie uns, wie das gestern gewesen ist, als Sie Ihren Sohn von dem Kindergeburtstag abgeholt haben.«

Tallak braucht ein wenig Anlauf und Eymen beruhigt ihn: »Wir haben Zeit, du kannst uns alles erzählen.« Jetzt duzt Eymen ihn also. Vermutlich will er so Nähe und Vertrauen aufbauen.

Zu unserer Überraschung erklärt Tallak, dass er das gestern alles schon der Polizei berichtet habe.

»Aber uns kannst du die Wahrheit sagen.«

Eymen stellt sich hinter Tallak. Dann legt er ihm die Hände auf die Schultern. Zuerst redet Tallak stockend, doch schließlich fließen die Worte aus seinem Mund, und als er gerade enden will, unterbricht ihn Eymen frech: »Und was hast du dann mit dem kleinen Alexander gemacht?«

»Nichts.« Tallak scheint geschockt. »Ich habe ihn gar nicht gesehen.«

»Was du mit Alexander gemacht hast, will ich wissen! Behauptest du etwa, Alexander seit gestern nicht mehr gesehen zu haben?«

Tallak versteht die Unterstellung und fragt: »Er ist doch verschwunden, oder?«

»Sag du doch mal was«, fordert Eymen von mir.

Was soll ich sagen? Ich glaube nicht, dass Tallak ein Kindesentführer ist. Er tut mir eher leid. Total aufgeregt ist er und schwitzt auf der Stirn. Ich zeige ihm die Posts zu seiner Person auf Facebook.

»Die Menschen glauben, dass Sie Alexander entführt haben.«

»Ich habe nur mein Kind abgeholt. Alexander war weg, wurde bisher nicht gefunden. Die Polizei hat mich befragt. Ich habe nichts getan. Ich will jetzt nach Hause.«

»Wo ist denn dein Zuhause?«, will Eymen wissen. »Gleich gegenüber in Haus Nummer 87?«

»Ja.«

»Warum steht dein Name nicht auf der Klingel?« Ehe Tallak etwas sagen kann, fragt Eymen ihn schnell: »Wie ist deine Handynummer?«

Überrumpelt gibt ihm Tallak die Nummer, ohne nachzudenken – und Eymen ruft ihn sofort an. Es klingelt.

»Die Nummer stimmt zumindest«, meint Eymen. »Jetzt hast du meine Nummer. Falls etwas ist, kannst du mich jederzeit anrufen. Ich helfe dir. Ich war selbst mal Flüchtling.«

Tallak sieht Eymen erstaunt an. Der nickt ganz ruhig und zu meiner Überraschung spricht Eymen nun arabisch mit ihm. Seit wann kann er Arabisch? Ich bin perplex. Von einer auf die andere Sekunde hat sich das ganze Gespräch gedreht. Plötzlich scheinen sich die beiden Männer vertraut zu sein.

»Er kommt aus Nordsyrien«, sagt Eymen an mich gewandt. »Wir Kurden verstehen uns gut mit den Syrern. Wir hatten nie etwas gegen christliche Syrer.« Dann wendet er sich wieder an Tallak: »Gibt es einen Hintereingang zum Hochhaus?«

Tallak sagt, dass es einen Weg durch die Keller gebe.

»Den nimmst du. Du gehst nicht direkt hinüber zu deinem Haus, sondern hinten herum, damit dich die anderen Journalisten nicht sehen.«

Eymen redet jetzt wieder auf Arabisch auf Tallak ein, während wir zurück in den Verkaufsraum des Supermarktes gehen. Mara und die übrigen Journalisten warten schon auf uns. Sie haben den Braten gerochen. Sofort kehrt Eymen mit Tallak zurück ins Hinterzimmer und ich stehe allein im Laden.

Alle starren mich an.

»Ich hätte es wissen müssen«, sagt Florian. »Ihr Kollegenschweine.«

Mara schaut mich ebenfalls vorwurfsvoll an, da kommt Eymen allein zurück und zischt mir zu: »Wir müssen in die Redaktion.«

Die anderen sind baff und Markus stürmt jetzt voran ins Hinterzimmer.

»Tallak ist längst weg«, sagt Eymen, als wir draußen sind. »Wir fahren natürlich nicht gleich in die Redaktion. Ich schicke die Bilder und du schreibst hier ein paar Zeilen. Dann gehen wir noch hoch zu Tallak. Vielleicht finden wir ja einen Hinweis, der uns zu Alexander führt.«

»Für dich ist die Geschichte wohl schon klar?«, frage ich.

»Eins ist jedenfalls sicher: Zurzeit jagen alle Tallak und wir sind bei der Jagd ganz vorne.«

»Ich fasse es nicht«, sage ich. »Warum bist du nicht bei der *Bild*?«

»Die zahlen zu gut«, erklärt er ironisch. »Ich arbeite lieber für die Ehre und deinen Vater.«

Wir setzen uns in den Mercedes. Ich schreibe auf Eymens

iPad und er verschickt die Fotos. Dann fahren wir los und biegen sofort nach rechts ab und noch mal nach rechts. Jetzt befinden wir uns in der Parallelstraße.

»Aussteigen, Junge«, sagt Eymen. »Wir werden über die Höfe laufen und durch den Keller in Tallaks Haus gehen.«

»Ich brauche noch ein bisschen«, entgegne ich.

Er macht Druck. »Schreib. Das kann doch nicht so schwer sein.«

Nach ein paar Minuten habe ich 30 Zeilen zusammen und schicke sie an die Redaktion.

Ich folge Eymen zwischen zwei Hochhäusern hindurch und über einen Hof. Ich muss an Maras Gesicht denken. Sie hat mich angeschaut, als hätte ich ein Verbrechen begangen.

Tallak ist daheim.

Die Wohnung, in der er und sein Sohn leben, hat zwei Zimmer. Tallak erzählt uns von seiner Flucht über die Türkei nach Griechenland. Seines ist ein Schicksal von Millionen. Sein Sohn spielt auf dem Handy irgendein Jump 'n' Run-Game. Ich kenne es nicht. Darf Amer Tallak überhaupt arbeiten? Oder ist das illegal? Ich weiß es nicht. Eymen hört gar nicht auf zu fotografieren, bis er schließlich zu Tallak sagt: »Ich würde erst einmal keinem anderen Journalisten die Tür öffnen.«

Draußen auf dem Flur befiehlt er: »Wir gehen vorne raus.«

Warum? Weil Eymen seinen Triumph feiern will. Er pfeift auf zwei Fingern Richtung Supermarkt. Einige unserer Kollegen, die noch dort stehen, drehen sich um. Eymen winkt ihnen zu.

»Die Meute«, sagt Eymen zu mir, »wird gleich das Haus stürmen, aber im fünften Stock wird ihnen keiner öffnen.

Dann klappern sie garantiert die anderen Stockwerke ab. Die werden Tallak nie finden. Und ich mache heute mal ein bisschen früher Schluss.«

»Aber wir müssen doch ...«

»Nix aber. Ich hab mir in dieser Hitze für die Story den Hintern aufgerissen. Du solltest auch lieber an dich selbst denken. Sonst bist du verdammt schnell ausgebrannt.«

Doch mir macht es Spaß, live dabei zu sein. »Ich finde es spannend«, entgegne ich. »Sonst habe ich zur Recherche alles nur gegoogelt, aber hier passiert wirklich was.«

»Google ist ja auch langweilig. Aber es passiert immer was auf der Welt und erst recht in Berlin. Da kannst du Tag und Nacht recherchieren und siehst trotzdem kein Ende. Geh mit deiner Freundin Eis essen oder schwimmen. Und vor allem: Lass die Finger von dieser hübschen Blonden.«

Er öffnet die Tür und schiebt seinen Bauch wieder unters Steuer. Ich bleibe noch eine Sekunde vor dem Wagen stehen. War es so offensichtlich, dass ich die Praktikantin vom *Abendspiegel* gut fand?

Kurz darauf sind wir in der Redaktion und das Layout der Seite drei ist schnell geklärt. Ich soll eine Reportage, einen Bericht und einen Erklärkasten schreiben. Und noch die Online-Redaktion bedienen. Den Kommentar schreibt Chefredakteur Hennekamp persönlich. Ich bin unter Druck. Es ist gut, dass es hier eine Klimaanlage gibt, sonst wäre ich sofort überhitzt.

Khalil ruft an. Er und Sarah wollen im Studio ein Video machen und mich mit Sarahs Volvo abholen kommen. Wann ich fertig sei, will er wissen.

Ich überlege und muss an Eymen denken, denn der hat gerade eben seine Sachen gepackt.

»Jetzt gleich«, entscheide ich und wiederhole es noch einmal, um es mir selbst klarzumachen. »Ich bin gleich fertig.«

Khalil ist erstaunt. Schließlich ist es gerade erst vier Uhr. Und auch der Lokalchef ist erstaunt, als ich nach getaner Arbeit gehen will. Er möchte, dass ich noch bleibe. »Du kennst dich am besten aus mit dem Fall. Du warst vor Ort.«

Aber ich will raus. Ich will zu Sarah. Ich habe ein schlechtes Gewissen ihr gegenüber, obwohl ich nichts getan habe – höchstens in Gedanken.

Dienstag, 31. Juli
Moskau, Suite des Hotels Zolotoj Kupol

Karina Kusnezowa hat in dem preiswerten *Beta Hotel* eingecheckt, ist mit der Metro quer durch Moskau gefahren und wartet jetzt auf dem plüschigen Sofa der Suite des Fünf-Sterne-Hotels *Zolotoj Kupol*. Die Suite gehört Juri Myasnik, aber zurzeit nutzt sie sein Vertrauter Igor Petrow. Die Jalousien sind heruntergelassen, das Licht gedimmt. Obwohl draußen die Sonne auf die goldenen Kremlkuppeln scheint, ist hier drinnen schon Abend. Es ist ungewöhnlich, dass Igor sie nicht in einem Büro empfängt, sondern hier.

Karina schaut durch die offen stehende Tür direkt ins Schlafzimmer. Das mächtige Bett ist mit einer roten Decke bezogen und das Kopfende mit Bärenfell. Hinter dem Schlafzimmer liegt das Bad. Durch die Tür dringt Igor Petrows Stimme. Er schmettert einen turkmenischen Gassenhauer in russischer Sprache. Früher gehörte Turkmenistan zur Sowjetunion – gelegen am Kaspischen Meer, umklammert vom Iran, Afghanistan, Kasachstan und vor allem von Korruption.

Igor hat sie es zu verdanken, dass Karina sowohl den estnischen als auch den russischen Pass besitzt. Männer wie er können dir alles besorgen und sie nehmen sich alles, was das Leben zu bieten hat. Karina stellt sich vor, wie dieser Bär von einem Mann sich gerade abtrocknet. Sie mag ihn nicht, nicht seinen runden Kopf, nicht seinen behaarten Nacken, nichts an ihm wirkt anziehend auf sie. Bislang hat sie nicht über sein Äußeres nachgedacht, aber in diesem Moment tut sie es.

Die Tür öffnet sich, Dampf entweicht und mit durchgestrecktem Kreuz kommt ihr Igor im Bademantel entgegen. Stolz wie ein etwas zu klein geratener Hahn sieht er aus, ein Hahn mit Halbglatze, ein Hahn, der so anzüglich grinst wie noch nie.

»Karina!«, spricht er laut und umarmt sie – zu lange, zu fest. So hat er sie noch nie gedrückt. Sie würde sich am liebsten abwenden, aber sie bleibt stehen. Er riecht nach Hugo Boss und stinkt trotzdem wie ein Bauer nach gekochtem Hammel.

Igor hält sie jetzt an den Schultern, drückt ihr einen Kuss auf die Stirn, schaut ihr direkt in die Augen und sagt: »Schön, dich hier zu haben.« Dann öffnet er eine Flasche Champagner. »Extra für dich.«

Karina weiß, dass der Champagner zu teuer für sie ist. Alles hier ist zu teuer. Seit zwei Jahren arbeitet sie für ihn und seit zwei Jahren hilft er ihr Schritt für Schritt auf der Leiter hinauf. Dafür ist sie ihm dankbar und dafür lässt sie sich auch umarmen, aber heute scheint sie mit ihrem Körper zahlen zu müssen.

»Wie läuft es in Aşgabat? Was macht deine Frau?«, fragt Karina, um ihn wieder auf Distanz zu halten.

Er antwortet: »Sie macht, was sie machen soll. Sie ist dort und du bist hier.«

Ihre Gläser klirren und sie erklärt geschäftlich: »In Narva läuft alles bestens.«

»Ich weiß. Und in Berlin?«

»Darum kümmert sich …«

»… dein Schwesterchen Galina. Ich hätte euch gerne beide hier. Zwei aus einem Ei.«

Karina lacht, weil er lacht. Sie sagt: »Galina hat auch das Video besorgt, um Amer Tallak glaubhaft in der deutschen Öffentlichkeit als Kindesentführer dastehen zu lassen.«

Igors James-Bond-Lächeln wird breiter.

»Leonid Gontscharow vertritt mich jetzt in Narva. Ein guter Mann.«

Igor nickt. »Ist er auch gut zu dir?«, fragt er anzüglich und hält ihr sein Glas vor die Lippen.

Sie trinkt nicht, sondern antwortet: »Die Frage ist, ob ich gut zu ihm bin.«

Karina spielt sein Spiel mit und spiegelt sein Lächeln. Eigentlich würde sie gerne alles hier weglächeln. Sie sitzen nebeneinander auf dem Sofa und Karina sieht, wie sein Blick ihren Oberschenkel hinaufgleitet.

Er sagt: »Falls dieser YouTuber …«

»… Phoenix Zander«, ergänzt sie.

»Falls die Einschüchterung bei diesem Phoenix Zander nicht wirkt und er die belastenden Dokumente über Myasnik in die Welt setzen möchte, dann sollten wir …«

»… Blendgranaten werfen und die deutsche Öffentlichkeit ablenken. Galinas Videoaufnahmen werden uns dabei helfen.«

Igor stellt sein Glas zur Seite und fragt: »Gibt es Kopien von den Dokumenten?«

»Nein. Es scheint alles auf dem Stick zu sein. Wir haben die Rechner der drei Betreiber des Kanals *Uncover* gehackt, aber keine entsprechenden Dokumente gefunden.«

Seine Hand umklammert Karinas Oberschenkel.

»Hast du sonst noch Fragen?«, sagt sie.

Er lässt seine Hand weiter auf ihrem Schenkel liegen, aber Karina steht auf.

»So ist es gut«, meint er. »Geh schon mal ins Schlafzimmer. Und mach die Tür zu. Ich muss noch telefonieren.«

Sie zögert zunächst, doch dann läuft sie ins Schlafzimmer, schließt die Tür und setzt sich auf die Bettkante. Karina fühlt sich schlecht, aber sie zieht trotzdem ihre High Heels aus. Vielleicht muss sie heute ihre Seele verkaufen. Vielleicht ist es der einzige Weg, um weiter nach oben zu kommen.

Die heiße Luft vom Bad liegt immer noch im Zimmer. Sie tritt zum Fenster und zieht die Vorhänge zurück. Das Sonnenlicht dringt grell ins Zimmer. Sie kneift die Augen zusammen, ihr Blick fällt auf die Kremlmauern. Langsam gewöhnen sich ihre Augen an die Helligkeit. Sie atmet tief ein und aus.

Dann wartet sie auf dem Bett sitzend und starrt auf die Türklinke. Doch Igor kommt nicht, stattdessen eine Nachricht ihrer Schwester Galina. Sie möchte wissen, ob sie das Tallak-Video ins Netz stellen kann. Es zeige Amer Tallak in der Nähe der Geburtstagsfeier – nur halt viel zu früh, um seinen Sohn abzuholen. *Was hat er um diese Uhrzeit schon dort gemacht?*, werden sich die Nutzer auf YouTube und Facebook fragen. Hat er vielleicht bereits auf den kleinen Alexander gelauert? Hat er seinen eigenen sechsjährigen Sohn dazu gebracht, mit Alexander wegzulaufen, damit er den Kleinen einfangen und entführen kann? Um ihn dann an reiche Araber zu verkaufen?

Karina sagt ihrer Schwester, dass es ein guter Zeitpunkt sei, das Video hochzuladen. Galina möchte wissen, was Karina heute noch in Moskau vorhabe.

Nichts, lügt sie. *Ich treffe hier nur ein paar Leute.*

Hättest du das nicht telefonisch machen können?

Vielleicht, antwortet Karina. *Aber die Leute bevorzugen den persönlichen Kontakt.*

Wie recht sie hat. Igor hat sie herbestellt. Und der Grund ist eindeutig, er will von ihr Besitz ergreifen.

Karina legt auf und zieht einen Kamm aus ihrer Handtasche. Während sie sich kämmt, wird sie langsam ungeduldig. Wo bleibt Igor? Sie geht zur Tür. Sie lauscht und klopft. Nun drückt sie diese verdammte Türklinke herunter und …

Igor Petrow muss schon länger dort in seinem Erbrochenen gelegen haben. Er hat wohl versucht, bis zur Tür zu kommen. Aber die Kraft schien nicht gereicht zu haben. Karina eilt zu ihm, kniet sich hin und spürt den warmen Teppich auf ihren nackten Beinen. Dann misst sie seinen Puls am Handgelenk. Hat er noch einen Puls? Sie kann nichts fühlen. Auch nicht an seiner Halsschlagader. Also schiebt sie die Hand unter den Bademantel auf seine behaarte Brust. Sein Herz schlägt ganz leicht.

Es klingelt an der Tür.

Karina ist durcheinander. Augenblicklich tritt ihr Schweiß auf die Stirn. Sie geht zur Tür, zögert, aber da wird diese schon von außen geöffnet. Zwei Männer in Stoffhose und Jackett, mit Halbglatze und so dunkel wie Igor begrüßen sie kurz auf Russisch und schieben sich an ihr vorbei. Der Geruch von Bauer haftet ihnen ebenfalls an.

Karina setzt sich stumm auf die Couch. Einer der Männer tritt an sie heran und reicht ihr die Hand. »Du bist Karina Kusnezowa?«, fragt er.

Sie nickt.

»Du hast nichts gesehen?«

Sie nickt.

»Das ist gut.«

»Was ist passiert?«, will sie wissen.

»Das interessiert dich nicht. Du hast ja nichts gesehen«, wiederholt er stumpf. Sein Gesicht ist voller Bartstoppeln, aber sein schwarzer Anzug ist makellos.

Woher kommen diese Männer? Was wollen sie hier? Tausende Fragen schießen ihr durch den Kopf. Igor Petrow hat sich erbrochen. Wurde er vergiftet? Sie versucht, sich zu beruhigen, doch ihre Hände zittern.

Zwei Sanitäter und ein Arzt tauchen ebenfalls auf und verfrachten Igor grob auf eine Trage. Ein paar seiner Haare bleiben auf dem hellen Teppich zurück. Igor hat Haare verloren? Kommt das auch von dem Gift?

Der Mann, der sie angesprochen hat, telefoniert jetzt. Er schaut zu Karina herüber, als sei sie ein Problem. Dann befiehlt er: »Wenn wir gleich weg sind, solltest du noch ein paar Minuten warten und dann in dein Hotel gehen.«

»Was ist mit Igor?«

»Ich bin kein Arzt. Ich bin nur sein Freund.« Der Mann geht durchs Schlafzimmer ins Bad und greift nach der Packung Tabletten, die auf der Ablage unter dem Spiegel liegt. Auf dem Rückweg hebt er Karinas High Heels auf, die noch vor dem Bett stehen, und drückt sie ihr vielsagend in die Hand.

Karina bedankt sich.

»Dafür nicht«, sagt er und fügt lächelnd hinzu: »Igor hatte immer schon einen guten Geschmack.«

Kurz darauf sind alle verschwunden. Sie schaut auf den Teppich. Das Erbrochene ist weggewischt. Karina wartet und überlegt, ob sie noch heute einen Flieger nach Deutschland bekommen könnte. Sie will sofort zu ihrer Schwester. Sie fühlt sich einsam ohne sie. Keine Nacht will sie mehr ohne Galina verbringen. Ihre Zwillingsschwester ist ein Teil von ihr, keine Freundin und kein Mann können diese Lücke in ihrem Herzen füllen. Sie schenkt sich Whisky ein. Es dauert nicht lange, da ist die Flasche zur Hälfte leer und sie hat sich ein Ticket für heute Abend gebucht.

Gerade als sie gehen will, klingelt ihr Handy. Die Nummer ist unterdrückt, aber sie erkennt die Stimme des Mannes von eben, der ihr mitteilt, dass Igor auf dem Weg in die Klinik gestorben sei.

»Tot?«

»Der Notarzt konnte ihn nicht mehr retten. Igor hat schon lange an Krebs gelitten, die Chemotherapie hat wohl sein Herz angegriffen. Es ging alles sehr schnell.«

»Krebs?«

Karina kann es nicht glauben.

Dienstag, 31. Juli
Berlin, Unter den Linden

Wir stehen auf Unter den Linden im Stau. Das klingt schattiger, als es ist. Sarah fährt den Wagen nur selten. Ihre Eltern haben ihr die rollende Klimakatastrophe vor zwei Jahren geschenkt. Die Stimmung ist schlecht. Warum, weiß ich nicht. Wegen der Hitze? Weil zu viel auf einmal passiert? Und wir keine Ruhe bekommen? Ich schwitze auf dem Beifahrersitz und klebe am Polster. Sarah sitzt am Steuer und macht ein Gesicht, als würde sie gleich explodieren. Nur Khalil hockt entspannt im kurzärmeligen Hemd auf der Rückbank des Volvos.

Ich sage: »Ich fasse mal zusammen: Die Russen saugen aus Syrien den letzten Euro und jeden Tropfen Öl. Komarow-Freund Myasnik ist fürs Geldeintreiben zuständig und der Iran rückt mit seinen Schiiten und Söldnern im Süden von Syrien Israel auf die Pelle.«

»Das haben wir alles schwarz auf weiß«, bestätigt Khalil.

»Und der Name Myasnik wird konkret genannt?«, vergewissere ich mich.

»Exakt.«

Sarah ergänzt: »Er scheint obendrein eng mit dem Bruder

von Ibrahim al-Tawīl zusammenzuarbeiten, der für Folter zuständig ist.«

»Das ist echt der Hammer«, sage ich.

»Das wollte ich dir schon den ganzen Tag über mitteilen, aber du warst ja zu beschäftigt.«

Deshalb ist sie also so schlecht gelaunt!

Hat sie etwa vergessen, dass sie während des Semesters kaum Zeit für mich und unseren Kanal hatte? Oder ahnt Sarah mit irgendeinem Superfraueninstinkt, dass ich heute eine andere Frau angeschaut habe? Vor uns bremsen wieder alle, obwohl die Ampel grün ist, aber die Kreuzung ist reines Chaos.

»Die Frage ist« – übernimmt Khalil das Gespräch auf dem Rücksitz – »wann wir diese News platzieren.«

»Wieso ist das die Frage?«, wundert sich Sarah. »Deshalb fahren wir doch ins Studio.«

»Ich finde, Khalil hat recht. Wir sollten darüber nachdenken«, sage ich und klopfe mit aus dem Fenster hängenden Arm von außen gegen das Türblech. *Pong. Pong. Pong.* »Zurzeit interessieren sich alle nur für Tallak: Blonder Junge von schwarzäugigem Araber entführt. Was könnte für mehr Aufsehen sorgen?«

»Das ist doch bescheuert! Wir müssen die Geschichte möglichst schnell bringen.«

»Früher sind sie durchs Brandenburger Tor in die Freiheit gelaufen. Heute stehen alle davor im Stau«, murmle ich vor mich hin.

Sarah kocht vor Wut über den Stau und unser Zögern. Sie spottet: »Kauf dir doch endlich eine Vespa. Dann kannst du uns hinten drauf mitnehmen und wir rasen in die Freiheit.«

»Dieser Amer Tallak tut mir leid«, sagt Khalil. »Seit dieses Video im Netz ist, steht er für die Leute als Kindesentführer fest.«

»Okay«, entgegnet Sarah entschlossen und nimmt die Sonnenbrille ab. »Dann sollten wir nach Köpenick fahren und uns vor Ort umschauen, wo das Video aufgenommen wurde. Ist doch komisch, dass plötzlich so belastendes Material auftaucht. Wir wissen ja nicht einmal, wer es auf YouTube hochgeladen hat.«

Ich schaue zu Khalil, der genau wie ich über Sarahs plötzlichen Sinneswandel erstaunt ist und ihre Idee gut findet.

Sarah dreht weiter auf: »Wir sind angetreten, die Wahrheit herauszufinden. Einer für alle, alle für einen!«

Dann hält sie wie ein Musketier den rechten Arm hoch und wir kreuzen unsere Arme wie Klingen und lachen. Die miese Stimmung ist mit einem Schlag wie weggeblasen.

»Also auf nach Köpenick!«, ruft Khalil. »Ist ohnehin die gleiche Richtung.«

»Na ja«, meint Sarah.

Wir kriechen auf Unter den Linden weiter voran. Berlin ist verstopft wie ein Kerl, der den ganzen Tag nur Bananen frisst und Cola trinkt.

»Meine Eltern drehen übrigens langsam durch«, sagt sie. »Die wollen, dass alle Syrer zurückgeschickt werden.«

»Die werden doch gerade mühsam integriert«, entgegne ich.

Aber Sarah meint: »Die Bundeskanzlerin hat gesagt, dass die Syrer zwar Asyl erhalten, aber nach dem Krieg zurück nach Syrien müssen, um ihr Land wieder aufzubauen.«

»Dafür gibt es doch die iranischen Söldner in Syrien«,

spottet Khalil. »Die bauen künftig mit EU-Hilfen ihren kleinen Iran an Israels Grenze auf. Und die Russen schöpfen mit Myasniks Hilfe das Öl ab.«

»Das mit dem Asyl und dem Zurückgehen soll die Bundeskanzlerin wirklich gesagt haben?«, hake ich nach. »In Syrien gibt es doch Wehrpflicht. Alle jungen Männer, die geflohen sind, sind damit in den Augen des Regimes Fahnenflüchtige und würden sofort erschossen. Die können nicht mehr zurück.«

Sarah erklärt: »Meine Eltern haben diesen Blödsinn, dass die Syrer nach Hause gehen können, aus dem russischen Fernsehen.«

»Deine Eltern mögen keine Araber, oder?« Es ist eher eine Feststellung meinerseits als eine Frage.

Sarah schaut auf ihren Vordermann, dessen rote Bremslichter erlöschen. Wir kommen ein paar Meter voran, langsam drehen sich die Räder. Berlin bewegt sich kriechend. Ich glaube, dass diese Stadt die radfahrerfeindlichste Stadt der Welt ist. Und gleichzeitig auch die autofeindlichste Stadt der Welt.

Khalil guckt sich auf dem Handy das für Tallak so belastende YouTube-Video an. »Es ist durch die Scheibe von einem Geschäft gemacht worden. Die Überwachungskamera muss im Laden hängen. Auf der Scheibe gibt es einen Aufkleber, der eine Sonne mit einem aufgeschnittenen Paradiesapfel zeigt.«

»Gut, Sherlock«, sage ich ironisch.

Worauf er erwidert: »Wo das aufgenommen wurde, sind extrem viele Leute unterwegs. Auf dem Bürgersteig sind eine Menge Kaugummiflecken.«

»In Moskau ist es bald schon dunkel«, erklärt Sarah. »Und hier scheint die Sonne.«

»Wie kommst du darauf?«, frage ich.

»Ich muss daran denken, dass die in den Trollfabriken gerade auf Hochtouren arbeiten, um hier ihr Unwesen zu treiben. Und in Moskau ist es schon eine Stunde später als hier.«

Ich gucke aufs Handy und sage: »In Moskau scheint auch die Sonne. Es sind da immer noch 32 Grad.«

Khalil verkündet, er habe einen Hinweis darauf gefunden, dass das Video ein Fake sein könnte. »Der Schatten im Video stimmt nicht ganz.«

»Wie?« Ich drehe mich um.

»Ja, schau mal: Der rechte Arm von Tallak müsste mehr im Schatten sein.«

»Sicher?«, fragt Sarah und ist froh, dass der Verkehr endlich wieder fließt.

»Könnte zumindest sein. Wir müssen die Stelle finden, wo die Aufnahme gemacht wurde.«

»Sage ich doch«, entgegnet sie. »Auf nach Köpenick.«

Zwanzig Minuten später sind wir in Köpenick und halten nach einem Obstladen an einem Bürgersteig voller Kaugummiflecken Ausschau.

»Wir sollten einen Rollstuhlfahrer befragen«, meint Khalil. »Die achten eher auf den Belag vom Bürgersteig.«

Diese Logik erinnert mich an *Die drei Fragezeichen*. Mister Superschlau heißt bei uns nur nicht Justus, sondern Khalil. Doch so einfach wie bei den drei Fragezeichen läuft es im wahren Leben nicht, denn es ist kein Rollstuhlfahrer auf dem Bürgersteig unterwegs.

»Wir könnten uns trennen«, sage ich. »Jeder geht in eine Richtung und ...«

Weder Khalil noch Sarah finden meinen Vorschlag gut und ich bin eigentlich auch zu müde, um in dieser Schwüle viel zu laufen.

Khalil sucht im Netz nach der Firma mit der Sonne und dem Paradiesapfel als Logo.

»Das ist eine algerische Handelskette. Es gibt davon zwei Läden in Köpenick, die Paradiesäpfel von dieser Marke führen.«

Kurz darauf fahren wir an einem der beiden Läden vorbei. Der Bürgersteig davor ist übersät mit Kaugummiflecken.

»Hier muss Tallak gestanden haben, als er gefilmt wurde, genau hier.«

Wir steigen aus. Khalil vergleicht das Foto auf seinem Handy mit dem Bürgersteig. »Das Kaugummifleckenmuster, das Sonnenzeichen, der Bordstein – das passt alles.«

Wir gehen in den Laden, und kaum dass ich hinauf zur Kamera schaue, fragt uns der Besitzer über die Theke hinweg: »Suchen Sie etwas?«

»Die Kamera dort oben«, antworte ich. »Ist die immer an?«

Der Besitzer nickt. Er begreift sofort, worum es uns geht, kommt wortlos um die Theke herum und sagt, dass die Polizei schon hier gewesen sei. »Die haben das Filmmaterial mitgenommen.«

»Die Polizei?«, fragt Khalil.

»Nicht in Uniform. Zivilpolizei. Eine Frau.«

Khalil sagt etwas auf Arabisch zum Ladenbesitzer, der mehrmals nickt.

»Das war keine Polizistin«, meint er schließlich auf

Deutsch. »Ich bin erstaunt, dass Sie der Frau einfach die Aufnahmen gegeben haben.«

»Polizei, ganz bestimmt«, wiederholt der Ladenbesitzer, der Hammed heißt.

Khalil redet wieder arabisch. Ich bin mir sicher, dass er dem Händler kein Wort glaubt.

»Die Frau hat Ihnen Geld für das Video gegeben«, sage ich ins Blaue hinein. Hammed stockt und schaut mich entsetzt an. Es stimmt also und ich bohre weiter: »Beschreiben Sie die Frau, die Ihnen das Geld gegeben hat.«

Er schaut zu Sarah hinüber. »Schlank, aber sie hatte dunkle Augen.«

»Araberin?«

»Arabisch hat sie nicht gesprochen, vielleicht …«

»Was vielleicht?«, will ich wissen.

Hammed sieht Khalil eindringlich an und schweigt. Warum redet der nicht?

Khalil nimmt eine Dose Tomaten. Darauf steht 1,20 Euro. Trotzdem will er wissen: »Wie teuer ist die?«

Hammed sagt: »Schätzen Sie.«

»20 Euro?«, fragt Khalil.

»Pro Dose«, erwidert der Händler. »Aber Sie sollten fünf für 120 Euro nehmen.« Mit diesen Worten gibt er Sarah eine Papiertüte in die Hand. Darauf ist die Sonne mit dem Paradiesapfel zu sehen.

Khalil packt die fünf Dosen ein und dreht sich zu uns um. »Habt ihr Geld?«

Ich habe nur zwei Fünfer, aber Sarah hat mehr.

»Was bekomme ich denn dafür?«, will sie von Hammed wissen.

»Ein Video von der Person, die von mir die Aufnahmen erhalten hat. Die Polizistin.«

»Wir brauchen auch den Namen«, meint Sarah.

Den hat er nicht.

»Dann gibt es nur 100 Euro«, sagt sie.

Hammed nimmt die zwei Fünfziger und geht durch einen Vorhang aus Perlenschnüren in den Nebenraum.

»Was jetzt? Welches Video hat er?«, frage ich Khalil und Sarah. »Kapiert ihr das?«

Die beiden sind auch nicht schlauer als ich. Hammed kehrt mit seinem Sohn zurück, der auch Hammed heißt. Hammed junior hält eine Kassette in der Hand und sagt, dass die Aufnahmen der Überwachungskamera darauf seien.

Und womit sollen wir jetzt diese Kassette abspielen? Ich wusste überhaupt nicht, dass es noch Überwachungskameras mit solchen Filmen gibt.

Nachdem die Frau die Kassette mitgenommen hatte, zeichnete die Überwachungskamera weiter auf. Also muss auf diesem Film die Frau zu sehen sein. Hammed junior verschwindet wieder hinter dem Vorhang.

Bevor wir den Laden verlassen, deutet Khalil auf eine Postkarte hinter der Ladentheke: »Ist das Homs?«

Hammed bejaht. Es sei seine Heimatstadt.

Khalil fragt: »Warum hat Amer Tallak ausgerechnet bei Ihnen eingekauft? Er wohnt doch Kilometer weit weg von hier.«

»Er besucht häufiger meinen Laden.«

»Das war nicht seine Frage«, mischt sich Sarah ein. »Warum war er ausgerechnet bei Ihnen?«

»Weil wir beide in Homs gelebt haben.« Wieder zeigt er

auf die Postkarte. »Die Markthalle von Homs. Heute ist alles kaputt. Ibrahim al-Tawīl und die Russen haben alles zerstört ... Amer ist einer von uns. Das Kind hat er nicht entführt, niemals. Er ist ein guter Mensch, arbeitet selbst in einem Supermarkt und kommt trotzdem bei mir einkaufen. Und gestern ...«

»Was war gestern?«, frage ich.

»Er war gar nicht hier.«

»Aber das Video auf YouTube zeigt eindeutig Tag und Uhrzeit – und Amer Tallak.«

»Ich habe ihn nicht im Laden gesehen – mein Sohn auch nicht. Wie soll ich wissen, wie er in dem Video gelandet ist?«

»Verstehe ich das richtig?«, frage ich zurück. »Sie haben der Frau heute ein Video verkauft, auf dem Amer Tallak nicht drauf gewesen ist?«

»Doch, er war hier, aber bestimmt nicht zu dieser Uhrzeit. Zu der Zeit waren Hammed und ich im Laden. Wir hätten ihn sehen müssen. Ich weiß nicht, wie sie das gemacht hat.«

»Ich schon«, sagt Khalil. »Sie hat den Film digitalisiert und dann bearbeitet. Das ist nicht schwer. Das Video im Netz ist ein Fake. Tallak wurde hineinmontiert.«

Hammed kann es nicht glauben und Sarah drängt uns jetzt. Sie will möglichst schnell ins Studio.

»Wir müssen wissen, wer das Video gekauft hat.«

So stauen wir uns kurz darauf wieder durch den Verkehr. Sarah sitzt am Steuer und hat immer noch Adrenalin im Blut. Die Sache mit dem Video und dass Hammed uns dafür Geld abgenommen hat, regt sie auf. Anders kann ich es mir nicht erklären, warum sie jetzt unbedingt die Hater anzeigen will, die sich in unseren Kommentaren tummeln. Das ist doch sowieso sinnlos. Es verschwendet nur Energie. Denn die meisten machen ohnehin weiter. Solche Typen sind die Pest. Aber Sarah findet es jämmerlich.

Sie meint: »Wir müssen uns wehren.«

Endlich parkt sie ihren Volvo im Hinterhof. Ich weiß nicht, wie man ihn überhaupt rückwärts durch diese enge Einfahrt manövrieren kann, aber sie schafft es. Und Khalil schließt auf. Vermutlich ahnt er schon, dass die Stimmung zwischen Sarah und mir auf dem Nullpunkt angelangt ist. Daher sagt er sogleich zu uns: »Hey, kommt rein. Ich mach euch erst einmal einen Kaffee.«

Zwei Minuten später drückt er uns eine Tasse in die Hand und schlürft selbst an seinem veganen Cappuccino, als wir in den Regieraum gehen. Khalil findet schnell in einem Schrank das richtige Abspielgerät für die Kassette. Wir schauen uns das Material an. Tatsächlich ist darauf eine Frau zu sehen, wie sie die Videokassette von der Überwachungskamera kauft. Sie ist schlank, hat schwarzes Haar, vermutlich dunkelbraune Augen, breite Wangenknochen, trägt kitschige Perlenohrringe mit einem Delfin und ist eindeutig hübsch.

»Ich muss das Band in der Kassette erst einmal digitalisieren«, sagt Khalil. »Dann kann ich ihr Gesicht scannen. Wir haben Glück, dass sie direkt in die Kamera guckt und die Auflösung so gut ist.«

Khalil will sich auf seinem Bürostuhl drehen, aber kann es nicht, weil wir ihm zu dicht auf die Pelle gerückt sind. Dann lehnt er sich auf seinem Stuhl zurück und schlägt vor: »Wisst ihr, was? Ihr geht jetzt rüber an die Bar und spült das Geschirr ab und ich versuche herauszufinden, wer diese Frau ist.«

»Wie willst du das denn anstellen?«, frage ich.

»Gesichtserkennung und Datenbanken«, antwortet er bloß. »Irgendwo hat dieses Gesicht einen Namen im Netz und diese auffälligen Ohrringe gehören zu einer Person, die sie vermutlich mit einer EC- oder Kreditkarte bezahlt hat. Lasst mich mal machen.«

Jetzt stehen wir also beide hinter der Bar. Sarah spült. Ich trockne ab. Der Schwamm ist tausend Jahre alt und das weiß-rote Trockentuch nach kurzer Zeit nass. Durch die Glastür scheint immer noch die Sonne. Sarah redet über die Frau auf dem Video.

»Sie gefällt dir«, sagt sie beiläufig.

»Ich glaube, das ist jetzt nicht wichtig«, erwidere ich und küsse sie auf die Schläfe. Sie schweigt. Die Frau auf dem Video war wirklich attraktiv.

»Könnte russisch sein. Groß gewachsen, ein Gang wie eine Ballerina.«

»Willst du einen Tee?«, frage ich.

Sie sagt Ja und geht wieder auf die andere Seite der Bar. Ich schalte den Wasserkocher an, der mehr Krach als eine Harley-Davidson macht. Wenige Minuten später sitzen wir auf der Couch mit Tee. Ich greife nach meinem Handy. Sie sagt, dass wir die Dinger auslassen sollten. Denn sie will nichts mehr von Hatern oder Neuigkeiten wissen. Zum Spaß legen wir die Smartphones vor uns auf den Tisch und spielen wie zwei Pubertierende: Wer zuerst das Handy anfasst, hat verloren.

Ich nehme Sarah in den Arm.

»Zu warm«, sagt sie zuerst, lässt sich dann aber doch umarmen und küssen. Ob ich auch manchmal so sprunghaft bin? Ganz sicher. Vielleicht ist das typisch für Paare, die schon seit zwei Jahren zusammen sind. Das Kribbeln ist vorbei und ...

Ein Handy vibriert.

Mein Handy!

Khalils Gesicht lächelt uns auf dem Display an und ich gehe ran.

»Verloren«, meint Sarah leise.

»Ihr könnt kommen«, sagt Khalil laut.

Khalil hat die Suche auf zwei Gesichter eingrenzen können. Wieder rücken wir ihm mit unseren Stühlen auf die Pelle. Vor uns auf dem Bildschirm ist groß das Gesicht aus dem Video zu sehen, darunter die beiden Ergebnisse, die dem am nächsten kommen.

Khalil erklärt: »Das eine Gesicht gehört zu einer Rachel Smith aus Vancouver, Kanada. Und das andere zu Karina Kusnezowa in Narva, Estland.«

»Narva«, wiederhole ich laut. »Das ist doch der Ort an der russischen Grenze. Da, wo du das Trollnest vermutest.«

Khalil nickt. »Ich habe auch sofort gedacht, dass diese Karina unsere Frau ist. Aber sie kann nicht in Köpenick gewesen sein, denn sie war laut ihres FlyAway-Accounts zur selben Zeit im Flieger nach Moskau, als Hammed das Video der großen Unbekannten verkauft hat.«

»Die sieht doch genauso aus«, sage ich.

»Sie besitzt sogar diese Ohrringe mit dem Delfinmotiv und der Perle. Jedenfalls hat sie die Dinger vor knapp einem Jahr auf Amazon gekauft – 968,75 Dollar.«

»Wer kauft denn so teure Ohrringe auf Amazon?«, fragt sich Sarah.

Ich schaue sie erstaunt an und frage: »Warum nicht?«

»Klar, dass dir das nicht merkwürdig vorkommt«, kontert sie. »So was kauft man im Laden.«

»Egal«, meint Khalil und führt seine Ausführungen weiter aus. »Jedenfalls stimmt alles überein, aber sie kann es nicht gewesen sein, denn sie saß eindeutig im Flugzeug. Aber was ich noch über sie herausgefunden habe: Karina Kusnezowa arbeitet in einer Agentur namens *Tere Päevast* in Narva. Die Adresse: *Puškini maantee 27b*. Offiziell ist es das Callcenter einer estnischen Telefongesellschaft.«

»Das muss die Trollfabrik sein!«, werfe ich ein. »Das mit dem Callcenter ist nur eine Tarnung. Kannst du dich denn nicht in die Agentur hacken?«

»Schwierig. Falls es eine Trollfabrik von Myasnik ist, dann ist die Firewall ein echtes Problem. Da müsste einer vor Ort in Narva einen Stick direkt in einen Rechner in der Trollfabrik stecken und die Daten herunterziehen. Aber …«

»… das ist zu gefährlich«, vervollständigt Sarah den Satz. »Harte Fakten sind nur die Dokumente, die ich heute übersetzt habe. Die können wir bringen und die sollten wir bringen. Ohne länger zu warten.«

Khalil und ich schweigen.

»Was ist? Wollt ihr etwa nichts tun?«

Sie ist sauer. »Ihr seid solche Luschen«, sagt sie.

Ein Held würde nun handeln, sich für Action entscheiden. Ich fühle mich schlecht, aber ich erwidere nichts.

Sarah steht auf, geht in den Flur und wir hören kurz darauf das Wasser im Bad rauschen.

»Jetzt ist nicht der richtige Zeitpunkt«, bestätigt mir Khalil. »Unsere Fakten gehen gnadenlos in dem Getöse um den Fall ›Alexander‹ unter.«

Er hat recht, ich habe recht, doch ich will keinen Streit mit Sarah.

Sie kehrt zurück. »Okay«, sagt Sarah und schaut mich an. »Dann fahren wir nun zu meinen Eltern. Ich habe keine Lust, noch mehr Zeit hier zu verschwenden.«

»Sei bitte nicht beleidigt«, versuche ich sie zu beschwichtigen.

»Warum sollte ich sauer sein?«, sagt sie ironisch. »Ich könnte zwar gerade Korsika umsegeln, aber lieber sitze ich natürlich Tag und Nacht an der Übersetzung irgendwelcher Dokumente, die nie veröffentlicht werden.« Sie ist aufgebracht und ungerecht.

»Reg dich nicht auf«, sage ich.

»Tu ich nicht. Aber du weißt, was morgen ist?«

»Äh.« Ich weiß es nicht.

»Meine Oma wird achtzig. Das habe ich dir doch gestern gesagt. Und wir haben meinen Eltern versprochen, dass wir am Abend vorher kommen und gemeinsam das Frühstück vorbereiten. Deshalb bin ich mit dem Wagen unterwegs, damit wir zu ihnen nach Brandenburg fahren können.«

»Du willst jetzt noch zu deinen Eltern?«

Sie nickt. »Will ich. Ich finde es scheiße, dass sich hier keiner was traut. Und du bist viel zu durchgeknallt, weil du mit deinen Gedanken nur noch bei der Zeitung bist.«

Mittwoch, 1. August
Moskau, Senatspalast im Kreml

Es ist kurz nach Mitternacht. Juri Myasnik schaut durchs Fenster auf den roten Stern, der hoch oben auf dem Turm der Kremlmauer wie eine rot funkelnde Wunderkerze steckt. Er schmückt die Zufahrt zum Innersten der Macht: dem Kreml. Trotz der späten Stunde fühlt sich Myasnik energiegeladen, als sei er selbst ein glühender Stern. Das Mondlicht dringt in den Saal. Es ist wieder eine sternklare Nacht und unglaublich warm für Moskau. Hier im zweiten Stock hat er bereits mit dem Präsidenten gesessen und kalten Borschtsch gelöffelt. Wenn sich der Präsident mit dem nordkoreanischen Diktator streitet oder in der Ukraine ein Clown die Regierung übernimmt, wendet er sich an Juri und weiß dessen Rat zu schätzen.

Vier Tage war Juri Myasnik in Damaskus und musste dort die arabische Hitze ertragen, um den Bruder des syrischen Präsidenten Ibrahim al-Tawīl nur zwei Mal treffen zu können: den Hitzkopf Mohammed. Dreitagebart, herunterhängende Wangen, immer in Uniform und angeblich ein Sadist.

»Du kannst dir nicht vorstellen, was für ein Kleingeist dieser Mahir ist«, spricht Juri Myasnik in die Dunkelheit. »Nie kam er pünktlich. Dabei haben diese Al-Tawīls gar nichts mehr in ihrem eigenen Land zu sagen. Iraner halten längst die entscheidenden Positionen in Syrien.«

»Gräm dich nicht«, beschwichtigt ihn eine zweite Stimme im Raum.

»Ohne uns würde Ibrahim al-Tawīls Kopf auf einer SUV-Motorhaube spazieren gefahren, ohne uns wären er und seine Brüder und ihre Frauen und Kinder längst tot. Trotzdem wagt es dieser Mahir, mich warten zu lassen.«

Myasnik streicht sich beruhigend über seine Glatze. Keine Stoppel, die an seiner Hand kratzen, keine Flusen auf seinem Maßanzug. Alles an ihm ist akkurat, glatt rasiert und jeder Nagel gleich lang geschnitten. Er sagt: »Wenn du kein Arabisch sprichst, nehmen sie dich dort nicht ernst.«

»Sie verstehen unsere Bomben«, entgegnet sein Gegenüber. »Die sind international, Arabisch ist es nicht.«

Die beiden Männer sitzen sich gegenüber und schweigen. Myasnik denkt darüber nach, dass er bald häufiger in Syrien sein wird, da er dort die Ölquellen für Russland kontrollieren soll.

Major Arslan Sukolow räuspert sich: »Der Präsident lässt auf sich warten.«

Sukolow ist ebenfalls glatzköpfig, aber nicht so gepflegt wie Myasnik. Er ist Turkmene durch und durch. Mit ruhiger Stimme sagt er, dass es ihm eine Ehre sei, Igor Petrows Position einzunehmen. Er freue sich, in Myasnik einen solch treuen Fürsprecher zu haben.

Myasnik mag Turkmenen. Sie sind Schleimer. Wenn du in der Rangordnung über ihnen stehst, umwerben sie dich wie eine Braut.

Woran Igor Petrow gestorben sei, will der Major wissen.

»Krebs«, lügt Myasnik. »Der Krebs hatte schon gestreut. Aus der Leber in die Lunge.«

»Das ist nicht gut.«

»War nicht gut.«

»Aber so ein plötzlicher Tod?«

»Herzversagen. Die Medikamente haben sein Herz angegriffen. Du weißt, wie ungesund er gelebt hat. Geraucht und getrunken hat er und ...«

»... einen Fehler gemacht.«

Juri Myasnik muss an seinen Weggefährten Igor Petrow denken. Damals, als Myasnik die erste Trollfabrik in St. Petersburg gegründet hat, als man die Trolle noch Web-Brigaden nannte, stand Igor schon an seiner Seite. Aber erstens war Igor Petrow schwer krank gewesen und zweitens darf es nicht sein, dass streng vertrauliche Dokumente aus Syrien nach Deutschland in die Hände eines Bloggers gelangen. Das hatte Igor zu verantworten. Schließlich leitete er die Abteilung Information. Juri Myasnik hat den Daumen nach unten senken müssen.

»Was ist mit dem Verräter in Damaskus passiert, der die Dokumente weitergegeben hat?«, fragt der Major.

»Mohammed kümmert sich persönlich um ihn.«

»Ich frage mich, wie so etwas geschehen konnte.«

»Der Krieg bringt immer Chaos mit sich. Wenn du nicht wachsam bist, überrollt dich das Chaos. Aber du wirst wachsamer sein als Igor, oder?«

Der Major schweigt, was Myasnik als ein Ja wertet.

»Ich möchte nicht all meine Freunde verlieren. Deshalb übernimmst du jetzt Igor Petrows Arbeit.«

Ein Mann – oder besser der Umriss eines Mannes – tritt ein. Es ist eindeutig der Schritt des Präsidenten. Doch es ist nicht der Präsident, denn etwas fehlt – ein Gefühl, eine Aura, die Myasnik nur Komarow zutraut. Wer da kommt, ist ein Imitat des Präsidenten. Myasnik und der Major erheben sich.

»Ach, ihr müsst nicht extra aufstehen«, sagt eine Stimme, die beide gut kennen. Sie gehört zu Sergej Popow. Dünn und hinterhältig klingt sie. Das wenige Licht reicht Popow aus, um sich zurechtzufinden. Er gibt Myasnik übertrieben kräftig die Hand, so überspielt er seine Schwäche. »Der Präsident kann nicht kommen. Es ist ja ohnehin alles klar.«

»Ja«, erwidert Myasnik, woraufhin Popow dem Major die Hand reicht: »Ich gratuliere Ihnen an seiner Stelle.«

Myasnik fragt sich, warum er eigens in den Kreml kommen musste, um seine Personalentscheidung vorzustellen. Er wollte nicht diesen Lakaien Popow sehen, sondern seinen Freund Komarow, den er nur liebevoll »Kostja« nennt, die Kurzform von Konstantin. Selbst wenn Popow 24 Stunden am Tag im Kremlklub seine Fitness trainiert und jedes Wort des Präsidenten auswendig lernt, so wird er dennoch nie das Format von Kostja erreichen. Auf Popow kann sich der Präsident nicht verlassen. Würde Myasnik Popow einen Anzug schneidern müssen, so wäre er braun wie Scheiße. Warum schickt Kostja diesen Aal vorbei? Er braucht doch bald jemanden, der ihn auf dem Thron ablöst. Er hat dem russischen Ex-Präsidenten Amnestie gewährt und Juri würde ihm Amnestie gewähren. Ein Präsident verdient 116 000 Euro im Jahr, aber Kostja besitzt über 200 Milliarden. Wie ist er an diesen Reichtum gekommen? Das werden sich die

Menschen ganz offen fragen, wenn er abtritt. Dann hat er dringend einen Freund nötig, der an der Spitze des Staates steht und der seine schützende Hand über ihn hält. Und diese schützende Hand könnte Juri Myasniks sein.

Sergej Popow steht jetzt direkt vor ihm: »Ich soll dich im Namen von Kostja freundschaftlich umarmen.«

»Und Sergej«, fragt Myasnik spitz. »Umarmt mich auch Sergej? Oder nur der Präsident?«

Popow lacht falsch und nimmt Myasnik fest in den Arm. »Wie ist übrigens die Lage in Deutschland?«, will er wissen.

»Gut. Keine Probleme. Als Nächstes werden wir die Russen in Deutschland mobilisieren.«

»Ja, sie sind sehr unzufrieden mit diesen Arabern und wählen unsere Freunde von der AfD.«

Myasnik sieht das als Kompliment. Seit Jahren hat er in Ostdeutschland mit seinen Trollen erfolgreich gegen jegliche Form von Zuwanderung gewettert.

»Deutschland ist der Kern des Apfels Europa«, sagt Popow. »Vergiss das nicht. Wir müssen den richtigen Augenblick abpassen und dann den Kern sprengen.«

Popow verlässt die beiden ohne eine weitere Umarmung und die Tür klickt hinter ihm zu, als würde der Hahn eines Revolvers gespannt.

Es ist wieder ruhig. Dann fragt der Major, wo der Stick mit den Informationen über die Syrienaffäre denn sei. Myasnik antwortet nicht. Der Major will wissen, ob es eine Möglichkeit gebe, an den Stick dieser deutschen YouTuber von *Uncover* zu gelangen.

Myasnik sagt nur: »Du musst diese Probleme lösen, sonst werden sie zu deinen Problemen.«

Der Major schluckt. Plötzlich steht Igor Petrows Tod wieder im Raum. In Turkmenistan wäre es ein Leichtes für den Major, diese YouTuber zum Schweigen zu bringen. In Deutschland ist es schwieriger, ihnen Angst einzujagen oder einen tödlichen Unfall zu initiieren. Alles muss mit Bedacht getan werden.

Mittwoch, 1. August, morgens
Brandenburg, Harckburgh

Auf einem Kuchen haben 80 Kerzen keinen Platz. Deshalb brennen nur acht Kerzen auf Oma Annas Geburtstagstorte. Anna ist allerdings noch nicht fertig im Bad, denn sie braucht immer etwas länger. Sie sitzt auf ihrem Höckerchen und duscht. Jedenfalls hören wir das Wasser rauschen.

Wir sind Sarahs Vater Georg, ihre Mutter Marlene, Sarah und ich. Wir sitzen am Frühstückstisch und warten.

»Das war schon in Russland so«, sagt Georg.

Damit meint er nicht Oma. Er hockt mir gegenüber und der Geruch seines Aftershaves klebt in der Luft. Auf dem Tisch ist nicht nur die Torte, sondern dort stehen auch dampfende Brötchen, weiche Butter, ein Teller mit aufgefächerter Wurst, Käse, Frühlingsquark mit Dill und eine kleine Pfanne mit Rührei.

Georg hat ein breites Gesicht und einen festen Bauch und seine Hände sind so groß wie Klodeckel. Sarah und ich haben uns heute Nacht wieder vertragen. Sex ist ein gutes Heilmittel gegen alles. Der Fernseher läuft im Hintergrund, so wie er immer bei Sarahs Eltern im Hintergrund läuft. Der russische Sender *Rossija 1* zeigt Aufnahmen aus dem Kaukasus, wo sich gerade irgendwelche Typen mit irgendwelchen anderen Typen um irgendwelche Stücke Land streiten, von denen ein Berliner nicht einmal weiß, dass es diese Regionen überhaupt gibt. Das ist es, worauf sich Georgs Satz bezog. Er glaubt, dass die im Kaukasus sich gerne streiten. Es sei hormonell bedingt. Deshalb auch die starke Rückenbehaarung.

Warum wir Annas Geburtstag beim Frühstück feiern? Weil Georg am Nachmittag Besuch aus Russland erhält. Ein Sergej Sacharow ist heute beim örtlichen Sambo-Verein im Saal des Schützenhauses von Harckburgh zu Gast. Sambo wurde vor fast hundert Jahren von der sowjetischen Armee entwickelt. Es ist ein wilder Mix aus Judo, Jiu-Jitsu, Ringen und anderen Kampfsportarten. Dort trainiert Sarahs Vater die Jugend in der Spezialdisziplin Systema. Seit seiner Arbeitslosigkeit engagiert sich Georg täglich im Verein.

Vor zwei Jahren – damals hatte ich Sarah gerade kennengelernt – zeigte er mir zum ersten Mal Systema. Ich hielt ihn für ein bisschen durchgeknallt, denn ich sollte ihn mit einem selbst geschnitzten Holzmesser im Wohnzimmer angreifen. Zunächst dachte ich, es sei ein Scherz, doch er bestand darauf. Vielleicht musste ja jeder von Sarahs Freunden erst einmal gegen ihren Vater kämpfen.

Ich stach vorsichtig in Richtung seines Oberkörpers, aber er drehte mir den Arm um. Bald stach ich gereizt nach ihm, aber Georg schaffte es ein ums andere Mal, meinen Arm oder meine Hand zu ergreifen. Am Ende hielt ich mit meiner eigenen Hand die stumpfe Holzklinge gegen meine Kehle, meinen Bauch oder meinen Nacken. Das Holzmesser schenkte er mir und lud mich zum Training ein.

»Nichts ist so effektiv wie Systema. Es ist kein Sport, es ist eine Haltung. Geist und Körper, Körper und Geist. Du nimmst die Energie deines Gegners auf, bündelst sie und wendest sie gegen ihn.«

Das waren seine Worte. Ich habe in der Grundschule drei Jahre Judo im Verein gelernt, weil ich gemobbt wurde. Geholfen hat es dennoch nicht. Julian und Memet waren einfach Arschlöcher.

Als hätte Georg gerade meine Gedanken gelesen, sagt er nun zu mir: »Du kannst ja heute mit in den Verein kommen.«

»Muss das jetzt sein, Papa?«, meint Sarah.

Ich denke für eine Sekunde, ihr vorwurfsvoller Ton beziehe sich auf die Frage ihres Vaters. Aber das tut er nicht. Denn Sarah steht auf, nimmt die Fernbedienung vom Beistelltisch und knipst das Fernsehen aus.

»Soll ich Oma noch mal Bescheid sagen?«, fragt sie.

»Nein«, antwortet Georg. Er erkundigt sich, ob ich schon mehr über diesen syrischen Flüchtling weiß, der Alexander entführt habe. »Sie haben im Fernsehen einen Syrer gezeigt, der von zahlreichen entführten deutschen Kindern erzählt hat.«

»Es ist schrecklich«, schaltet sich Sarahs Mutter Marlene ein. »Sogar die Scheichs missbrauchen die Kinder. Bei denen sind Kinder noch weniger wert als Frauen.«

»Das Interview mit dem Syrer war ein Fake«, sage ich. »Amer Tallak hat Alexander nicht entführt.«

»So wird es sein«, meint Georg ironisch. »Die Frage ist dann wohl nur noch, wo der kleine Sascha ist, wenn nicht bei diesem Syrer.«

Sascha ist die russische Abkürzung von Alexander. Das ist mir klar, aber ich werde mich nie daran gewöhnen. Genauso wenig wie an Georg. Er kann ein Hitzkopf sein, daher schweige ich lieber. Aber er lässt mich nicht schweigen. Er schaltet den Fernseher wieder an. »Schau es dir an, Phoenix! Das passiert in der Welt.«

Er hat die Fernbedienung mit zum Frühstückstisch genommen und stellt den Ton lauter.

»Er versteht doch kein Russisch«, sagt Sarah.

»Und warum versteht er so gut Englisch? Weil die Engländer mit ihren Kolonien die ganze Welt gezwungen haben, ihre Sprache zu sprechen. Das sind Verbrecher. Erst haben sie die Indianer ausgerottet, dann die Aborigines und jetzt zetteln sie überall Krieg an, um ihre Interessen zu wahren.«

»Ich verstehe ja auch ein bisschen Russisch«, beschwichtige ich ihn. »Und ich habe keine amerikanische Freundin, sondern eine aus Berlin, die sehr gut Russisch spricht.«

Georg ist auf Konfrontationskurs. Ob ich mehr den deutschen oder den russischen Nachrichten glaube, will er wissen. Ich antworte nicht, aber er sagt, ich solle frei sprechen. Hier in seinem Haus gebe es keine Meinungsdiktatur wie dort draußen.

Ich traue mich also: »In Deutschland herrscht Pressefreiheit, in Russland hingegen sind die Medien gleichgeschaltet.«

»Wirklich? Hier werden ARD und ZDF doch direkt vom Staat bezahlt. Die von der Deutschen Welle haben sogar die Menschen zu den unerlaubten Demonstrationen gegen die Kandidatenaufstellung in Moskau aufgestachelt.«

»Nein, so war es nicht. Die Deutsche Welle hat nur ein paar

politische Gegner von Komarow interviewt, die zu den Demonstrationen aufgerufen haben. Und die haben natürlich erzählt, dass die Gegner Komarows demonstrieren gehen sollen.«

»Und warum lassen sie diese Menschen ihre Meinung über die Deutsche Welle verbreiten?«

»Weil jede Seite in einem guten Bericht zu Wort kommen sollte.«

»Warum werden dann niemals *wir* gefragt? Was *wir* von alldem halten?«

»Wen meinst du mit *wir*?«

»Die Mehrheit der Russen. *Wir* alle – und nicht nur dieser kleine Haufen von Idioten, die prinzipiell gegen Komarow sind. Und gegen alles, was er tut. Komarow ist ein Glück für Russland. Ihr versteht nichts von Russland und redet ständig darüber. Redet lieber über die Probleme in Deutschland.«

Immer wenn es um Russland geht, fühlt Georg sich angegriffen. Immer. Und wenn der Name Komarow fällt, ist es, als ob ich ihm ein Messer ins Bein stieße.

Der Schlüssel im Bad dreht sich laut. Es könnte sein, dass gleich das Geburtstagskind Anna erscheint. Endlich!

Georg fragt, wann ich denn arbeiten müsse.

»Mein Vater möchte, dass ich spätestens um elf in der Redaktion bin.«

»Ihr Journalisten habt es gut.«

»Ich lasse heute die erste Konferenz ausfallen.«

»Und warum spätestens um elf Uhr?«, fragt Sarah.

»Er hat irgendwas mit mir vor.«

»Und was?«

»Wollte er mir nicht sagen. Jetzt bin ich jedenfalls noch

hier. Ich weiß doch, wie wichtig dir der Geburtstag deiner Oma ist.«

»Ist dir deine Oma nicht wichtig?«, will Georg wissen.

»Ich habe keine Oma mehr.«

Wir sitzen um diesen Tisch, der für fünf Leute gedeckt ist. Georg ruft laut in den Flur, wo denn Oma bleibe. Die ruft etwas zurück, das ich nicht verstehe. Ihre Stimme ist stets ein wenig zerbrechlich.

»Aber stellt euch vor«, sagt Marlene und schaut über den Tisch zunächst zu Sarah und dann zu mir. »Wie es wohl einem Kind in einem Käfig gehen muss, das einem Scheich vorgeführt werden soll.«

»Hör endlich mit dem Scheiß auf, Mama! Sascha wurde nicht von einem Flüchtling entführt.« Sarah wird wütend. »Hast du den Mist mit dem Käfig auch aus dem Fernsehen? Phoenix hat Amer Tallak doch getroffen. Er sagt, Tallak ist ein liebevoller Vater. Der hat selbst einen Sohn in Saschas Alter.«

»Liebevoll war Himmler auch«, fährt mich Georg an.

»Hatte der Kinder?«, frage ich.

Keiner weiß es.

»Ich hoffe jedenfalls, dass ihr auf eurem YouTube-Kanal nicht weiter über Russland herzieht. Frau Hermann hat mich darauf angesprochen«, sagt Sarahs Mutter. »Wir in Brandenburg denken anders. Frau Hermann ist mit den Russen aufgewachsen. Sie mag Russland und den Präsidenten.«

»Die beiden da mögen Komarow nicht«, erklärt Georg und meint Sarah und mich. »Weil sie von dem deutschen Fernsehen belogen werden. Das ganze System hier läuft falsch. Guckt euch mal an, was los ist.« Georg schaltet im Fernsehen auf YouTube und hat eine russische Reportage über einen Kinderhändlerring im Angebot. »Es gibt deutsche Untertitel. Schau! Und du lies, Phoenix!«

»Jetzt hör endlich mit Politik auf! Oma hat Geburtstag«, sagt Sarah.

»Na gut, dann nicht.«

Er schaltet zurück auf *Rossija 1*. Ausgerechnet jetzt zeigen sie Live-Bilder von der Polizei, die Tallak aus dem Hochhaus, in dem er wohnt, geleitet.

»Schau!« Georg ist außer sich. »Die führen den Kinderschänder ab. Alle sollten sie aus ihren Löchern holen, jeden Einzelnen.«

»Papa!« Sarah wird lauter. »Lass endlich diese Hetze sein!«

Sie stützt ihre Ellbogen auf den Tisch und nimmt sich Kaffee aus der Kanne. Es scheint ihr egal zu sein, dass wir erst mit dem Frühstück anfangen wollten, wenn Anna die Kerzen ausgeblasen hat. Ich habe schon miterlebt, wie Sarah im Türrahmen ihre Eltern angeschrien und sie als Komarow-Idioten beschimpft hat.

Nach dem genervten »Papa!« versucht sie, ruhig zu bleiben, und sagt: »Das russische Fernsehen lügt. Der Präsident hat es gleichgeschaltet, wie damals Hitler es in Deutschland getan hat und Erdogan es in der Türkei versucht. Verstehst du das, Papa?«

»Das ist deine Meinung.«

»Das hat nichts mit Meinung zu tun, Papa. Was glaubst du, was mit Journalisten in Russland passiert, wenn sie die Wahrheit schreiben? Was glaubst du, was mit ihnen passiert, wenn sie über die dunklen Geschäfte des Präsidenten schreiben?«

»Sascha ist weg und dieser Flüchtling wird abgeführt«, kontert er. »Was soll man da denken? Dass der russische Präsident den kleinen Sascha entführt hat?«

Ich kann mir auch keinen anderen Reim darauf machen. Es müssen belastende Beweise gegen Amer Tallak vorliegen. Ich lese auf dem Handy, dass Tallak nicht verhaftet, sondern in Schutzhaft genommen wird. Ach so, jetzt verstehe ich erst, was hier passiert.

»Er wird nur in Schutzhaft genommen«, versuche ich aufzuklären. Doch Georg meint, dass er es gut finde, wenn die Gesellschaft vor solchen Typen wie Tallak beschützt werde.

Ich erkläre, was das Wort »Schutzhaft« heißt und dass Tallak vor der Gesellschaft und nicht die Gesellschaft vor ihm geschützt wird.

»Ach, vergiss es«, entgegnet Sarah. »Meine Eltern sind einfach zu blöd, um das zu kapieren.«

Sie will gehen – sofort! Genau in diesem Augenblick kommt ihre Oma.

»Entschuldige«, sagt Sarah, stürzt auf Anna zu und umarmt und küsst sie.

Anna hat sich chic gemacht, trägt Bluse und Schuhe mit Glitzer und lilafarbene Haare – und das alles zum Frühstück! Sarah geleitet ihre Oma zum Tisch. Ich bin verwirrt: Will Sarah immer noch gehen? Oder nicht? Ich bleibe vorsichtshalber sitzen. Manchmal sind hier im Haus alle wütend und trotzdem liegen sie sich am Ende wieder in den Armen. Vielleicht steckt ja ein wenig kaukasisches Blut in ihnen, ohne dass sie es wissen.

Anna setzt sich. Lange stehen kann sie nicht mehr. Dann zittern ihre Beine.

Marlene stochert mit dem Kuchenmesser zwischen den brennenden Kerzen herum.

Georg berührt ihren Arm und meint: »Deine Mutter muss doch erst ...« – er deutet auf die Kerzen – »... ausblasen.«

»Na, dann puste kräftig«, sagt Marlene ungeduldig zu ihrer Mutter.

Die sitzt sehr gerade auf ihrem Stuhl. Als sie Luft holen will, wird noch *Happy Birthday* auf Russisch gesungen, da die Regel heißt: Erst gratulieren, dann singen, dann pusten, dann den Kuchen schneiden und dann essen. Das bisschen Text von *Happy Birthday* kann sogar ich auf Russisch. Sarahs Oma bläst genau eine Kerze aus. Was nicht an ihrem unzureichenden Lungenvolumen liegt, sondern eher an ihrer miserablen Treffsicherheit. Sie hätte fast die Schlagsahne aus dem Töpfchen neben dem Kuchen geblasen. Marlene jedoch applaudiert, als habe Oma die Beleuchtung des Berliner Olympiastadions ausgeschaltet. Die übrigen Kerzen pusten Marlene, Sarah und Oma gemeinsam aus. Der Kuchen wird angeschnitten, die Reihenfolge eingehalten, die Welt ist hier am Frühstückstisch wieder in Ordnung, während im Fernsehen Szenen von einer Straßenschlacht laufen. Das sind Aufnahmen von den Demos zum G7-Gipfel in Hamburg. Auch Szenen aus Chemnitz werden eingeblendet. Das ist alles schon Jahre her. *Rossija 1* zeigt ein Deutschland im Chaos, ein überfordertes Deutschland.

»Siehst du, was hier schiefläuft?«, sagt Georg. »Das zeigt das deutsche Fernsehen nicht.«

Das ist alles Blödsinn, aber Georg ist angefressen und will böse Dinge von sich geben. Er ist einfach zu arbeitslos, zu wenig gebraucht, zu wenig das, was er einmal war – ein Kerl, der stolz zur Arbeit ging und für das Essen auf dem Tisch sorgte. Er sieht mich nicht einmal an, als er redet, sondern ist vom Fernseher gebannt.

Marlene stellt wacklige Kuchenstücke auf die Teller.

Sarah erwidert: »Das ist verrückt, Papa. Du weißt, dass das nicht stimmt.«

»Die Bilder sind echt. Das passiert alles in Deutschland. Nur ihr wollt es nicht sehen.«

Oma Anna mischt sich mit dem trockenen Satz ein: »Der Krieg ist der Vater aller Dinge.« Dann schaufelt sie sich mit der Gabel Torte in den Mund. Das Stück ist zu groß, sie schiebt mit dem Finger nach.

Wir essen Waldbeersahne auf Pistazienboden. Nein, Sahne möchte ich nicht. Da ist zu viel Spucke drauf. Die Süße der Torte brennt ohnehin schon auf meinen Zähnen, passend dazu werden uns brennende Autos von *Rossija 1* präsentiert.

»Die Bilder sind aus Frankreich«, sagt Sarah.

»In Berlin haben auch Autos gebrannt«, kontert Marlene.

»Diese Bilder sind aus Frankreich«, wiederholt Sarah stumpf.

»Weil sich die Leute dort gegen die Ausländer wehren.«

»Die Franzosen haben Kolonien gehabt, die müssen sich nicht wundern. Genauso wenig wie die Russen, denn die hatten auch Kolonien.«

»Wo?«, will Georg wissen.

»Usbekistan, Kirgisistan, Kasachstan. Oma kommt doch aus Kasachstan. Meinst du, die Kasachen hätten sich auf die Russen gefreut? Die Russen haben Hunderte von Sprachen zerstört und Usbeken, Kirgisen, Mongolen und was weiß ich noch welche Völker dazu gezwungen, Russisch zu lernen. Die Russen sind genauso übel wie die Engländer.«

»Du sprichst doch auch Russisch«, meint Oma Anna. »Gefällt es dir nicht?«

»Doch, Oma. Aber Papa hat eben gesagt, dass die Engländer die ganze Welt unterdrücken und wir deshalb Englisch als Weltsprache hätten. Ich erkläre nur, dass die Russen auch versucht haben, ihre Sprache anderen Menschen aufzudrängen.«

Marlene möchte mir noch ein Stück Kuchen auf den Teller legen, ich lehne aber ab und esse stattdessen ein Brötchen mit Käse. Ich brauche was Normales zum Frühstück.

»Ich muss gleich in die Redaktion«, erkläre ich.

»Bis elf ist doch noch Zeit«, entgegnet Marlene.

»Wir sollten nur nicht zu spät fahren. Der Verkehr nach Berlin könnte stark sein. Stimmt's, Sarah?«

»Du bist fleißig«, erwidert Marlene.

»Er will los. Er ist genervt«, sagt Georg.

»Ich habe heute Geburtstag. Ich darf bestimmen«, meint Anna. »Wenn der Junge gehen will, dann soll er gehen. Georg ist sowieso gereizt wie eine Brennnessel. Es war lieb, dass ihr extra meinetwegen von Berlin hierhergekommen seid.«

Mein Handy vibriert. Ich hole es etwas verlegen aus der Hosentasche. Eine Nachricht von Khalil. Karina Kusnezowa habe sich gestern Abend noch in den Flieger nach Berlin gesetzt. Sie sei also nicht in Berlin gewesen, als das Video aufgetaucht ist – aber danach.

Ich schreibe zurück: *Wo ist sie jetzt?*

In Berlin, antwortet er. *Jedenfalls habe ich noch nichts Gegenteiliges herausgefunden.*

Ich: *Wo wohnt sie?*

Er: *Recherchiere ich noch. Habe versucht, ihr Handy zu orten. Ging nicht.*

Ich: *Wir müssen sie finden. Sie ist bestimmt das Bindeglied zwischen dem Video und dieser Hetze gegen Tallak.*

Er: *Hast du gesehen, was am Brandenburger Tor los ist?*

Ich: *No.*

Er: *Da demonstrieren Rechte und Russlanddeutsche. Sie fordern, dass die Flüchtlinge verschwinden.*

»Kannst du das Handy nicht mal weglegen?«, raunzt mich Sarah an.

Ich war tatsächlich ganz abgetaucht in den Chat mit Khalil.

»Oh, entschuldige. Ich chatte gerade mit …«

»Du bist unhöflich«, meint Sarah.

»Es ist Khalil, er …«

»Wir wollen uns hier von Mama und Papa und meiner Oma verabschieden.«

Ich blicke in vorwurfsvolle Gesichter. Nur Anna lächelt mich an. Sie sagt: »Arthur und ich sind freiwillig nach Deutschland gekommen. Wir haben in einem kleinen Ort nahe Frunse gelebt. Das war damals die Hauptstadt von Kirgisistan. Kainda war nicht weit weg, aber niemand hatte einen Wagen. Nur Fjedor Jago. Aber der Wagen war immer kaputt, so wie alles kaputt war. Die Russen waren nicht gut zu uns. Sie haben meine Eltern von der Wolga vertrieben. Ich weiß nicht, warum die Russen heute gut sein sollen. Sie nennen uns *Nemetskij*.«

»Ja, weil wir Deutsche sind«, sagt Marlene. »Das ist das Wort für Deutsche.«

»Nein, Marlene. *Nemetskiy*. Das kommt von dem russischen Wort *nemoj* und das heißt ›stumm‹. Sie haben uns Deutschen ein Schimpfwort gegeben. Die Sowjetunion war nur gut für die Russen, nicht für uns.«

»Das tut mir leid«, entgegne ich.

»Du bist kein Russe. Du musst dich nicht entschuldigen. Russland muss sich entschuldigen bei uns Russlanddeutschen. Mein Urgroßvater hat für Russland gekämpft und dann ist er vertrieben worden, weil er Deutscher war. Und jetzt redest du« – sie schaut Marlene an – »so, als ob Russland gut zu uns gewesen wäre. Sie haben uns von der Wolga nach Kasachstan getrieben wie Hunde. Bist du blind, Marlene? Sehe ich mit meinen 80 Jahren mehr als du und Georg?«

Marlene erwidert nur: »Iss deinen Kuchen, Mama.«

Wieder vibriert das Handy in meiner Hand. Khalil ruft an.

Georg sagt trotzig: »Geh ruhig ran. Das ist dir ohnehin wichtiger als wir. Baba Anna hast du mit dem Ding schon verrückt gemacht.«

Ich tippe: *Hab Stress.*

Jetzt ist Sarah völlig beleidigt. Die Streitereien mit ihren Eltern nehmen sie emotional immer total mit. Sie verkündet: »Ich bleibe, Phoenix. Du kannst mit dem Zug nach Berlin fahren, wenn du unbedingt in die Redaktion willst.«

»Ich kann doch nichts dafür, dass …«

»Du kannst nie was dafür. Ich will lieber noch bei Oma sein. Telefonier doch einfach im Zug mit Khalil. Am Ende werdet ihr sowieso kein Video hochladen, weil ihr einfach Schiss habt.«

Was sie sagt, ist falsch und ungerecht, aber ihre Worte verletzen mich trotzdem.

Oma Anna vermag die Spannung in der Luft nicht wegzulächeln. Ich verabschiede mich von ihr mit einem Kuss auf die Wange. Sarah möchte ich nicht küssen. Sie will wahrscheinlich ohnehin nicht von mir geküsst werden und ich möchte mir diese Abfuhr lieber ersparen.

Draußen vor der Tür habe ich sofort wieder das Handy in der Hand.

»Typisch«, sage ich zu mir selbst. »Das ist so typisch.«

Ich muss schauen, wann der nächste Bus kommt. Berlin kann so weit weg sein, wenn du morgens in Brandenburg in einem Kaff wie Harckburgh festsitzt.

Mittwoch, 1. August, 11.35 Uhr
Berlin, Redaktion Berliner Nachrichten

In der Redaktion erwartet mich mein Vater im Büro von Chefredakteur Marius Hennekamp. Wach und entschlossen wie immer ist sein Blick. Er hockt auf seinem gepolsterten schwarzen Lederstuhl hinter dem mächtigen Schreibtisch und trägt eine Hermès-Krawatte. Papas Krawatten sind auch alle von Hermès. Die Marke scheint Altmänner-Journalistenstandard zu sein. Hennekamps Sekretärin hat mich direkt vom Empfang durchgewunken. Papa hat mich gleich in den Arm genommen und mir gesagt, ich solle mir einen Stuhl aus der Sitzecke holen.

So sitzen wir zu dritt um den Schreibtisch des Chefs.

»Ich möchte Sie um etwas bitten«, beginnt Hennekamp. »Da die Geschichte um den vermissten Alexander zu eskalieren droht, fänden wir es hilfreich, wenn Sie ein paar Worte zu der Sache sagen könnten.«

»Warum ich?« Ich bin ehrlich erstaunt.

»Wollen Sie einen Schluck Wasser trinken?«, fragt er und schenkt mir ein Glas ein, wobei sein bulliger Körper über den Schreibtisch ragt. »Entschuldigen Sie, dass ich Sie so überfallen habe. Sie sind bestimmt durstig.«

Hennekamp redet distanziert mit mir. »Sie sind YouTuber und besitzen die nötige Nähe zu Ihrer Zielgruppe. Das reicht weit über das rein Informative hinaus. Wir möchten als Zeitung dazu beitragen, dass die Menschen im Fall ›Alexander‹ wieder zu den Fakten zurückkehren, und Sie können uns dabei helfen, den Dampf ein wenig aus dem Kessel zu lassen. Ihr Vater will vermeiden, Sie zu sehr in die Öffentlichkeit zu ziehen. Das wollen wir auch nicht. Was ich will, ist, dass Sie Ihre Geschichte auch über uns verbreiten und dadurch sicherer leben können. Niemand wird unsere Zeitung angreifen. Sie und Ihr Kanal *Uncover* wären nach dem Video also quasi Teil unseres Hauses, jedenfalls im Bewusstsein jener Leute, die Ihre Ausführungen nicht mögen. Dann kriegen wir den Dreck ab und nehmen Sie mit unter den Schirm. Wir als Medienverlag wissen uns zu wehren. Anwälte et cetera. Sie als Einzelperson haben es da schwer.«

»Ich kann das nicht allein entscheiden«, sage ich.

»Das weiß er«, entgegnet Papa. »Aber du musst das machen, Phoenix. Ich war zuerst auch dagegen, aber ... es geht hier um die Wahrheit. Die hat nur eine Chance, wenn die Emotionen sich legen. Wahrheit bedarf des Verstandes. Der Mob steht am Brandenburger Tor und hat Amer Tallak schon verurteilt. Diese Rückwärtsgewandten nehmen Oberhand. Politiker in Deutschland müssen Angst davor haben, erschossen zu werden, und es existieren Todeslisten für Journalisten – diese ganze Hetze muss aufhören. Und du hast die Chance, zumindest für etwas Besonnenheit zu sorgen.«

»Ich verstehe das, Papa. Aber ich muss das mit Khalil absprechen. Und das Video darf nicht nur über euch laufen. Ich möchte es auch auf *Uncover* stellen.«

»Da spricht nichts dagegen«, versichert mir Hennekamp. »Es geht uns um die Sache. Wir sind Journalisten. Wir wollen aufklären.«

Ich frage Khalil. Er ist einverstanden, doch er will wissen, was Sarah dazu meint. Ich möchte ihr nicht schreiben, muss es aber. Doch sie liest meine Nachricht gar nicht erst. Also rufe ich sie an, und zwar auf dem Festnetz ihrer Eltern. Während ich hier vor meinem Vater und Hennekamp sitze, in deren neugierige Gesichter blicke und mit Sarah telefoniere, passiert etwas Ungewöhnliches. Denn Sarah sagt etwas, das mir das Herz umdreht und es schneller schlagen lässt.

Sie sagt: »Entschuldigung, Phoenix. Tut mir leid wegen eben. Ich ertrage solche Streitereien mit Mama und Papa nicht und deshalb bin ich so ungerecht zu dir.«

Und dann weint sie.

»Äh, Sarah.« Ich weiß nicht, wie ich mich verhalten soll. Am liebsten würde ich sagen: *Ich komme jetzt direkt zu dir*. Aber stattdessen sage ich: »Ich sitze im Büro des Chefredakteurs der *Berliner Nachrichten* und wir beide müssen etwas abklären.«

Auf der anderen Seite ist es kurz still, dann fragt sie: »Was denn?«

Knapp eine Stunde später stehe ich an einem Stehpult in einem verglasten Raum vor einem Mikrofon und schaue in die Kamera. Rechts neben der Kamera sitzt Leah Rosenbusch. Sie ist die stellvertretende Leiterin der Onlineredaktion. Schlank und unendlich geduldig. Ich habe mir keine Notizen gemacht, Papa wollte das nicht.

»Sprich frei von der Leber«, hat er gemeint. »Du sollst so

sein wie auf YouTube, genau so.« Dabei habe ich für unsere Beiträge auf *Uncover* immer Notizen. »Keine Verklemmtheit bitte. Um 13 Uhr geht es los.«

»Normalerweise drehe ich nie einen Livestream«, sage ich. »Wieso müssen wir überhaupt um Punkt 13 Uhr anfangen?«

»Die Wahrheit«, entgegnet mein Vater nur und klopft mir auf die Schulter. »Darum geht es. Hau sie raus, die Wahrheit! Und beruhige die Leute, so gut du kannst.«

Er verlässt den Glaskasten. Die Tür schließt sich hinter meinem Rücken. Ich setze mir den Kopfhörer auf. Jetzt ist die Welt etwas gedämpfter.

Leah Rosenbusch sagt: »In genau zehn, neun …«

»Na dann«, murmle ich und das rote Lämpchen leuchtet.

Ich hebe meine rechte Hand zum Peace-Zeichen und spreche in die Kamera: »Es ist Zeit zu reden.« Kurze Pause. Ich stelle mich vor und sage, dass ich heute in einem Studio sitze, in der Redaktion der *Berliner Nachrichten,* und dass ich über den Fall »Alexander« und die Beschuldigung des syrischen Flüchtlings Amer Tallak reden möchte.

Leah Rosenbusch bedeutet mir, ich solle so weitermachen. Mir fällt auf, dass sie die Augenbrauen aufgemalt hat oder sogar auftätowiert. Permanentschminke. Das irritiert mich.

»Erst mal die Facts«, sage ich. »Es ist genau eine Minute nach eins und es sind 39,8 Grad in Berlin. Die Polizei sucht in dieser Bullenhitze verzweifelt nach dem kleinen Alexander. Die Suche mit den Hunden wurde erfolglos eingestellt. Und der Flüchtling Amer Tallak sitzt bei der Polizei in Schutzhaft, weil er vor lauter Todesdrohungen um sein Leben fürchtet. Leute, seht ihr nicht? Amer Tallak ist nicht der Täter, sondern er ist das Opfer! Genau wie Alexander.

Es werden Tausende Kinder jährlich in Deutschland, Frankreich, den USA und in Russland vermisst. Überall auf der Welt geschieht das. Es ist furchtbar. Aber wir sollten einen kühlen Kopf bewahren, genau wie die Polizei. Wir wissen nicht, wo Alexander ist oder was mit ihm passiert ist. Nichts wissen wir. Ihr solltet daher nicht jedem Idioten folgen, der idiotische Theorien über angeblichen Kinderhandel postet und sie mit Amer Tallak in Verbindung bringt.« Dann will ich schon zum Ende kommen: »Also, Freunde, verhaltet euch ruhig. Ganz ruhig, denn …« Ich stocke. Ich verabschiede mich nicht, sondern rede weiter.

Ich weiß nicht, was mich dazu treibt, aber ich muss es tun: »Halt! Ich will noch etwas loswerden. Das hat mit den Demonstranten am Brandenburger Tor zu tun. Was ist in diese Leute gefahren? Wie kommen sie darauf, gegen einen völlig rechtschaffenen Flüchtling zu demonstrieren, einen Mann, der vor Bomben geflohen ist und der einen Sohn hat, der genauso alt wie Alexander ist. Den Namen seines Sohnes möchte ich hier nicht nennen. Aber eines muss ich sagen: Seine Mutter ist von einer russischen Bombe getötet worden. Hört ihr? Es sind russische Bomben, die Menschen töten und vertreiben. Russische Bomben und Raketen, die von russischen Bombern und Kampfjets über Syrien abgeworfen wurden, sind schuld am Elend von Tausenden. Genauso wie amerikanische, englische, französische und vielleicht auch deutsche Bomben am Elend der Elenden schuld sind. Deshalb haben wir diese Menschen aufgenommen. Wie kommen die Demonstranten darauf, diese Menschen zu verurteilen, die Hilfe bei uns suchen? Und warum schwenken sie ausgerechnet russische Flaggen?«

Ich tippe den Finger gegen die Stirn. »Hey, seid ihr blind oder taub oder beides? Auf beiden Augen? Auf beiden Ohren? Warum kümmert ihr euch nicht um die zigtausend anderen Kinder, die in Deutschland, in Frankreich, in England, in den USA oder in Russland vermisst werden? Warum? Ich sage es euch: Weil ihr euch durch russische Medien aufhetzen lasst. Warum tut ihr das? An alle, die Russisch verstehen: Guckt nicht nur russische Sender und hört nicht nur russischen Politikern zu. Seid so tolerant, wie ihr Toleranz erwartet. Macht nicht aus eurem Herzen einen Stein. Seid friedlich. Und lasst gefälligst die Fahnen zu Hause. Klammert euch nicht an den Hass, macht nicht zu, sondern macht auf. Warum demonstriert ihr nicht gegen die russischen Bomben, vor denen die Menschen fliehen?«

Leah Rosenbusch schaut irritiert. Ich kann Papa und Hennekamp nicht sehen. Sie sitzen direkt hinter mir, außerhalb des Glaskastens. Aber Leah Rosenbusch bekommt offensichtlich die Anweisung von ihnen, dass ich aufhören soll. Jedenfalls deutet sie es mir an.

Ich rede weiter: »Erst vor zwei Tagen haben wir auf *Uncover* angekündigt, dass wir Facts darüber veröffentlichen werden, wie das syrische Volk vom Kreml und Ibrahim al-Tawīl ausgenommen wird. Nur die Ankündigung allein hat dazu geführt, dass ich gezielt bedroht werde. Dabei tritt Russland nicht direkt in Erscheinung, sie hetzen über Trolle im Netz gegen uns. Doch *Uncover* hält nicht still und ich werde nicht schweigen. Unsere Recherchen haben ergeben, dass die gleichen Leute, die mich und meine Freunde von *Uncover* online haten, auch den Flüchtling Amer Tallak haten. Ist das ein Zufall? Nein. Denn die Trolle wollen mit dem Fall ›Alexander‹ von dem Elend, das Russland in Syrien anrichtet, ablenken. Jetzt stehen da Tausende aufgebrachte Menschen am Brandenburger Tor und merken gar nicht, wie ihre Emotionen für üble Zwecke ausgenutzt werden. Also, Freunde, Peace und ein bisschen Ruhe, dann kriegen wir das hin mit Alexander und mit Syrien. Lasst euch nicht vor den falschen Karren spannen. Bis dann, euer PhoenixZ.«

Geräusche dringen ins Studio. Papa taucht neben mir auf.

Ich sehe Leah Rosenbusch, die den Daumen hebt. Ihr scheint es gefallen zu haben. Papa eher nicht. Bevor er jedoch etwas sagen kann, betritt Hennekamp den Glaskasten und Leah Rosenbusch applaudiert mir. Und mein Vater schaut erstaunt, klatscht dann aber auch und sogar Hennekamp. Manchmal lässt Papa sich halt schnell überzeugen. Und mir fällt ein Stein vom Herzen. Ich habe Herzhüpfen, würde Sarah sagen. Herzhüpfen.

Papa nimmt mich in den Arm und flüstert mir ins Ohr: »Das war unglaublich.«

»Danke, das freut mich.« Dann schiebe ich eine Frage hinterher: »Warum ein Uhr, Papa? Was sollte das?«

»Weil wir es angekündigt hatten.«

»Was? Dass ich das Video mache?«

Ich fasse es nicht. Mein Vater hatte den Livestream schon angekündigt? Ohne mich zu fragen?

»So«, unterbricht Hennekamp meine Gedanken. »Jetzt können Sie übermorgen ganz in Ruhe Ihren Geburtstag feiern.«

Mein Vater nimmt mich erneut in den Arm. »Ich bin echt stolz auf dich.«

Was für ein Stratege er doch ist – unglaublich!

Mittwoch, 1. August
Berlin, Alexanderplatz, Galinas Wohnung

Eine große Ecke in Galinas Wohnzimmer ist den sechs Meerschweinchen gewidmet. Die Tiere sind alle in ihrem Häuschen, denn es ist etwas zu kühl in der klimatisierten Wohnung. Ihre Schwester Karina sitzt neben ihr auf der Couch und spielt auf dem Laptop *Fortnite*. Sie rennt über eine Wiese, schießt, lässt sich fallen, schießt weiter – und hört zu, was Major Arslan Sukolow sagt: »Phoenix Zander kann offenkundig seine Zunge nicht im Zaum halten.«

»PhoenixZ?«

»Ja, PhoenixZ. Sogar ich kann diesen Namen fließend aussprechen. Das heißt, ich musste ihn schon zu oft aussprechen. Verstehen Sie das?«

Karina beobachtet die Spielfigur des Majors: Schwarzherz. Er springt auf eine Hütte und wieder herunter. Vor zwei Jahren haben sie noch alle *Minecraft* gezockt, jetzt ist *Fortnite* angesagt. Sie hat das Headset auf ihrem Kopf und spricht mit dem Major, der in Moskau ist und ebenfalls ein Headset auf seiner Glatze trägt. Niemand wird ihr Gespräch zurückverfolgen, zu viele spielen *Fortnite* und zu viele reden dabei über Waffen und schmieden Pläne.

Der Major sagt: »PhoenixZ sollte keine Möglichkeit mehr haben, etwas zu verraten.«

»Da bin ich ganz Ihrer Meinung. Was soll ich tun?«

»Härter vorgehen.«

Karina schaut ihre Schwester an, die ihr wie ein Spiegelbild gegenübersitzt. Sie erwidert: »Ich werde sehen, was sich machen lässt. Meine Schwester kennt den Engländer gut. Den können wir hinzuziehen.«

Galina öffnet den Mund zu einem Ja.

Der Major entgegnet: »Nicht auszudenken, welchen Schaden dieser Blogger noch anrichten kann. Haben Sie das Video gesehen, das seit heute Mittag im Netz ist? Der junge Mann scheint keine Angst zu kennen. Er muss sie kennenlernen.«

»Welches Material ist denn noch auf dem Stick, den PhoenixZ in Besitz hat?«

»Der syrische Verräter wird noch verhört. Sie wissen, dass der syrische Geheimdienst jeden Menschen dazu bringt, die Wahrheit zu sagen.«

»Die Wahrheit ist nie verkehrt«, meint Karina spöttisch und der Major lacht am anderen Ende. Schwarzherz läuft direkt vor Karinas Figur über ein Rollfeld, wendet sich um und nimmt sie ins Visier.

Doch Karina ist schneller und erledigt Schwarzherz eiskalt.

»So soll es sein«, sagt der Major. »Der Engländer soll auch den Stick mitnehmen, wenn er PhoenixZ besucht und ihn Angst lehrt.«

Mit diesen Worten beendet er den Chat.

»Also gebe ich dem Engländer gelbes Licht«, meint Galina.

Grün würde bedeuten, dass PhoenixZ sterben müsste. Karina dreht sich zur Seite und legt sich lang gestreckt auf die Couch, den Kopf auf dem Schoß ihrer Schwester. Niemand könnte sagen, wer Galina und wer Karina ist. Die beiden gleichen sich aufs Haar, nur ein Detail unterscheidet sie: die Ohrringe, ein Delfin, der auf einer Perle schwimmt. Karina hat sie ihrer Schwester geschenkt.

»Da ist doch etwas, das dich bedrückt«, sagt Galina und streicht ihrer Schwester die Haare zur Seite. »Erzähl.« Dabei küsst sie Karina auf die Stirn. »Keine Geheimnisse. So lautet der Schwur.«

Eigentlich wollte Karina ihre Schwester nicht damit belasten, aber nun erzählt sie ihr die Geschichte von Igor. »Ich glaube, er wurde vergiftet.«

»Die Zeiten ändern sich«, meint Galina. »In Moskau wird kein Fehler mehr geduldet. Das weiß ich längst, obwohl ich hier in Berlin bin. Wenn dieser Phoenix nur noch ein Video ins Netz stellt, wird nicht nur er sterben.«

»Willst du mit dem Engländer reden?«

Galina nickt. »Ich rufe ihn jetzt gleich an.«

»Vielleicht kann er sich auch um Alexander kümmern. Es ist besser, wenn er ihn vor der Polizei findet. Denn es wäre eine Katastrophe, falls Alexander auftaucht. Niemand würde mehr an eine Entführung glauben.«

Mittwoch, 1. August
Berlin, Fahrt zum Müggelsee

Es ist Punkt 18 Uhr. Ich sitze im Volvo und weiß nicht, wohin die Reise geht. Unser Video hat 7,4 Millionen Aufrufe auf YouTube. Auch bei der Zeitung wurde es schon 3,8 Millionen Mal angeschaut. Mir ist flau im Magen. Nicht von den Interviews, die ich dem *RBB*, der *B.Z.* und Sat.1 gegeben habe, sondern von den Hasskommentaren. Selbst auf Twitter wird über mich hergezogen. Ich war dagegen, dass sich jeder mit seiner Handynummer anmelden muss, ehe er in den sozialen Netzwerken etwas kommentieren darf. Doch jetzt bin ich für den Klarnamenzwang. Anonymität und Meinungsfreiheit sind gut, aber Hates haben nichts damit zu tun.

Es gab heute Mittag direkt nach der Veröffentlichung des Videos einen Streit zwischen meinem Vater und meiner Mutter. Papa und ich saßen in seinem Arbeitszimmer, als Mama anrief. Zuerst dachte Papa, sie wolle uns gratulieren, und stellte sein Handy laut.

»Familienkonferenz«, sagte er noch.

Aber Mama schimpfte. Sie fand es egoistisch, was er getan hatte. Er vereinnahme mich für die Zeitung und setze mich einem großen Risiko aus. So wäre das nicht abgesprochen gewesen.

»Was war denn abgesprochen?«, fragt mich Sarah, der ich gerade die Geschichte erzähle und die neben mir am Steuer sitzt. Manchmal rede ich mit Sarah und es ist, als würde ich mit mir selbst reden, als sei sie eins mit mir, ein Teil von mir.

»Ich weiß nicht, ob sie irgendwas konkret abgesprochen hatten«, antworte ich. »Und mein Vater hätte nicht vorhersehen können, was ich sagen würde. Das kam spontan. Ich sollte die Leute eigentlich nur beruhigen.«

»Das hat ja prima funktioniert. Die Demonstranten fühlen sich durch dich nur noch mehr provoziert«, sagt Sarah. »Du hättest doch ahnen können, dass sie nicht an der Wahrheit interessiert sind. Die leben in einer weißen Blase. Aber jetzt bringe ich dich an einen sicheren Ort, wo dich niemand vermutet ... Überraschung!« Dabei zwickt sie mich in die Seite, weil ich da extrem kitzelig bin.

Als sie endlich diesen Kitzelfinger wieder ans Lenkrad legt und ich die Attacke überstanden habe, sagt sie: »Das wird eine Überraschung.«

»Bitte keine Geburtstagsüberraschung.«

»Den hast du doch erst übermorgen.«

Ich grinse, sage Ja und küsse sie.

Der alte Stinker von Volvo hat Sitze wie Sessel. An den runtergekurbelten Scheiben zieht Berlin an mir vorbei: Reihenhäuser, Einfamilienhäuser, Lidl, Aldi, fette Mieten, noch fettere Kredite, alle zahlen sich zu Tode, um hier zu sein, weil sie irgendwas suchen. Nur was? Ich schließe die Augen, spüre den Fahrtwind und sehe Papa an seinem Schreibtisch vor mir. Als ich noch klein war, war er für mich so weit weg, so weit über mir, jetzt ist er mir nah und Mama ist so weit weg. Ich habe kaum etwas mit ihr zu tun, nur mit ihm. Dabei war Mama immer die Chefin im Haus und für mich da, hat mich großgezogen, sich mit mir gestritten, mich zu den Hausaufgaben, zum Üben und zum Lesen gezwungen. Sie hat im Grunde unser Heim in Köln geschaffen und jetzt hat sie Angst um mich.

Ich nehme mein Handy und tippe.

»Wem schreibst du?«, will Sarah wissen.

»Meiner Mutter.«

»Was?«

»Ich muss ihr sagen, dass ich ihr alles verdanke und sie liebe.«

»Klingt ein bisschen *too much*.«

»Aber es ist ehrlich.«

Sarah beugt sich zu mir herüber und ich drücke ihr wieder einen Kuss auf die Wange. Ich tippe, während es in den Osten Berlins geht. Wieder nach Köpenick? Ich will nicht nach Köpenick. Wir fahren weiter und es wird ländlicher. Hier bin ich selten. Der Geruch von Gegrilltem dringt mir in die Nase. Die Leiche in der Datsche.

Eymen hat heute Fotos von mir gemacht. Ich bin jetzt ein Motiv für ihn und nicht nur ein Praktikant. Zurzeit passiert in meinem Leben jeden Tag mehr als während meiner gesamten Schulzeit. Sarah hat die Bluetooth-Lautsprecher vorne auf dem Armaturenbrett aufgestellt und wir hören über ihr Handy ein Interview mit Henning May. Sarah mag den Sänger, aber das Podcast-Interview auf *Spotify* ist öde. Der Typ redet absichtlich langsam, um jeden noch so kleinen Gedanken aufzublasen.

Ich sage: »Das ist ja unerträglich selbstsüchtig.«

»Dann schalte es aus«, entgegnet sie. Ich kann ihr Gesicht nicht sehen, sie hat ihr Haar zur Seite gelegt und jetzt liegt es wie ein Vorhang zwischen uns.

Das tue ich – und das Radio ein. Nachrichten.

»Kein Radio«, meint sie ein bisschen beleidigt und dreht den Knopf wieder auf Off. »Die reden doch nur über dein Statement auf YouTube.«

»Hast recht.«

Ich merke, wie es mir selbst unangenehm ist, dass über mich geredet wird. Ich stehe in der Öffentlichkeit und unter ständiger Beobachtung. Ob das auch Henning Mays Problem ist? Plötzlich glauben die Leute, du sprichst extra langsam, um deine Gedanken aufzublähen, plötzlich spielst du eine Rolle in der Öffentlichkeit. Und alle dürfen dich beurteilen, verurteilen – so wie ich eben Henning May. Zwei Ex-Schulfeinde haben mir sogar zum Video gratuliert. Speichellecker, verrecken sollen sie.

Sarah erzählt: »Meine Eltern sind am Brandenburger Tor.«

»Wirklich?«

»Wir sind so verblieben, dass wir uns nicht mehr streiten wollen und sie nichts Schlechtes mehr über dich sagen. Du seist ja sonst ein netter Kerl.«

»Das ist doch total bescheuert.«

»In einer Demokratie darf jeder seine Meinung haben«, sagt sie. »Deshalb akzeptieren sie deine Meinung.«

»Das ist keine Meinung. Das sind Fakten.«

Sarah setzt den Blinker. Wir fahren in eine Seitenstraße, die enger und enger wird. Bald verschwindet der Asphalt, auch die Häuser werden weniger, bis rechts und links nur noch Felder sind. Das Land ist richtig ausgetrocknet, unfruchtbar.

»Hast du von Kafka die Parabel von der Maus gelesen?«, frage ich.

»Du hattest Deutsch im Abi, nicht ich«, sagt sie.

»Die Geschichte ist die kürzeste, die ich kenne. Sie handelt von einer Maus, die sagt, dass die Welt jeden Tag enger wird, so wie dieser Weg hier. In der Kurzgeschichte gibt es auf beiden Seiten des Weges keine Felder, sondern Mauern, die immer weiter aufeinander zukommen. Doch die Maus rennt und rennt und am Ende des Weges steht eine Falle.«

»Und dann?«

»Dreht sie sich um. Hinter ihr steht eine Katze, die ihr rät: ›Du musst nur die Laufrichtung ändern.‹ Und dann frisst die Katze die Maus.«

»Am Ende von unserem Weg steht aber keine Falle.«

»Hoffentlich. Denn in Filmen ist es immer so, dass jemand auf der Flucht in einen Wald fährt und …« Das tun wir auch gerade.

»Hör auf mit dem Mist, du machst mich ganz nervös«, sagt sie. »Das ist ein Überraschungsort, kein Panikraum.«

Es ist mitten am Tag, aber im Wald ist es dunkler und kühler. Sarah biegt ab und fährt in einer Kurve auf den nächsten Waldweg. Sie scheint sich auszukennen.

»Wie weit ist es noch?«, frage ich.

Sie legt ihren Zeigefinger auf meine Lippen. »Sei still«, antwortet sie. »Schalt dein Handy aus. Wir wollen Ruhe.«

»Es ist aus«, sage ich.

»Ganz aus«, erwidert sie.

Der Weg ist voller Schlaglöcher. Mitten in diesem Wald,

irgendwo in der Nähe des Müggelsees, parken wir im Nirgendwo. Sarah zeigt hinüber zu einer Hütte, die durch das Grün zu sehen ist. Ob das ein Lebkuchenhaus ist? Denn hier wirkt alles wie im Märchen.

»Gehört meinem Onkel Edgar«, sagt sie.

»Haben Hänsel und Gretel die Hexe schon verbrannt oder wartet sie darin auf uns?«

»Scherzkeks«, meint Sarah.

Sie holt aus dem Kofferraum meine Adidas-Tasche. Offensichtlich war sie in meiner Wohnung.

»Klamotten für morgen«, erklärt sie.

Wir gehen die wenigen Meter durch den Wald auf die Hütte zu. Die Zweige auf dem Boden knicken und knacken unter unseren Füßen.

Sie hat einen Schlüssel für das Knusperhäuschen.

»*Let's go*«, sagt sie und schiebt die Tür auf. »Unser eigenes Reich. Hier ist nichts, was uns ablenkt. Gar nichts.«

Ich folge ihr. »Das ist also dein Überraschungsort?«

Ich rieche das Holz und die Tage, in denen hier niemand gewesen ist. Sarah öffnet die Fensterläden. Das Licht flutet den Raum. Ein Herd, Topflappen, die Lampe mit Schirm aus gerafftem, geblümtem Stoff, eine Sitzecke, ein Tisch, vier Stühle, alle mit kitschigem Blumenmuster verziert. Und noch mehr Topflappen in Blau-Weiß, Rot-Weiß, mit Schwanenmotiv, mit Rosen, gelb mit Schmetterlingen ... Sammelt Onkel Edgar Topflappen?

Sarah schließt das Fenster wieder. »Sonst haben wir nachher Ungeziefer in der Küche.«

Ich nicke und frage: »Wo ist das Schlafzimmer?«

Kurz darauf sind wir im Bett und lieben uns und dann ...

Wir haben genug zu essen und zu trinken, aber keine Lust zu kochen, also bleiben wir im Bett. Wir hören Musik und reden nicht, jedenfalls nicht über unsere Story, stattdessen Liebe, Cola, Chips und Schokolade. Luxus im Schlafzimmer von Onkel Edgar ist ein knuffiger blauer Kühlschrank. Wir ändern die Reihenfolge: Cola, Chips, Schokolade und Liebe und wieder Schokolade und Chips, was nur in Maßen gesund ist, aber es lenkt ab. Die Zeit vergeht und wir schlafen schließlich ein.

In der Nacht erwache ich aus einem unruhigen Schlaf und höre ein Geräusch. Ich frage mich, ob der Krach da draußen von Rehen oder Wildschweinen stammt, die sich an der Hütte zu schaffen machen. Oder ist es jemand, der mit seinem Hund Gassi geht? Wo ist Sarahs Uhr? Ich schalte das Handy ein: halb zwei Uhr nachts. Sarah schnarcht. Das Fenster ist auf Kipp und ich ziehe mir Unterhose und T-Shirt an.

Wieder ein Geräusch. Die Wildschweine scheinen um die Hütte zu laufen. Aber ich sehe draußen keine, gehe in die Küche und lege das Handy auf den Tisch. Ich will gar nicht wissen, was auf unserem Kanal los ist – was über uns geschrieben wird. Stattdessen wandere ich Richtung Toilette und klappe den Klodeckel hoch.

Durch das winzige offene Fenster höre ich Zweige knacken. Das sind keine Wildschweine. Das sind Schritte. Ich schaue aus dem Fenster. Niemand da. Ich überlege, ob ich außer der Klobürste noch etwas finde, mit dem ich einen Einbrecher beeindrucken könnte.

Dann gehe ich in die Küche. In einer Schublade ist ein langes Messer. Und eine Pfanne hängt am Herd. Ich nehme beides. So stehe ich wie ein Ritter mit Schwert und Schild in Onkel Edgars Hütte, bereit, Sarah und mich zu verteidigen. Ich erwarte den möglichen Einbrecher. Die Frage ist: Was will er überhaupt hier klauen? Es gibt nichts zu klauen. Ich sehe einen Schatten vor dem Fenster. Wenn ich die Polizei rufe, brauchen die garantiert eine Viertelstunde, ehe sie hier sind. Dann ist längst alles vorbei. Gut, dass das Fenster zu ist. Der Kerl hält etwas unter dem Arm. Mit der anderen Hand zückt er sein Handy. Das fahle Licht des Displays fällt auf sein Gesicht.

Mein Handy summt sofort auf dem Küchentisch.

Komm raus!, steht da. *Komm schon!*

Der Mann tritt näher ans Fenster, näher auf mich zu. Ich fühle mich ihm ausgeliefert. So dicht steht er vor mir. Nur die Scheibe ist zwischen uns. Nur dieses Glas. Was trägt er im Arm? Er hebt es hoch, hoch über den Kopf und wirft es mir mit aller Kraft entgegen.

Die Scheibe zersplittert, etwas klatscht gegen meinen Brustkorb, ich fange es auf, halte es fest, ganz fest, als würde ich meine Seele umklammern. Ich weiß nicht, was los ist. Sehe die zerbrochene Scheibe, aber spüre keinen Schmerz. Und der Kerl geht, als sei er ein Geist in einem Traum gewesen. Ein Traum? Das hier ist kein Traum! Dieses Etwas in meinem Arm ist glitschig und behaart. Ich lasse es fallen und schreie. Das Licht geht an. Sarahs Stimme ist da. Jetzt ist sie neben mir. Ich schaue nach unten: Mascha!

Sie liegt vor mir. Sie ist tot.

Ich sehe Sarah. Ihre Augen sind groß und aus ihrem Mund kommt kein Ton.

Dann fragt sie: »Was ist passiert?«

Ich weiß nicht, was ich sage, ob ich überhaupt etwas sage. »Du bist voller Blut«, höre ich Sarah. »Das ist ja Mascha ...« Ich schaue an mir herunter. Blut. Maschas Fell ist getigert, aber überall ist Rot. Alles rot. Ich zerre das T-Shirt über den Kopf und werfe es so weit wie möglich von mir weg.

Donnerstag, 2. August
Berlin, Joachimsthaler Straße

1990 hat sich Jonathan diese Wohnung gekauft: zwei Zimmer, Küche, Diele, Bad, kein Balkon, aber eine Badewanne. In der liegt er nun, döst und denkt nach. Der Wert der 74 Quadratmeter hat sich mehr als verdreifacht, obwohl die Joachimsthaler Straße laut und hässlich ist. Dieser Betonklotz entspringt noch einer grauen Zeit ohne *Spotify*, ohne *Alexa* und ohne das *Vapiano* gegenüber. Nicht nur der Osten war grau, auch hier im Westen war es trist.

Jedes Jahr hat die Stadt seit der Vereinigung gefühlt zwei Jahre erlebt, alles geht in Berlin doppelt so schnell, in jede Stunde werden zwei gesteckt. Berlin hat ADHS und rennt sinnlos auf der Stelle, Mieten steigen in die Höhe, Ministerien und ihre Mitarbeiter suchen Raum, doch Künstler und Araber wollen auch ein Stück vom Kuchen. Der Kopf von Berlin ist schnell gewachsen, aber das Rückgrat ist zurückgeblieben. Jonathan mag das. Er muss an die Katze denken, an den Schnitt mit dem Messer und an das Blut.

Jonathan liegt wie ein U-Boot in der Badewanne. Es ist fast sechs Uhr und er fühlt sich müde und wach zugleich. Heute Nacht ist ihm die Lage seiner Wohnung sehr zugutegekommen, denn sie ist nur zwei Blocks von der Fasanenstraße entfernt – da, wo die gute Gegend ist. Jonathan konnte gestern einfach über den Ku'damm hinüber zur Wohnung von Phoenix schlendern. Es war ein angenehmer nächtlicher Spaziergang.

»Die Zanders waren nicht da«, singt Jonathan in der Wanne. »Nur die Mascha war allein zu Haus und aus.«

Er taucht unter die Schaumdecke, hält die Luft an und betrachtet die Seifenbläschen von unten. Ein Engländer mit Schnauzbart in einer Badewanne. Eben hat er Phoenix noch einmal aufs Handy geschrieben, dass er die Klappe halten soll, sonst würde er der Katze folgen. Das Katzenblut hat sich Jonathan schon am Müggelsee von den Händen gewaschen, aber die Bilder in seinem Kopf zerplatzen erst jetzt wie die Schaumblasen über ihm.

Jonathan taucht auf. Seine Glieder fühlen sich bleiern an.

Endlich hat er die richtige Schwere für den Schlaf. Er lehnt seinen Kopf an den Wannenrand und denkt an die Wohnung von Phoenix – eine typische Studentenbude, aber ohne die üblichen Poster. Jonathan hat den Stick gesucht – vergeblich. Selbst den Sand im Katzenklo hat er mit seinen Gummihandschuhen danach durchkämmt. Und er war überrascht gewesen: Denn der Katzensand war sauber wie sonst nur der Sand auf den Seychellen. Es gab keine Katze in der Wohnung. Somit brach Jonathan in die Nachbarwohnung ein, in der Phoenix' Eltern leben, und nahm Mascha mit, die in seinem Arm schnurrte. Jonathan liebt Tiere. Für ihn ist es wider die Natur, eine Katze in einer Wohnung einzusperren. Irgendjemand musste sie freilassen.

Jonathan atmet den heißen Dampf ein. Wie einfach es war,

Phoenix' Handy zu tracken. Früher waren Nerds wie Jonathan Loser, jetzt sind alle Loser, die keine Nerds sind. Das Handy hat ihn zum Handy von Sarah geführt und das Handy von Sarah zu jener Hütte im Wald am Müggelsee.

Den Nacken auf den Wannenrand gestützt schaut Jonathan auf das Shampoo: *Head & Shoulders*. Die Flasche ist aus Phoenix' Badezimmer. Genau wie die Packung Aspirin und das Glätteisen. Jonathan liebt es, Dinge mitzunehmen. Die Spurensicherung der Kripo wird jetzt – es ist 5.56 Uhr – in Phoenix' Wohnung sein. Sie werden nichts finden. Jonathan hatte sich die Plastiküberzieher über seine schwarzen Schuhe gestreift und mit Handschuhen gearbeitet. Wie sollte die Polizei wissen, dass das Shampoo im Bad fehlen könnte? Oder der Toner im Drucker? Es verunsichert Jonathans Opfer, wenn es sich später erinnert, dass es doch das Shampoo gerade erst gekauft hat, aber es nicht mehr im Bad steht. Es gibt eine Regel: Entwende nur Kleinigkeiten aus der Wohnung des Opfers. Er hat noch Socken von Phoenix und Kondome mitgehen lassen. Die Milch aus dem Kühlschrank hat er direkt aus der Flasche getrunken. Die Polizei wird niemals auf die Idee kommen, dass an der Flasche Jonathans DNA sein könnte.

Er schiebt seine Zehen durch die Schaumkrone und spielt mit ihnen. Jetzt hat er einen Einfall. Er steigt aus der Wanne. Ganz gegen seine Gewohnheit trocknet er sich überhastet ab und sitzt kurz darauf am Laptop.

Er redet mit Galina. Sie ist trotz der morgendlichen Stunde nicht genervt, denn Jonathans Idee ist ungewöhnlich gut. Sie gibt ihm eine Adresse in Estland und er sendet die Fotos von der toten Mascha direkt dorthin.

Donnerstag, 2. August, Frühschicht
Narva, Agentur Tere Päevast

Leonid steht an Karinas Pult und schaut durch die Glasscheibe in den Großraum. Am liebsten würde er sich selbst um Phoenix kümmern. Doch er ist nun Abteilungsleiter, Karinas Stellvertreter. Und Abteilungsleiter kümmern sich nur darum, dass Trolle wie Michail vernünftig arbeiten. Sie kümmern sich nicht mehr um die tägliche Routine.

Der Engländer hat vier Fotos von Phoenix' toter Katze geschickt. Leonid hat Michails Monitor auf seinen Monitor gespiegelt. Der ist unter seinem Pseudonym *Mr. Bittersweet* unterwegs. Gerade postet er über Phoenix' Instagram-Account ein Katzenfoto und platziert ein vierminütiges lustiges Katzenvideo auf YouTube, in dem überraschend Aufnahmen der toten Mascha auftauchen. Michail stellt als *Mr. Bittersweet* noch die vier Fotos und das Video über eine französische IP-Adresse auf Facebook. Bald schon ist das Katzenvideo 1 253 Mal geteilt. Diese Zahl wird in den kommenden Stunden noch explodieren, schließlich ist es in Deutschland erst 7.45 Uhr. Wenn du Geld teilst, wird es nicht mehr, aber wenn du Gedanken, Fotos und Fakes teilst, vermehren sie sich wie Silberfischchen.

Leonid schickt Michail eine Nachricht: *Komm bitte zu mir ins Büro. Sofort.*

Kurz darauf tritt dieser ein – ohne zu klopfen.

»Was ist los, Boss?«

Das Wort »Boss« kommt voller Ironie über seine Lippen.

»Geh wieder raus«, befiehlt ihm Leonid.

»Wieso?«

»Geh raus und klopf an.« Leonid ist sauer. Was bildet sich Michail eigentlich ein, so einfach in sein Büro zu platzen?

Nun hört er es klopfen. Leonid sagt höflich: »Herein.«

Michail tritt ein.

»Gut so«, meint Leonid. »Setz dich. Es gefällt mir, was du tust. Durch deine Platzierung des Fotos auf Phoenix' Instagram-Account erfahren die Leute mehr über ihn: dass er eine Katze hatte, dass sie Mascha hieß und dass er die tote Katze auf Social Media gepostet hat. Ganz Deutschland wird sich darüber aufregen.«

»Das war doch alles deine Idee, Leonid.«

»Deshalb gefällt sie mir besonders gut.« Auch Leonid kann Ironie. »Jedenfalls müssen wir tiefer in Phoenix' Privatleben eindringen. Wir müssen ihn in seinem inneren Kern treffen und ihn verunsichern.«

»Hast du einen Vorschlag?«, fragt Michail.

»Das ist dein Job«, sagt Leonid. »Ich kann dir höchstens auf die Sprünge helfen.« Leonid schaut auf seinen Bildschirm, während er mit Michail redet. Er will ihm nicht in die Augen schauen. »Gut wäre es, wenn es eine Verbindung von Phoenix zu Tallak gäbe. Ich stelle mir gerade die Schlagzeile vor: *YouTuber PhoenixZ arbeitet mit arabischem Entführer zusammen.* Stell dir das mal vor.«

Michail findet Leonids Vorschlag brillant und hört aufmerksam zu, wie dieser nun fortfährt: »Phoenix hat doch Tallak schon getroffen, ihn interviewt. Wir müssen die Leute dazu bringen zu glauben, dass er Tallak bereits davor kannte. Dass er ein Komplize des Syrers ist. Denk in diese Richtung, Michail.«

»Das ist gut, richtig gut.«

Leonid bleibt äußerlich kühl, aber er freut sich. Diesem feisten Studenten hat er es gezeigt.

Dann treibt Michail den Gedanken weiter voran: »Was wäre denn, wenn wir erst einmal diesen Freund von Phoenix ins Visier nehmen, diesen Khalil al Haddad? Wenn wir behaupten, dass er die Kinder weitervermittelt? Er ist Araber. Ein Muslim wie er könnte doch in Verbindung mit Tallak stehen. Wir nehmen uns also erst Khalil vor und zerfleischen dann morgen oder übermorgen genüsslich Phoenix. So verschießen wir nicht gleich unser Pulver und heben die ganze Bande aus. Diese Sarah nimmt sowieso niemand ernst. Aber Khalil ist die ideale Zielscheibe für Hass. Da passt alles zusammen.«

Leonid würde gerne etwas dagegensetzen, aber Michail hat recht.

»Lass mich mal machen«, sagt Michail selbstbewusst und verlässt das Büro.

Zurück lässt er einen unzufriedenen Leonid am Stehpult. Der ärgert sich darüber, dass es ihm nicht gelingt, Michail fertigzumachen. Dabei sähe er es so gerne.

Donnerstag, 2. August
Berlin, Charlottenburg, Phoenix' Wohnung

Die Spurensicherung hat Stunden gebraucht, um die Wohnung meiner Eltern und meine eigene kriminaltechnisch zu untersuchen. Dann wollte die Kommissarin noch jede winzige Kleinigkeit von mir und Sarah wissen. Um halb zwölf – als die Polizei endlich fertig war – hat meine Mutter unser Bett frisch bezogen. Eigentlich wollte sie nicht, dass Sarah und ich heute hier schlafen. Aber ich werde mich nicht einschüchtern lassen, ich werde mich nicht aus meiner eigenen Wohnung vertreiben lassen. Das ist das Einzige, das ich sicher weiß.

Auf Bitten meines Vaters war zunächst keine Polizeimeldung herausgegeben worden, erst als um acht Uhr heute früh Fotos von Maschas Leiche im Netz auftauchten, hat sich die Situation geändert. Dieser Katzenmörder muss noch einmal nach uns in der Hütte am Müggelsee gewesen sein. Sarah hatte mich nach dem Vorfall ins Auto verfrachtet und war mit dem Volvo durch die Nacht gerast – direkt der Polizei entgegen. Mascha hatten wir in der Hütte liegen lassen. Der Katzenmörder muss sie dort tot auf dem Boden liegend fotografiert haben. Was für ein perverses Schwein!

Jetzt ist es 15.34 Uhr. Sarah schläft und ich schaue auf YouTube, was meine Kollegen sagen: *LeFloid, Rezo, Unge, Gronkh, Montana Black, Julian Bam* – sie haben alle Mitleid mit uns. Nur *LirumLarumWarum* nicht! Er ist und bleibt ein Provokateur mit 1,4 Millionen Followern. Ich soll mich nicht wegen der toten »Mauzi so anpissen«, sagt er. Ob ich selbst auch eine Pussy sei. Woraufhin er ebenfalls einen Shitstorm erntet. Es gibt auch kranke Nazi-Kommentare in den sozialen Medien: *Dein Schädel soll geschoren und kalt serviert werden, du Kanakenfreund. PhoenixZ klingt selbst wie ein Kanake. Scheiß-USA-Name. Welcher Deutsche heißt schon Phoenix? Du bist es nicht wert, deutsche Luft zu atmen, vergasen sollten wir dich. Ich hab noch was Zyklon B im Keller ...* und so weiter. Ich will das nicht lesen und lese es trotzdem.

Sarah hat mich heute Nacht in der Dusche auf der Polizeiwache abgeschrubbt. Maschas Blut war durch das T-Shirt gedrungen. Ich hatte die Augen vor Ekel geschlossen und wollte meinen Körper nicht sehen, auf dem Maschas Blut klebte. Mir wird jetzt noch übel bei dem Gedanken daran.

Die Kommissarin glaubt, dass der Angriff von einer rechten Terrorgruppe komme. Wir bezweifeln das, aber sie ist davon überzeugt. Ich versuche, mich an den Namen der Kommissarin zu erinnern ...

Sarahs Füße schauen unter der Bettdecke hervor. Sie hat sich die Zehennägel in Lila, Grün, Gelb, Orange und Rot lackiert. Auf jeder Seite jede Zehsorte in der gleichen Farbe, dicker Zeh in Rot, kleiner Zeh in Lila. Wir haben gestern Abend in der Hütte schon darüber gelacht, denn es sieht abgedreht aus – so richtig LGBTQ-mäßig. Genau wie mein Regenbogenarmband. Irgendwie passen wir hier und jetzt in diesem Moment tausend Prozent zusammen. Sie hat mir dieses Armband gekauft, als wir vor einem Jahr an der Ostsee zum Segeln gewesen sind. Ich liebe Segeln. Es ist die schönste Art, sich fortzubewegen. Und irgendwie bereue ich es gerade jetzt, dass ich nicht mit ihr nach Korsika gefahren bin.

Sarah schlägt die Augen auf, überlegt einen Moment und sagt dann sanft: »Komm.«

Ich lege mich also wieder ganz nah zu ihr, sie küsst mich und wir wollen uns gerade lieben, doch da klingelt es. Unten vorm Haus steht ein Polizist, der eigentlich niemanden durchlassen soll. Warum ist also jemand an der Tür?

Ich zieh mir was über. Von nun an werde ich nicht mehr nackt irgendwohin gehen. Ich sage in die Sprechanlage: »Hallo?«

»Mach bitte auf. Ich bin's.«

Ich zögere.

»Erinnerst du dich nicht an meine Stimme?«

»Nein«, antworte ich.

»Wer ist denn da?«, ruft Sarah.

Die Stimme in der Gegensprechanlage sagt endlich ihren Namen: »Mara Zymbrowski.«

Sarah geht nackt an mir vorbei und meint: »Klingt hübsch, deine Mara.«

Ich bin verwirrt. Hat Sarah das wirklich gesagt? Ich sehe ihren Po im Badezimmer verschwinden.

»Machst du jetzt auf oder nicht?«, fragt Mara.

Ich drücke auf.

»Was will denn Mara?«, ruft Sarah durch die Badezimmertür.

»Ist eine Kollegin von der Zeitung. Ich weiß nicht, wie sie es geschafft hat, unten an der Polizei vorbeizukommen.«

»Bring mir bitte meinen Bademantel! Den hellblauen.«

Sie hat nicht nur einen blauen Bademantel, sie hat gleich zwei blaue, einer dunkler als der andere. Sarah mag Bademäntel. Andere lieben Schuhe oder Taschen, sie Bademäntel. Zum Rumgammeln.

Ich schiebe ihr den Mantel durch den Türspalt und bekomme noch einen Kuss. Dann geht die Dusche an und es klopft an der Wohnungstür.

Mara hat den langhaarigen Fotografen dabei.

»Hallo, Phoenix. Gut, dass dir nichts passiert ist.« Sie nimmt mich in den Arm, als würden wir uns seit dem Kindergarten kennen. »Was für Schweine! Ich hoffe, die Polizei erwischt die Täter bald.«

Die Täter? Wieso im Plural? Ich dachte, es war nur ein Täter.

»Wie geht es dir?«, fragt mich der Fotograf, der sich als Nick vorstellt. »Wir wollten sehen, ob du okay bist. Die Polizisten da draußen wollten uns zuerst nicht durchlassen. Aber Eymen hat dafür gesorgt.«

»Eymen? Was hat der damit zu tun?«

»Er ... ach egal. Lass uns loslegen.«

Sarah kommt aus dem Bad. Sie reicht unseren Besuchern die Hand. »Kollegen von dir?«

Ich sage Ja. Die drei stellen sich Hände drückend gegenseitig vor, alles bei uns im Flur. Mir ist die Situation unangenehm, denn Mara ist hübsch. Und Sarah sieht es und ist jetzt garantiert eifersüchtig.

»Kann ich ein Foto von dir schießen?«, fragt Nick.

Sarah ist erstaunt. »Von mir?«

»Du bist doch Phoenix' Freundin, oder?«

»Ja.«

»Warum also kein Foto? Ihr macht den Kanal *Uncover* gemeinsam. Du bist genauso wichtig wie er.«

»Stimmt«, sagt sie. »So habe ich das bisher noch nicht betrachtet. Ich sehe mich selbst in erster Linie als Studentin auf Lehramt.«

Nick will, dass wir die Fotos vor dem Laptop schießen. »Vielleicht mit der *Uncover*-Seite im Hintergrund.«

»Aber ich bin im Bademantel«, meint Sarah.

»Dann zieh dir was anderes an. Problem erledigt.«

So stehen wir also im Flur und Sarah zieht sich im Zimmer um. Das geht mir alles zu schnell. Ich weiß nicht, ob ich wirklich die Fotos machen möchte. Ob ich für so eine Art Homestory überhaupt bereit bin.

Mara will wissen, ob ich Angst vor den Nazis habe.

»Das sind keine Nazis. Das sind Typen, die mit russischen Trollen in Verbindung stehen. Die Russen hetzen im Netz, weil sie nicht wollen, dass wir die Dokumente auf *Uncover* veröffentlichen. Die wollen davon ablenken und uns einschüchtern.«

»Die Polizei geht aber von Nazis aus.«

»Es gibt nur eine Gemeinsamkeit von Nazis und russischen Trollen. Sie haben beide das gleiche Ziel: Sie wollen die EU zerschlagen. Daher werden die rechten Parteien von den Russen unterstützt.«

»Okay, Phoenix. Aber nehmen wir mal an, es sind Nazis. Hast du Angst vor rechtem Terror?«

»Na klar. Die haben schon Leute umgebracht, sogar Politiker. Ich habe keine Lust, auf einer dieser Todeslisten zu stehen.«

»Das tust du vielleicht schon und weißt es noch gar nicht«, sagt Mara.

»Wie?«

Sie zeigt mir auf dem Handy eine Seite mit meinem Namen. Mir ist augenblicklich schlecht. »Seit wann ist mein Name darauf?«

»Vermutlich noch nicht allzu lange. Aber das spielt auch keine Rolle«, sagt sie.

Ich spüre den Schweiß auf meiner Stirn, auf meinem Nacken. Denn ich habe eine Scheißangst. Diese Nazis haben schon ganz andere Leute als mich umgebracht. Ich weiß nicht, was ich sagen soll.

Sarah tritt aus dem Zimmer und Nick wechselt das Objektiv.

Sie sieht hübsch aus, hat sich fürs Foto das kurze blaue Kleid mit den Spaghettiträgern angezogen, das noch in meinem Schrank hing, und den kleinen Pickel auf ihrer Wange überpinselt. Wo hat sie die Schminke her? Ich dachte, die liegt im Bad. Und sie hat sich die Haare zu einem Dutt hochgesteckt.

Ich stehe auf einer Todesliste. Es gibt mehrere solcher Listen im Netz. Ich habe davon gelesen. Sarah scheint meine Verzweiflung nicht zu bemerken. Sie ist zu sehr mit ihrem Auftritt beschäftigt. Nick meint, dass sie offensichtlich bereit sei, und fragt, wie es mit mir stehe. Ich würde lieber über die Todesliste reden. Das zerreißt mir nämlich gerade die Brust. Was soll ich machen?

»Was ist? Bist du bereit?«, fragt Nick erneut.

Er wartet meine Antwortet nicht ab, lächelt vielmehr Sarah an. Dieser Nick ist attraktiv. Ich gehe wie ferngesteuert ins Zimmer und in meinem Kopf laufen die Gedanken Amok. Unser Bett ist noch zerwühlt. Nick stellt seine Fototasche daneben und wir setzen uns an den Rechner. Sarah auf meinen Bürostuhl, ich auf den Hocker.

»Wie ist es denn jetzt, wo du nicht mehr Beobachter bist, sondern beobachtet wirst?«, fragt mich Mara. »Ich kann mir das gar nicht vorstellen.«

»Das mit der Todesliste hat mich gerade schockiert«, sage ich.

»Das glaube ich.«

Sarah ist ebenfalls schockiert.

Doch Nick meint, dass es zig solcher Listen gebe. »Wenn die auf den Todeslisten alle umgebracht würden, dann hätten wir bald keine Leser mehr.«

Obwohl es blöd klingt, beruhigen mich seine Worte zumindest ein wenig.

Nick fotografiert Sarah und mich.

Mara fragt nur mich: »Hattest du heute Nacht Angst? Kannst du beschreiben, was genau passiert ist? Wie ist es, im Rampenlicht zu stehen? Und wirst du dich von diesen Drohungen einschüchtern lassen, Phoenix?«

Sie schreibt jedes Wort von mir mit. Es ist wichtig, was ich sage. Ich merke, wie ich mich selbst wichtig nehme. Nick will, dass Sarah meine Hand hält. Wir sollen so tun, als seien wir fest entschlossen.

»Das sind wir auch«, sagt Sarah. »Wir müssen nicht so tun.«

Es blitzt. Ich habe genau in den Blitz geschaut und sehe

Mascha. Es ist heiß, es ist wieder Nacht. Ich höre Sarah zu. Sie erzählt, wie sehr ich an Mascha gehangen habe. Ab und an sei die Katze auch bei uns in der Wohnung gewesen, nur noch selten in letzter Zeit. Aber es gebe noch ein Katzenklo auf der Toilette. Mascha sei so ein ruhiges Tier gewesen. Es sei traumatisch für mich.

»Nun noch einmal kurz zu den Informationen auf dem Stick«, wechselt Mara das Thema. Ihre Stimme wird sachlicher. Sie fragt Sarah, ob sie das mit dem Handy mitfilmen dürfe. »Ist nur für online.«

Ich schalte mich ein und entgegne: »Kein Film. Das landet sonst auf YouTube. Wir werden nichts dazu sagen. Morgen werden wir ein weiteres Video hochladen. Dann wird es alle Details geben. Alle Dokumente werden darin öffentlich.«

»Trotz der Todesdrohungen?«

»Wir lassen uns nicht einschüchtern. Das steht fest.« In mir gärt eine Wut gegen Mara. Sie hat gerade versucht, uns zu überrumpeln.

»Wird das Video wieder online bei den *Berliner Nachrichten* und auf eurem YouTube-Kanal *Uncover* veröffentlicht?«

Ich nicke. Sarah stimmt mir zu.

Mara fragt, woher wir den Stick haben. Wer unsere Quelle ist.

»Wirst du das schreiben, wenn ich es dir sage?«, fragt Sarah.

»Nein«, antwortet Mara ganz ernst. »Das werde ich nicht schreiben.«

»Weil ich es dir nicht verrate, denn die Quelle ist vertraulich.«

Das hat gesessen.

»Okay«, sagt Nick, steht auf und erklärt seine Fotos für »gut, alles gut«.

Aber Mara gibt nicht so leicht auf. Sie ist hartnäckiger, als ich gedacht habe. Und schreibt mir ihre Handynummer auf ihren Notizblock und reißt das Blatt ab. »Falls du mir noch etwas zu dem Stick erzählen willst.«

Ich sage nichts und schaue nur auf den Zettel in meiner Hand.

»Die Nummer kannst sogar du dir merken«, erklärt Sarah spitz. Sie ist genervt von Maras Aufdringlichkeit. Tatsächlich ist die Nummer einfach, denn nach der Vorwahl 0172 sind die folgenden Zahlen bis auf eine fast identisch mit meinem Geburtsdatum.

Wenige Augenblicke später sind ihre Stimmen nur noch im Treppenhaus zu hören.

Kaum ist die Tür zu, will Sarah wissen: »Woher kennst du diese Mara?«

»Ich habe dir doch von ihr erzählt«, lüge ich. Ich hätte nie damit gerechnet, dass Sarah und Mara aufeinandertreffen. Ich habe mal gelesen, dass es zwei Typen von Eifersüchtigen gibt. Jene, die eifersüchtig sind, weil es einen Grund gibt. Und jene, die permanent eifersüchtig sind, weil es einen Grund geben könnte. Zu welcher Kategorie Sarah und ich gehören? Ich weiß es nicht.

»Es schmeichelt dir, dass sie dich interviewt.«

Ich nicke. Es wäre dumm, das abzustreiten. Dann werfe ich den Zettel mit der Nummer in den Papierkorb.

»Und gemerkt?«, sagt sie.

»Ich ...«

»Ach, vergiss es«, winkt Sarah ab und fragt mich, wo ihr Glätteisen sei.

»Im Bad. Wo sonst?« Wie kommt sie jetzt auf das Glätteisen?

»Da ist es nicht«, sagt sie.

»Es muss da sein.«

»Hab ich auch gedacht«, erwidert Sarah. »Ich habe mich eben schon gewundert, warum nur noch ein Kondom in der Schachtel gewesen ist. Und jetzt fehlt das Glätteisen.«

»Glaubst du etwa, Mara hat dein Glätteisen und die Kondome geklaut?«

»Deine Mara hat zu schönes glattes Haar. Die braucht höchstens die Kondome.« Sarah setzt sich aufs Bett. »Also, wo sind die Sachen hin?«

»Ich weiß es nicht«, sage ich. »War die Kondompackung denn vorher voll?«

»Tu nicht so, als ob du es nicht wüsstest.«

»Ich kann mich nicht mehr erinnern.« Ich hocke mich neben sie. »Fehlt noch was?«

Sarah überlegt, dann geht sie ins Bad, während ich mich hinlege. Ich bin echt kaputt von dem ganzen Mist. Und jetzt auch noch der Streit mit Sarah.

»Wo ist der Sand aus der Katzentoilette?«, ruft Sarah.

»Wieso?«, rufe ich zurück.

»Weil hier kein Sand mehr im Katzenklo ist. Ich vermute, dass derjenige, der unsere Kondome gebrauchen konnte, auch noch Interesse an einem Glätteisen und Katzensand hatte.«

»Wer klaut Sand aus einem Katzenklo?«, frage ich und gehe zu Sarah. Tatsächlich fehlt der Sand. »Das ist krank.«

»Aber echt«, stimmt sie mir zu. »Ich glaube, wir sollten morgen kein Video auf YouTube hochladen. Solche Psychopathen sind sicherlich zu allem fähig.«

Ich nicke und küsse sie.

»Ich habe Angst«, sage ich.

»Ich auch«, erwidert sie.

Doch als wir zurück im Bett sind und nebeneinanderliegend an die Decke schauen, fällt mir ein Satz von Papa ein: »Wer sich den Mund verbieten lässt, hat schon verloren.« Sie schweigt. Ich füge hinzu: »Das ist es, was die wollen. Die wollen uns verunsichern. Das ist ihre Methode.«

»Es macht mir Angst«, wiederholt Sarah. »Ich komme nicht aus einer Journalistenfamilie, ich …«

»Was meinst du damit?«, frage ich.

»Ach nichts«, sagt sie und ich nehme sie in den Arm. Sie drückt mir einen Kuss auf die Wange, ich drehe mein Gesicht zu ihrem und wir küssen uns und haben Sex. Wieder schlafen wir ein, aber nicht für lange. Dieser Tag zieht sich wie drei Tage, ist wie ein halbes Leben und mehr, als so manch einer in einem Leben erlebt.

Papa ruft an und ist stinksauer. »Hast du mal ins Netz geschaut, Phoenix Zander?« Sarah schaut mich fragend an.

Ich flüstere »Mein Vater« und stemme mich in eine sitzende Position. »Ich habe bis gerade geschlafen, Papa.«

»*Abendspiegel online* hat eine Story über euch gebracht. Du verkündest darin, dass du morgen ein neues Video hochladen wirst.«

»Das stimmt. Auf *Uncover* und bei euch.«

»Und warum sagt mir mein eigener Sohn nichts davon? Warum steht das nicht in den *Berliner Nachrichten*?«

»Du hast mir beim letzten Mal ja auch nicht gesagt, dass du mein Video schon angekündigt hast.«

»Ist das jetzt die Rache oder was?«

»Nein, ich hab mich überrumpeln lassen. Und ich bin davon ausgegangen, dass du nichts dagegen hast. Schließlich macht der *Abendspiegel* so richtig Werbung für euch.«

»Das ist doch wohl ein Scherz! Da sind Nazis, die euch umbringen wollen. Das gestern Nacht war mir eine Lehre. Dir etwa nicht?« Papa macht eine Pause, aber ehe ich »Natürlich« sagen kann, schimpft er weiter: »Mama hatte recht. Von Anfang an. Du bist nicht irgendeine Geschichte für uns, sondern du bist unser Sohn. Mama und ich wollen nicht, dass du dich weiter in Gefahr bringst. Vor unserem Haus steht die Polizei und bewacht dich. Weil du in Gefahr bist. Die Sache droht aus dem Ruder zu laufen, verstehst du?«

Ich versuche, Papa den Wind aus den Segeln zu nehmen, und frage: »Hat die Polizei schon etwas über den Täter herausgefunden?«

»Nein ... aber hast du kapiert, was ich gerade gesagt habe?«

»Das habe ich, Papa.«

»Bist du heute Abend zu Hause?«

Ich sage, dass ich und Sarah schlafen wollen.

»Dann schlaf dich aus. Morgen gibt es eine Überraschung.«

»Was denn?«, will ich wissen.

»Lass dich überraschen. Morgen ist dein Geburtstag. Ich freue mich schon darauf.«

Einen solchen Satz habe ich noch nie von Papa gehört. Und während ich mit ihm telefoniere, grinst Sarah. Sie weiß, was die Überraschung ist. Ich lege auf, aber sie verrät es mir nicht.

Kurz darauf schauen wir eine Folge von *Lucifer*, doch sie schläft bei der Serie ein. Und ich liege da, hundemüde und aufgedreht wie ein Hamster auf Koks. Auf *Uncover* hat das Video von gestern 12,9 Millionen Klicks. Das sind Zahlen wie bei Kim Kardashian.

Wieder geht das Handy. Khalil ist am Boden zerstört, denn auf Facebook wird ein Foto geteilt, das ihn mit Amer Tallak zeigt. Und in der Bildbeschreibung wird behauptet, dass er und Tallak gemeinsam die Entführung von Alexander geplant hätten.

Ich bin sofort wieder auf hundertachtzig, aber ich versuche, leise zu reden, um Sarah nicht zu wecken. »Wer hat das gepostet?«

»Es kommt aus Estland. Das ist eine ganz schlechte Fotomontage. Aber die Leute glauben es.«

Ich weiß nicht, was wir tun sollen. Die Welt im Netz kann sich von einer auf die andere Sekunde so schnell drehen wie der Planet nicht in Tagen. Khalil hat Facebook sofort den Fake gemeldet. Doch das Foto ist bereits überall unterwegs.

Donnerstag, 2. August
Narva, Agentur Tere Päevast

Leonid erträgt den Arbeitseifer von Michail nicht mehr. Gerade hat dieser ihm Fotos von Tallak und Khalil vorgelegt, wie die beiden in ein Gespräch vertieft über die Straße gehen, wie sie in Khalils Ford Fiesta sitzen – obwohl Khalil gar keinen Wagen hat – und wie sie sich umarmen. Es ist genial, was Michail mit Photoshop erstellt hat. Und er ist jetzt noch um kurz vor elf Uhr abends im Büro, obwohl er Frühdienst gehabt hat. Er macht einfach ohne Ende Überstunden. Leonid kocht vor Wut. Er will Michail den Job vermiesen und ihn nicht auch noch darin bestärken. Selbst die Pause hat Michail nicht wie üblich überzogen, sondern ist pünktlich nach einer halben Stunde zurückgekehrt.

Ehe Michail nun wieder seinen Arbeitsplatz erreicht, hat Leonid schon sein Stehpult verlassen, ist ihm in langen Schritten in den Großraum gefolgt und legt ihm die Hand von hinten auf die Schulter – ganz fest, als wolle er ihn zu Boden drücken.

Nadja schaut neugierig und frisch blondiert zu ihnen hinüber.

Michail dreht sich um und Leonid fährt ihn aggressiv an:

»Übrigens: Ich will jedes Telefonat von diesem Phoenix mithören, jedes. Und ich will jede Zeile, die er auf seinem verdammten Smartphone schreibt, lesen. Ich will wissen, wann er aufs Klo geht und wann er in den Volvo von seiner Freundin steigt. Und du wirst dafür sorgen, dass ich das weiß. Ist das klar?«

Michail sinkt auf seinen Bürostuhl. Augenblicklich ist sein Kopf rot wie Rote Beete im Glas. »Was ist los? Warum bist du plötzlich so aggressiv mir gegenüber?«

Was für eine mädchenhafte Frage ist das denn? Leonid würde am liebsten ausflippen. Dieser Michail ist ein feistes blondes Muttersöhnchen. Solche Fragen stellen in Leonids Augen nur Schwule, aber kein normaler Mann.

Michail sagt: »Ich habe schon Luda Malkow von der Abteilung Ga4 in Pitr Bescheid gegeben. Sie versucht, Phoenix' Handy zu hacken.«

»Wenn du mit mir redest, sagst du St. Petersburg und nicht Pitr. Ist das klar, Michail?«

»Was gibt es denn?«, unterbricht ihn eine sanfte Stimme.

Leonid dreht sich um. Hinter ihm steht Karina. »Was für eine Überraschung! Schön, dich zu sehen.« Er ist ehrlich froh, sie zu sehen.

»Gibt es Probleme?«, will sie wissen und nebenher fragt sie noch Nadja, ob diese nichts zu tun habe. Die sagt »Entschuldigung« und schaut wieder auf ihren Bildschirm.

»Also, Leonid. Gibt es Probleme?«

»Nur Korrekturen«, antwortet dieser.

»Die wären?«, erkundigt sich Karina.

»Ich möchte im Fall von PhoenixZ auf dem Laufenden bleiben. Aber Michail kommt nicht an die Handydaten.«

»Die Ga4 ist zu verständigen«, befiehlt Karina.

Michail erklärt: »Das habe ich schon getan. Doch das neue Handy von PhoenixZ scheint sicher zu sein.«

»Es gibt kein sicheres Handy«, sagt Karina. »Handys sind dazu da, dass man sich über die Person informieren kann. Apple und Google können das, also können wir es auch. Ich glaube, ich werde selbst mal bei der Abteilung anrufen.« Dann wendet sie sich Leonid zu: »Ich habe Neuigkeiten aus Berlin. Wir müssen reden.«

In Karinas Büro steht sie jetzt wieder an ihrem Stehpult und Leonid sitzt davor. Damit ist die Welt für Leonid wieder in Ordnung. Jeder ist zurück an seinem Platz. Sie lobt erst einmal seine Arbeit. PhoenixZ sei bald kein Problem mehr.

»Durch seine Ankündigung, dass er morgen sämtliche Dokumente offenlegen werde, bleibt uns keine andere Möglichkeit mehr.«

»Das heißt?«, hakt Leonid nach.

»Phoenix wird einen Unfall haben.«

»Erledigt das der Engländer?«, fragt Leonid.

Karina ist überrascht: »Woher kennst du ihn?«

»Ich habe nur gehört, dass der Engländer schon den Auftrag hatte, Phoenix einzuschüchtern.«

»Das ist ihm jedoch nicht gelungen. Aber dafür kann er nichts. Leute wie Phoenix sind nicht einzuschüchtern. Solche Leute sind zu dumm, denn nur Dummköpfe haben keine Angst.«

Leonid sitzt auf dem Stuhl, einem Soldaten gleich mit gestrecktem Kreuz, und bewundert Karina, die ihm mitteilt, dass sie nur auf die Meldung aus Deutschland warte, dass der Engländer seinen Auftrag erfüllt habe.

»Soll ich nachforschen?«, fragt Leonid und schaut auf sein Handy.

»Was tust du da?«

»Die deutschen Medien werden es sofort melden, falls Phoenix etwas zustößt.«

»Das wird erst morgen geschehen, wenn er und seine Freundin Sarah in den Volvo steigen, um das Geburtstagsgeschenk beim Vespa-Händler abzuholen.«

»Geschenk? Meinst du die Vespa?«, fragt Leonid, der das Telefonat zwischen Phoenix' Eltern über die morgige Überraschung ebenfalls abgehört hat. »Was für ein Unfall soll es denn sein?«

»Das überlassen wir dem Engländer.«

»Die Einschüchterung mit der Katze fand ich effektvoll.«

»Jedoch nicht effektiv. Der Major vertritt den Standpunkt: Nur der Erfolg gibt einem Menschen recht. Und der Engländer hat keinen Erfolg erzielt.«

»Ich habe übrigens dafür gesorgt, dass Khalil und Tallak miteinander in Verbindung gebracht werden.«

»Gibt es neue Erkenntnisse zum Stick?«

»Vermutlich hat ihn Khalil«, sagt Leonid. »Dieser dreckige Türke.«

»Araber«, verbessert ihn Karina.

»Alle sind Türken, bevor nichts anderes bewiesen wurde.«

Die beiden lachen kurz auf, schließlich mag fast jeder im Büro Türkenwitze.

»Um Mitternacht wird es übrigens einen Zwischenfall am Brandenburger Tor geben«, meint Karina. »Wir haben dafür einen Algerier beauftragt, der einen Demonstranten mit einem Messer bedrohen soll.«

»Sehr schön. Das wird den Topf zum Überlaufen bringen.«
»Leonid, ich denke, dass du die Treppe schon bald ein wenig höher steigen wirst.«
»Wenn ich dir dabei folgen darf?«
Karina schmunzelt. Sie zieht sich die Lippen rot nach. Leonid mag dieses dunkle Rot. Ein Rot wie das der traditionellen Röcke der Frauen von Kihnu. Auf der kleinen estnischen Insel tragen sie es stets, wenn sie glücklich sind – wie Karina es jetzt zu sein scheint.

Freitag, 3. August
Berlin, Joachimsthaler Straße

Schräg gegenüber von Phoenix' Wohnung steht seit gestern Sarahs Volvo. Und direkt vor dem Haus wartet ein Polizist. Obendrein fährt die Polizei im Abstand von wenigen Minuten in der Fasanenstraße Streife. Schließlich hat Phoenix eindeutige Todesdrohungen aus dem rechten Milieu erhalten. Selbst die Leute vom Werbefilm mussten ihre Produktion im Literaturhaus abbrechen.

Das alles weiß Jonathan ganz genau. Er sitzt in seiner Wohnung am Nierentischchen neben dem Fernseher und ist müde. Die ganze Nacht hat er an der Drohne gebastelt und an einem Plan, wie er Phoenix töten kann. Eine Autobombe wäre das Sicherste gewesen. Doch die Polizei würde ganz sicher aufmerksam auf ihn, falls er sich mit einem Paket Sprengstoff dem Volvo nähern würde.

Er schaut zum Fernseher. Auf CNN berichten sie von den Ausschreitungen am Brandenburger Tor. Es gab vier verletzte Demonstranten. Ein Algerier wurde verdächtigt und sofort festgenommen.

Nun steht die Drohne vor ihm auf dem Tisch und er vergewissert sich, ob der Sprengstoffzünder sicher angebracht ist. In zwanzig Minuten werden Sarah und Phoenix das Haus verlassen. Dann wollen sie zum Vespa-Händler nach Berlin Mitte, wo schon seine Eltern mit der Geburtstagsüberraschung warten.

Jonathan nimmt die 68 mal 68 Zentimeter große Drohne und geht mit ihr im Treppenhaus ein Stockwerk höher. Hier ist der Ausstieg zum Dach. Zu seinem Glück besitzt dieser Betonklotz ein Flachdach, das von der anderen Straßenseite aus schwer einsehbar ist. Es sind 28 Grad im Schatten. Er trägt einen blauen Hut mit Krempe und hat sich das Gesicht mit Sonnencreme eingerieben. Als Hauttyp 1 hat er mehr Angst vor Krebs als vor einer Bleikugel.

Jonathan drückt auf dem Tablet den Up-Schalter hoch und die Drohne erhebt sich langsam. Er hält sie im Schwebeflug, checkt die Kameras und die Motore, dann gibt er die Koordinaten ein: Fasanenstraße mit Hausnummer, Berlin und bei Höhe siebzig Meter. Die Drohne geht in Nickposition und fliegt Richtung Zielobjekt, während Jonathans Blick ihr über die Dächer folgt. Über der Fasanenstraße ist sie nun manuell im Schwebeflug und wartet. Er sieht dort unten den Polizisten vor dem Hauseingang.

Bald müssten Sarah und Phoenix aus dem Haus treten, über die Straße gehen und in den Volvo steigen. Grün ist der Wagen. Er steht unter den Bäumen. Jonathan überlegt, wie er gleich am besten die Drohne schwenken soll, um schnell dorthin zu gelangen. Da kommen die beiden schon Arm in Arm. Jonathan sieht einen Mann mit Fotoapparat. Der Polizist schreitet auf den Reporter zu, während Sarah und Phoenix den Volvo erreichen. Kaum dass sie im Auto sitzen, lenkt Jonathan vom Dach aus mit der Fernsteuerung die Drohne geschickt an den Baumkronen vorbei hinunter zum Volvo und direkt auf das Dach. Durch die Kamera erkennt er jetzt nur noch den grünen Lack des Wagens. Eine Sekunde später drückt er den Zünder und dann ist der Bildschirm auf dem Display der Fernsteuerung schwarz. Aus der Ferne hört er die Explosion. Das war's. Sein Job ist erledigt.

Freitag, 3. August
Berliner Charité, Einbettzimmer

»Es ist ein Wunder, dass ihr nicht tot seid«, sagt meine Mutter.

Ich fühle mich aber so – wie tot. Und das an meinem Geburtstag.

Ich hätte auch tot sein können. Eigentlich hätte ich nämlich heute früh im Wagen gesessen, aber Sarah ist gleich wieder ausgestiegen. Ich bin ihr wütend hinterhergestiefelt. Wir hatten uns über ihre Eltern gestritten. Ich sah noch ihr blaues Trägerkleid. Und dann war da die Detonation.

Es ist jetzt kurz vor eins und die Polizei weiß bislang nur wenig über das Attentat. Sicher ist: Auf dem Dach des Volvos ist Sprengstoff detoniert. Wie er dorthin gekommen ist, kann sich niemand erklären. Nun steht Mama an meinem Fußende, Papa daneben und Sarah sitzt direkt bei mir auf der Bettkante. Sie hat lediglich ein paar Kratzer abbekommen – genau wie ich. Glück im Unglück. Aber ich bin durch die Wucht der Explosion gegen den Zaun am Literaturhaus geschleudert worden und war ohnmächtig gewesen. Das Röntgenbild hat jedoch keine Verletzungen am Schädel gezeigt. Trotzdem pocht es in meinem Kopf.

»Niemand ahnt, dass ihr hier seid«, sagt Papa.

Sarah streichelt mir über die Wange wie einem Kind.

»Ihr haltet es für eine gute Idee, dass sie uns für tot erklärt haben?«, fragt Sarah.

»Für die beste überhaupt«, antwortet Papa. »Die Polizei ist auf unserer Seite. Sie wollen nicht, dass du« – er schaut mich an – »weiter in Gefahr schwebst. Es ist nicht schlecht, wenn du für ein paar Tage von der Bildfläche verschwindest.«

»Wir«, sage ich. »Nicht nur ich, Papa.«

»Ja, natürlich«, entgegnet er. »Das ist doch klar. Wenn ich von dir spreche, beziehe ich Sarah mit ein. Keiner glaubt, dass ihr diese gewaltige Explosion im Auto überlebt haben könntet.«

»Ich weiß nicht, Papa ...«

»Denk an das Bekennerschreiben. Macht einfach mit. Gebt der Polizei ein wenig Zeit.«

An die Echtheit des Bekennerschreibens glaube ich nicht. Es ist von der rechten Gruppierung *Marschmusik*. Papa hat eben schon davon erzählt. Sie seien bislang auf Kundgebungen mit faschistischen Parolen aufgefallen und haben vor zig Jahren Wehrsportübungen abgehalten. Seit 2013 gelten sie als aufgelöst.

»Versteht ihr nicht?«, hakt Mama nach. »Umbringen wollen die euch! Ich kann überhaupt nicht beschreiben, wie groß meine Angst ist. Du stehst auf der Todesliste der Nazis. Kapier das endlich! Die meinen es ernst!«

Sie setzt sich auch auf mein Bett und streicht mir nun von der anderen Seite übers Haar. Rechts Sarah, links Mama – beide tun so, als sei ich schwer verletzt.

Ich frage, wo Sarahs Eltern Georg und Marlene sind.

»Daheim«, sagt Sarah. »Ich will nicht, dass sie herkommen.«

»Streit?«

»Sie wissen, dass es mir gut geht und dass sie nicht mit den Nachbarn über mich reden sollen. Ich bin vorerst tot.«

»Habt ihr jetzt Streit oder nicht?«

»Seit die Eltern von Alexander im russischen Fernsehen um Hilfe gebeten haben, haben wir großen Streit.«

Ich verstehe die Welt nicht mehr.

»Ja, Phoenix«, sagt Sarah. »Die Schneiders haben dem russischen Fernsehen ein Interview gegeben, weil sie den deutschen Medien *nicht vertrauen*. Sie haben auf *Rossija 1* Komarow um Unterstützung gebeten.«

»Und deine Eltern finden das gut?«

»Dass Alexander verschwunden ist, stimmt ja auch. Und dass ihn niemand finden kann, stimmt ebenfalls.«

»Und was willst du mir damit sagen, Sarah? Dass deine Eltern recht haben? Und Komarow ist ein Magier, oder was?«

»Lass uns nicht mehr darüber reden«, bittet Sarah. »Papa glaubt, dass der Anschlag auf uns von Arabern verübt wurde.«

»Ich habe Kopfschmerzen«, sage ich. Denn nun verstehe ich gar nichts mehr.

Mama hört schlagartig mit dem Streicheln auf und fragt: »Schlimme?«

»Nein, nicht so wie bei dir, wenn du Migräne hast. Mir ist nicht schlecht oder so. Ich hab einfach nur Kopfschmerzen.«

»Wo genau?«

»Es drückt von innen gegen die Stirn.«

»Die Ärzte sollen dir ein Medikament geben«, sagt sie. Und nennt mehrere Medikamente, deren Namen ich sofort wieder vergesse.

Ich wiederhole, was ich schon weiß: »Gut. Ich fasse zusammen: Offiziell sind wir« – ich nehme Sarahs Hand – »tot. Und ihr« – ich schaue zu Mama und Papa – »denkt, dass es besser für uns ist, wenn wir für eine Weile tot bleiben.«

»Das könnte man so ausdrücken«, meint Papa.

»Wie gesagt, ich denke nicht, dass der Anschlag von *Marschmusik* verübt wurde«, wiederhole ich. »Ich würde an der Stelle der Polizei einer anderen Spur nachgehen.«

»Welche Spur meinst du?«

»Die von Karina Kusnezowa.« Ich schaue Sarah fragend an. Sie nickt mir zu. Deshalb fahre ich fort: »Wir glauben, dass Karina Kusnezowa in Narva – das liegt in Estland – in einer Agentur arbeitet. In Wirklichkeit ist es eine Trollfabrik, die im Dienste des Kremls steht.«

Mein Vater wundert sich und fragt: »Was soll denn der Kreml damit zu tun haben?«

»Kusnezowas Job ist es, die Medien in Deutschland gegen die Bundesregierung aufzuhetzen und gleichzeitig Komarow in den Himmel zu heben. Vermutlich wollen sie durch die Hetze gegen Tallak nur von unseren Enthüllungen in Bezug auf die russischen Machenschaften in Syrien ablenken. Und wahrscheinlich wurde in dieser Trollfabrik auch der Plan für unsere Ermordung geschmiedet. Das wäre logisch.«

»Aber auch ein bisschen an den Haaren herbeigezogen, oder?«

»Diese Kusnezowa hat immerhin das Video besorgt, das Tallak in der Nähe des Tatorts zeigt, und ihn so schwer belastet. Es gibt nur ein logisches Problem ... Zur gleichen Zeit, als sie das Video in Köpenick gekauft haben muss, war sie laut Flugdaten auf dem Weg von Narva nach Moskau.«

»Ein und dieselbe Frau?«, fragt Papa kritisch.

»Ja, ich weiß, das klingt unlogisch.«

Mein Vater schaut mich an, als würde ich ihm von einer bemannten Mission zur Venus erzählen, die für morgen geplant sei. Er stützt sich mit ausgestreckten Armen auf die Stange an meinem Bettende.

Ich sage: »Es gibt keine andere Erklärung. Stimmt's, Sarah?«

Sarah quält sich ein »Hmmmja« ab.

»Warum sagst du das so zögerlich?«, frage ich sie.

»Weil es nun das Bekennerschreiben von *Marschmusik* gibt. Das halte ich für wahrscheinlicher, als dass diese magische Schönheit Karina Kusnezowa aus Narva dahintersteckt.«

»Was soll das denn jetzt? Diese Kusnezowa ist in Berlin. Das weißt du doch.«

Sarah schüttelt den Kopf. »Seit gestern Abend nicht mehr. Sie hat einen Flieger nach Tallinn genommen.«

»Tallinn?«, erkundigt sich Papa, den das Hin und Her zu verwirren scheint.

»Wo liegt denn dieses Narva?«, will Mama wissen.

Sarah antwortet: »Narva ist der östlichste Zipfel von Estland, gleich an der Grenze zu Russland. Von dort sind es 140 Kilometer bis nach St. Petersburg.«

»In Narva gibt es die meisten HIV-Infizierten in der gesamten EU«, ergänzt Papa. Jetzt sind alle überrascht. »Wir hatten die Meldung kürzlich im Blatt.« Er lässt die Stange am

Bett wieder los. »Du bleibst jedenfalls besser hier liegen und hältst die Füße still. Versprichst du uns das?«

Mama stellt sich neben ihn. Die beiden erinnern mich an eine leitende Schwester und einen Chefarzt in einer Krankenhausserie – sie mit Playmobil-Frisur, er mit angegrautem Haar und dichten Augenbrauen.

»Versprichst du das?«, will sie mich festnageln.

Ich verspreche es.

Meine Eltern sind beruhigt und gehen. Sie wollen uns allein lassen. Sarah soll mir allein den Schlüssel für das Geschenk überreichen. Schlüssel? Kaum dass meine Eltern die Tür zugezogen haben, küsst mich Sarah und mit einem »Happy Birthday« zaubert sie einen Brief aus ihrer Handtasche. Dabei interessieren mich jetzt keine Geschenke.

»Das waren keine Nazis. Das waren Leute, die in Narva sitzen oder ...«

»Langsam glaube ich, du hast richtigen Russenhass«, unterbricht sie mich. »Es gibt Trollhäuser und es gibt diese Karina Kusnezowa. Ich habe die Dokumente selbst übersetzt. Doch Nazis gibt es auch. Und die haben sich dazu bekannt, dass sie uns beide töten wollten. Mir ist es scheißegal, *wer* mich umbringen will. Kapierst du das? Ich würde dieses Krankenhaus am liebsten gar nicht mehr verlassen. Ich habe schon Angst, wieder an die Uni zu gehen. Vielleicht sticht mich da irgendein kranker Idiot nieder. Du hast doch immer gesagt, dass wir niemals radikal denken dürfen, dass wir immer beide Seiten hören müssen. Wenn wir unsere Gegner verteufeln, können wir mit ihnen mit Worten keinen Frieden schließen, sondern müssen sie bekämpfen. Das hast du selbst gesagt. Bleib objektiv. Es gibt ein Bekennerschreiben.«

Sie ist sauer und lässt den Brief auf meine Bettdecke fallen. »Ich werde jetzt gehen«, sagt sie. »Wir haben uns schon viel zu oft gestritten in letzter Zeit.«

»Das ist doch nur, weil es dir peinlich ist, dass deine Eltern so faschomäßig drauf sind.«

»Du spinnst!«, schmettert sie zurück und hält die Türklinke in der Hand. »Du spinnst total! Meine Eltern sind meine Eltern. *Ich* muss am Ende mit ihnen zurechtkommen. Egal was sie sind, Faschos sind sie jedenfalls nicht.«

»Sie haben aber die gleichen Ansichten wie Faschos: Mögen keine Fremden, keine Nichtdeutschen, und sie haben Angst vor allem, was sie nicht kennen.«

»Das ist menschlich.«

»Aber nicht human.«

»Du hast recht. Das ist es nicht. Aber es sind meine Eltern.«

Jetzt sind alle weg. Ich öffne den Brief. Darin ist eine Karte mit lieben Zeilen zu meinem Geburtstag und drei Unterschriften: von Mama, Papa und Sarah. Dann sind da noch ein Schlüsselanhänger mit einer Vespa und ein Gutschein über zwei Helme. Oh Mann. Sarah hat sogar mich und sich auf einer Vespa sitzend auf die Karte gezeichnet. Ich könnte heulen und bin gleichzeitig voller Wut.

Ich schalte den Fernseher ein, um mich abzulenken. Der Ton ist extrem laut. Panisch suche ich nach dem Leise-Schalter. Die ARD zeigt eine spontane Demonstration gegen rechte Gewalt am Holocaust-Mahnmal in Berlin. Transparente werden geschwungen: »Aufstehen gegen Rechts!«, »Warum mussten Sarah und PhoenixZ sterben?« und »You-

Tuber tot, Deutschland in Not!«. Am Brandenburger Tor bildet sich ebenfalls ein Demonstrationszug. Der Kopf des kleinen Alexanders ist auf Papptafeln zu sehen sowie einige Russlandfahnen und sogar Transparente mit Komarow drauf. Die Menge skandiert: »Tut was! Sonst tun wir was!« Der Reporter erzählt, dass der vermeintliche Messer-Attentäter seine Tat leugnet. Er sei verwechselt worden.

Wo ist mein Handy? Mama muss es eben mitgenommen haben. Sie hatte es in der Hand. Was soll das? Ich greife nach dem Telefon, das schräg neben meinem Bett an der Wand hängt. Wie lautet Khalils Handynummer? Ob er weiß, dass ich lebe? Ob Sarah ihn erreicht hat, bevor diese ganze Charade ihren Lauf nahm? Ich wähle über die 0121 die Zentrale im Krankenhaus. Eine Frauenstimme bietet an, dass sie die Nummer von Khalil al Haddad für mich googeln kann. Doch sie findet nur einen Mohammed al Haddad.

Das ist sein Vater. Ich wähle die Nummer und an den Festnetzanschluss geht Khalils kleine Schwester Aida. Als ich ihr meinen Namen nenne, schreit sie laut auf. Dann höre ich, wie sich ihre Schreie entfernen. Kurz darauf spricht Khalils Vater ins Telefon – und schreit mich an, dass ich allen anderen Spinnern Bescheid geben soll, dass sie nicht mehr anrufen sollen.

»Stopp!«, sage ich. »Stopp. Ich bin's, Phoenix. Phoenix.«

Khalils Vater fragt: »Phoenix?«

»Ja.«

»Du bist doch tot.«

Ich begreife, warum Aida gerade so geschrien hat. Sie dachte, ich wäre ein Gespenst. »Ich muss Khalil sprechen.«

Sein Vater schimpft mit mir. Durch mich sei Khalil in diese

Situation geraten. Er gelte als Kindesentführer und könne überhaupt nicht mehr in seine Wohnung, weil dort die Journalisten lauern würden. Ich hätte seinen Sohn mit diesem Tallak in Verbindung gebracht. Doch ich bleibe ruhig und frage, wie es Khalil geht.

»Er ist in seinem Zimmer. Er ist krank.«

»Krank?«

»Im Herzen«, antwortet er.

»Papa?« Ich höre Khalils Stimme. »Ist das Phoenix?« Er nimmt den Hörer an sich.

»Khalil?«, frage ich.

»Du bist nicht tot?«

»Nein.«

»Du rufst an, um mir das zu sagen?«

Er klingt kalt, als hätten wir uns nie umarmt, nie miteinander gearbeitet, nie nächtelang gemeinsam an unseren Videos geschnitten und überlegt, wie wir welches Thema aufarbeiten können.

Eine Krankenschwester betritt das Zimmer. Sie meint leise: »Lassen Sie sich nicht stören.«

»Ich bin im Krankenhaus«, sage ich zu Khalil.

Die Krankenschwester hat etwas auf einen Zettel gekritzelt. Darauf steht: *Haben Sie noch Kopfschmerzen?*

Ich schüttele den Kopf. Dann hebt sie den Daumen.

»In welchem Krankenhaus liegst du?«

»Kann ich nicht sagen, nicht am Telefon.«

»Kein Schwein hört ein Krankenhaustelefon ab. Und das hier ist eine sichere Leitung.«

»Echt?«

»Ja, echt, du Idiot!«

Er lacht mich aus und mit einem Schlag ist das Eis zwischen uns wieder gebrochen. Khalil erzählt mir, dass es ohnehin nicht so einfach ist, ein Festnetztelefon abzuhören.

Ich unterbreche ihn und sage: »Wir müssen reden.«

»Was ist mit Sarah? Erzähl, wie geht es ihr?«

»Der geht es gut.«

»Und warum seid ihr im Krankenhaus?«

»Sarah ist nicht mehr hier, nur ich. Sie wollen nicht, dass ich das Krankenhaus verlasse. Aber ich muss hier weg, und zwar nach Narva. Ich muss der Sache auf den Grund gehen.«

»Das würde ich mir gut überlegen.«

»Diese Entscheidung hätte ich schon früher treffen sollen. Jetzt ist es höchste Zeit.«

»Okay. Okay. Ganz ruhig. Wir müssen das besprechen. Ich komme am besten zu dir«, sagt er entschlossen.

»Nein. Treffen wir uns lieber im *Eisbären* – in einer Dreiviertelstunde. Und zieh dir ein Käppi auf, damit dich niemand erkennt.«

»Darauf wäre ich schon selbst gekommen. Du kannst dir nicht vorstellen, was hier los ist. Wir sind jetzt bekannter als Helene Fischer.«

In der Schublade des Schränkchens neben dem Bett liegen mein Portemonnaie und Schlüssel. Jetzt muss ich nur noch das Krankenhaushemd loswerden, das mir gerade mal über den Po reicht. Aber im Schrank hängt nichts. Nicht einmal ein Bademantel. Vermutlich sind meine Klamotten beim Aufprall gegen den Zaun eingerissen. Ich schleiche mich also im Hemdchen auf den Flur. Besucher und Patienten sind unterwegs und ein Pfleger schiebt einen weißen Wagen. Keiner beachtet mich. Warum? Ständig werden Sarahs und mein Gesicht im Fernsehen eingeblendet. Doch niemand hindert mich, in den Fahrstuhl zu steigen. Ich bin allein in diesem riesigen Aufzug und betrachte mein Gesicht im Spiegel. Nur ein Kratzer auf der Stirn und einer am Kinn zeugen von dem Attentat. Wahrscheinlich erkennen mich die Menschen nicht, weil sie nicht damit rechnen, dass der tote Phoenix Zander einfach so im Hemdchen durch die Gegend läuft.

Unten in der Lobby ist es voll. Ich trete vorne durchs Glasportal aus dem Krankenhaus. Patienten stehen vor oder sitzen auf einer kleinen Mauer. Sie rauchen, einer hat einen Ständer mit einem intravenösen Schlauch und einer Flasche dabei. Eine gebrochene oder zumindest operierte Nase schaut mich eindringlich an. Ich glaube, der Typ überlegt gerade, ob er mich kennt. Er versucht, mich zuzuordnen.

Ich gehe runter in die U-Bahn-Station. Niemand beachtet mich sonderlich, obwohl ich in einem Krankenhaushemdchen unterwegs bin. Das ist das Gute an Berlin. Ein einzelner Spinner fällt gar nicht mehr auf. Zwei Jungen spielen im Zug Gitarre und singen laut auf Russisch. Ein Typ schnauzt sie an. Er ist wahrscheinlich der einzige Berliner im Waggon. Berliner sind ab dem vierzigsten Lebensjahr nur noch genervt. So ist ihre Natur.

Khalil wartet nicht im, sondern vor dem *Eisbären*. Er grinst mich unter dem Käppi munter an.

»Super Tarnung, Phoenix. Super.«

Dann nimmt er mich in den Arm und will mich gar nicht mehr loslassen. Er sagt mir ins Ohr: »Du Idiot! Beim nächsten Mal gibst du mir früher ein Lebenszeichen. Das war echt Scheiße.«

Ich gebe ihm recht und beobachte über seine Schulter die Leute um uns herum. Einige schauen verblüfft, was kein Wunder ist. Ein schlaksiger Käppi-Typ und ein Durchgeknallter im Nachthemd umarmen sich mitten am Tag vor einem Café. Aber es ist mir egal. Khalil ist mein Freund, vermutlich mein einziger wirklicher Freund.

Wir gehen weiter und er gibt mir ein Handy.

»Ist auf den Namen eines syrischen Flüchtlings registriert. Keiner wird auf die Idee kommen, dass du dieses Handy hast. Das wird niemand hacken, aber ich kann es von überall orten. So habe ich dich in Estland immer im Auge.«

Khalil fragt mich, ob ich eine Kreditkarte dabeihabe.

»Ich bin doch erst seit heute 18.«

»Sowieso besser, wenn ich die Tickets über mich kaufe. Das wirkt echt seltsam, wenn ein Toter einen Flug bucht. Hast du denn deinen Personalausweis?«

»Ja.«

Wir biegen auf dem Ku'damm in einen Klamottenladen und kleiden mich ein.

Jetzt laufen zwei Typen mit Käppi durch Berlin. Beide in Jeans, beide in T-Shirts. Meines ist weiß und darauf steht fett in schwarzer Schrift »schwarz«.

»Hast du die Adresse von der Trollfabrik in Narva?«

Khalil bejaht.

»Und ist diese Karina momentan da?«

»Vermutlich.«

»Dann sollten wir keine Zeit verlieren«, sage ich. »Karina ist die einzige Spur, die wir haben. Was hältst du von dem Bekennerschreiben von *Marschmusik*?«

Er winkt ab. »Falsche Fährte.«

Wir kaufen noch einen Koffer. Weil wir Idioten sind und nur eine Jeans, ein T-Shirt, eine Unterhose und ein Paar Socken für mich gekauft haben, müssen wir jetzt erneut in einen Klamottenladen. Und besorgen noch eine Jeans, mehrere Shirts und Unterwäsche für Estland. Schließlich könnte meine Mission dort ja einige Tage dauern. Ich bin froh, dass mir mein Patenonkel Mike ein Konto fürs Studium eingerichtet hat. Auf das kann ich jetzt zugreifen. Seit YouTube politische Beiträge kaum noch monetarisiert, ist nicht mehr so viel Geld für uns zu machen. Es reicht gerade für die Miete vom Studio. YouTube will keine Politik mehr. Wir haben deshalb auch schon mit einer Kochshow geliebäugelt, wie *LeFloid*, und wollten sie »Gerüchteküche« nennen.

»Und jetzt fahren wir zu mir«, sagt Khalil.

»Wieso?«

»Weil ich die Tickets lieber über eine verschlüsselte Leitung buchen möchte.«

Das ist ein schlagendes Argument. Den Koffer wie einen störrischen Hund hinter mir herziehend, steigen wir in die U-Bahn und an der Haltestelle in der Nähe des Studios wieder aus. Schon von Weitem sehen wir die Journalisten an der Reichenberger Straße. Sie lungern gegenüber von dem Haus, in dessen Hinterhof sich unser Studio befindet. Vermutlich ist es ihnen verboten, durch das Einfahrtstor zu gehen und direkt vor dem Studio zu warten – und die Bäume spenden dort Schatten. Eymens Mercedes ist ebenfalls am Start. Neben ihm sitzt ein junger Mann auf dem Beifahrersitz. Wahrscheinlich der nächste Praktikant, der eine Raucherlunge kriegt. Jetzt sehe ich auch Mara, die wie alle anderen glaubt, dass ich tot bin. Die Meute lauert auf Khalil.

»Und jetzt?«, fragt er.
»Wir müssen irgendwie von hinten ans Haus ran.«
»Unmöglich. Der Hof ist von einer Mauer umgeben, die mindestens drei Meter hoch ist.«
Ich überlege. »Du müsstest diese Frau« – ich zeige auf Mara – »anrufen.«
»Und wieso?«
»Tu es einfach. Sie heißt Mara Zymbrowski.« Und ich diktiere ihm ihre Nummer.
»Wo hast du die her? Lief da was zwischen euch?«
»Quatsch. Jetzt tipp schon.« Ihm fällt gar nicht auf, dass sie fast mit meinem Geburtsdatum identisch ist. Er ist leicht nervös.
Dann spricht Khalil mit Mara. Behauptet, ich hätte ihm gesagt, dass sie vertrauenswürdig sei. Er wolle sich mit ihr treffen und gegenüber der Presse auspacken. Mein Tod habe ihn aufgerüttelt. Es dauert genau zehn Sekunden, dann ist sie schon mit ihrem Fotografen Richtung Treffpunkt Gedächtniskirche unterwegs. Ein weiteres Telefonat und Eymen macht sich mit seinem neuen Beifahrer auf den Weg. Kurz darauf sind auch die übrigen Journalisten fort. Wir haben sie alle an verschiedene Orte beordert. Die Meute ist wieder geil auf exklusive Beute. Einzig ein Reporter der *Bild*-Zeitung und ein TV-Team bleiben hier.
»So ein Mist«, sagt Khalil. »Plan gescheitert.«
»Können wir das Ticket nicht übers Handy buchen?«, frage ich.
Er sieht mich genervt an. »Das hatten wir doch schon. Ich muss an den Rechner.«
»Gut«, meine ich und überlege.

Dann tun wir, was wir tun müssen. Als schwules Pärchen, unsere Käppis eng aneinandergeschmiegt wie Verliebte, nähern wir uns mit dem Rollkoffer dem Haus. Als gerade ein Laster kommt, huschen wir schnell in dessen Schatten in die Toreinfahrt.

Khalil geht aufs Studio zu, lässt das Rolltor hoch, schließt die Glastür auf und wir verschwinden im Studio. Hinter uns geht das Rolltor wieder herunter. Ich fühle mich plötzlich so sicher wie in einem Bunker.

Es dauert einige Minuten und zwei Teetassen, bis Khalil sagt: »Es gibt keinen Flug nach Narva. Der nächste Flughafen ist Tallinn. 210 Kilometer entfernt im Nordwesten von Estland. Der Flughafen in Narva ist nur noch für Sportmaschinen geeignet.«

»Dann halt Tallinn«, sage ich.

Aber der nächste Flieger geht erst morgen Vormittag.

»Das ist doch okay«, meint Khalil. »Du brauchst sowieso ein bisschen Ruhe. Sonst machst du noch schlapp. Erst heute früh wollten sie dich mit einer Bombe umbringen.«

Wir entscheiden, dass wir beide hier übernachten.

»Genug zu essen und Kaffee sind da. »Zur Not können wir die Stabheuschrecken grillen«, sagt er lachend und ich entgegne ihm: »Du bist doch Vegetarier.«

Trotz all dem Mist, der zurzeit in unser beider Leben so abgeht, und all der Journalisten, die da draußen auf uns lauern, fühlen wir uns genau jetzt frei und unbeschwert, lachen zusammen und in mir steigt ein Gefühl von Jugendherberge und Klassenfahrt auf.

Khalil schlägt vor, den Flug schon mal zu buchen. Ich nicke.

Während er seine Kreditkartendaten eingibt und mein Ticket bucht, sehe ich auf dem zweiten Computerbildschirm auf CNN einen Patienten der Charité, der behauptet, mich erkannt zu haben – im Krankenhaushemd. Es ist der Typ, der an der Mauer stand und mich so eindringlich angestarrt hat. Meine buschigen Augenbrauen seien ihm sofort aufgefallen. Ich sei über die Straße gerannt. Er redet und der CNN-Reporter lässt ihn reden.

Der Drucker druckt. Khalil drückt mir das Ticket in die Hand. Ich frage nach dem Rückflug.

Er entgegnet mir: »Wenn du einen brauchst, gibst du mir einfach Bescheid.«

»Willst wohl kein Geld rauswerfen.«

»Mach keine Scherze mit so was«, entgegnet er und stockt. Dann fragt er: »Was ist eigentlich mit deinen Eltern und Sarah? Die werden sich doch sicherlich Sorgen machen, dass du aus dem Krankenhaus abgehauen bist.«

»Ruf sie an, wenn ich weg bin. Das gibt sonst endlose Diskussionen. Und die können wir gerade nicht brauchen, wir brauchen Beweise ... Kann ich den haben?«

Ich deute auf einen Stick, der auf dem Mischpult liegt. Hübsch sieht er aus, wie ein Walfisch.

Khalil räumt den Stick leer. »Wenn du zurückkehrst, will ich, dass auf dem Stick die nötigen Beweise sind: dass es eine russische Trollfabrik auf EU-Boden gibt, die den Frieden in Deutschland gefährdet und unsere Namen in den Dreck zieht, um von den russischen Sauereien in Syrien abzulenken. Kriegst du das hin?«

Ich nehme den Stick. »Ich kriege das hin, aber nur, wenn du mir hilfst.«

»Ich werde die ganze Zeit bei dir sein.«

»Wie?«

»Du bist nur in Estland, nicht aus der Welt. Wir können telefonieren und chatten. Und ich habe dich über GPS ohnehin die ganze Zeit im Auge.«

»Okay. Das beruhigt mich.«

Tatsächlich ist mir ein bisschen mulmig bei dem Gedanken, dass ich in Narva auf mich allein gestellt sein werde. Ich bin weder ein Hacker noch ein Technikgenie wie Khalil.

»Aber du hast Instinkt und kannst viel besser mit Leuten umgehen als ich«, sagt er.

»Hast du gerade meine Gedanken gelesen?«

»Ich bin dein Freund und deine Gedanken waren dir wie auf die Stirn geschrieben. Ich muss dir noch was zeigen.«

Während ich den Stick wegstecke, öffnet er die Schublade des Tischs. Er holt ein durchsichtiges Kästchen hervor und stellt es auf das Mauspad. Es ist kaum größer als mein Daumen und darin liegen winzige Metallteile.

»Was ist das?«

»Wanzen. Ich habe durch Zufall eine in meiner Lampe gefunden und dann habe ich das ganze Studio mit dem Detektor durchforstet. Neun Stück haben sie angebracht. Sogar eine im Sitzkissen auf der Couch.«

»Sie?«

»Ja, jemand muss hier gewesen sein. Jetzt sind alle Wanzen vernichtet.«

Wir essen Reis und Gemüse, aber sehen dabei keine Nachrichten. Wir machen »Nachrichtendiät«.

»Sonst drehst du nur noch am Rad«, meint Khalil.

So ganz ohne Medien geht es bei uns allerdings nie. Also zocken wir anderthalb Stunden *GTA*, bis sich der Hunger meldet. Khalil findet ein Stück Möhrenkuchen im Kühlschrank. »Noch in Ordnung«, erklärt er und zündet eine Kerze an. »Dein offizieller Geburtstagskuchen.«

Er spielt mir auf der Gitarre *Happy Birthday* und singt sogar. Das ist mir ein bisschen peinlich.

»Du bist echt ein Idiot«, entgegne ich freundschaftlich, esse Möhrenkuchen und trinke grünen Tee. Irgendwie fühle ich mich an diesem unfassbar miesen Tag unfassbar gut. Es geht nichts über einen guten Freund.

Während wir jetzt also unseren Tee auf der Couch schlürfen, erkundige ich mich bei Khalil nach dem Stick mit den Dokumenten.

»Der ist nicht hier«, sagt er.

»Und wo ist er?«

»Willst du das jetzt wirklich wissen? Du hast heute Geburtstag.«

Also schauen wir zur Abwechslung auf dem Laptop gemütlich in die Kissen gefläzt Reaction-Videos auf YouTube – alte Dinger. *Tanzverbot* hat mehrere Regenbogengläser bei *McDonald's* im Fressmenü erhalten und hofft, dass er sie, weil sie limitiert sind, später mal teuer wie Bitcoins verkaufen kann. *Unge* reagiert darauf und macht sich über ihn lustig. *Tanzverbot* wettert zurück und regt sich über *Unges* Borniertheit auf, der wieder antwortet. Dann stellt *Tanzverbot* eins der Regenbogengläser auf eBay. Die Leute bieten mehr als 100 000 Euro pro *McDonald's*-Glas, aber dann wird die Auktion unerwartet von eBay wegen Hacks abgebrochen. *Tanzverbot* rastet aus, *Unge* reagiert und so weiter. Irgendwie ist es wie früher, wenn ich mit Kumpels in Köln *Unge* oder *Gronkh* geguckt habe, unbeschwert und einfach nur lustig. Ich weiß noch, wie super ich es damals fand, dass all diese YouTuber bei uns in der Stadt wohnten.

Einfach geil war das.

Freitag, 3. August
Polen, Słubice

Jonathan kann es nicht glauben: Phoenix lebt! Und ist in einem Krankenhaushemdchen spurlos verschwunden. Er weiß, dass die Hintermänner von Galina ein solches Versagen nicht dulden werden. Jonathan kann sich keinen Reim darauf machen, was heute früh passiert ist. Schließlich ist der Wagen explodiert. Aber wo war Phoenix? Er hatte ihn und seine Freundin doch einsteigen sehen.

»Fuck!«, sagt er laut und schreit »Fuck! Fuck! Fuck!« vom Balkon.

Da dort unten zurzeit kein Wagen fährt und die Oder gemütlich vor sich hin fließt, interessiert niemanden sein Wutausbruch. Jonathan holt tief Luft, heiße Luft, die sich in seine Lunge pumpt wie Wachs. Er muss seinen Fehler so schnell wie möglich ausbügeln. Er muss dieses *Asshole* töten. Die Sonne ist selbst nach 20 Uhr noch so stark, dass sie in Jonathans Augen schmerzt. Aber er schaut hinein, direkt in diesen Feuerball. Er will Schmerz, muss brennen, muss dieses *Asshole* finden und töten, ehe sie ihn töten. Nur der Erfolg zählt. Nur der Erfolg. Das hat ihm Galina gesagt und er hat versagt. Er reißt die Augen noch weiter auf und spürt die

Energie der Sonne. Der Schmerz spornt ihn an, als hätte er in Kaffee gebadet.

Dann wendet er sich ab und geht durch seine Wohnung. Mit jedem Schritt sieht er die Welt wieder klarer und mit jeder Stufe die Treppe hinunter spürt er diese Energie in sich. Die Kraft der Sonne.

Die Haustür fällt hinter ihm zu. Vor dem Haus parkt ein Laster mit Hänger. Er geht die drei Schritte zum Tabakladen im Souterrain.

»Hier ist es kühl«, sagt Jonathan.

Mateusz hinter der Ladentheke bejaht. Jonathan kann ganz gut Polnisch. Hätte er einen anderen Beruf, dann hätte er wahrscheinlich nicht so viel Zeit, Sprachen zu lernen und zu zocken. Im Fernseher, der an einem geschwungenen Arm wie ein Raumschiff in den Raum ragt, sind Phoenix und Sarah zu sehen.

»Zwei Packungen Marlboro«, verlangt Jonathan und deutet auf die ohne Filter. Mateusz gibt sie ihm. Sein Gesicht ist noch schlanker als Jonathans und sein Schnauzbart breiter.

Er sagt: »Die Deutschen haben nur Probleme mit den Arabern.«

»Wieso Araber?«, fragt Jonathan.

»Die haben heute Morgen in Berlin das Auto von so einem YouTuber in die Luft gesprengt. Möchtest du sonst noch was haben?«

Jonathan braucht eine Idee, aber Ideen hat Mateusz nicht im Regal. Er nimmt die beiden Packungen Marlboro und wendet sich ab. Sein Blick fällt beim Herausgehen auf Mateusz' Vater, der im Rollstuhl zwischen Verkaufsständern mit DVDs, Post- und Glückwunschkarten sitzt. Vermutlich hat schon seit Jahren niemand mehr eine DVD oder eine Karte gekauft.

»Sauerstoff«, sagt Jonathan, auf die Flasche neben dem Rollstuhl blickend. »Der hält uns alle am Leben.«

Der Alte sieht ihn über die Atemmaske hinweg hilflos an.

Draußen umschifft Jonathan den Laster, überquert die Straße und geht hinunter zur Oder. Jonathan raucht eine Zigarette, noch eine, verschränkt die Arme und schlendert unter der Grenzbrücke hindurch. Früher war das hier eine richtige Grenze mit Schranken und Zöllnern. Mateusz hat ihm erzählt, dass er als Kind dort die Kaugummis vom Bürgersteig gekratzt und gekaut habe. Jonathan spaziert an der Oder entlang und genießt die Natur.

Drei Zigaretten später kehrt er zurück. Kurz bevor er das Haus erreicht, glaubt er oben in seiner Wohnung einen Schatten zu sehen. Jonathan stockt. Wieder eine Bewegung. Wer weiß, wo er wohnt? Niemand, der ihm gefährlich werden könnte. Er lebt unter falschem Namen und war stets vorsichtig.

Jonathan geht zu seinem Wagen und greift unter den Fahrersitz. Die Beretta, die er hervorzieht, ist handlich und der Griff kühl. Er steckt sie hinten in seinen Hosenbund und zieht das T-Shirt so gut wie möglich darüber. Dann schleicht er sich an den Geschäften entlang – bis zu Mateusz' Laden. Daran hängt ein Schild mit der Aufschrift »Nieczynny«. Dabei hat Mateusz sonst nie geschlossen. Jonathan schaut durchs Fenster in den Laden. Nur der Alte mit der Atemmaske sitzt da. Mit einem Ruck drückt Jonathan die Tür auf. Das Holz des Rahmens ist morsch, alles hier ist morsch und leicht entflammbar.

»Mateusz?«

Der kommt aus der Tür hinter der Ladentheke. Dort ist seine Wohnung.

»Verschwinde!«, zischt er Jonathan zu, der aber fragt, was los sei.

»Sie haben gesagt, ich soll still sein. Mit der Sache habe ich nichts zu tun. Ich habe die beiden nur zufällig im Flur getroffen.«

»Sie haben dich nicht getötet?«, fragt Jonathan. »Sie werden es noch tun.« Er geht hinter die Theke und in die Wohnung. »Komm, Mateusz. Setz dich.«

Alles hier ist heruntergekommen. Vater und Sohn schlafen und leben beide in dieser Einzimmerwohnung. Jonathan drückt die Tür zum Laden zu und schließt das Fenster zum Hof.

»Du stehst ja immer noch, Mateusz.«

Der setzt sich erst, als Jonathan die Pistole zieht. Dann nimmt Jonathan das Verlängerungskabel aus einer Steckdose und reißt die Enden ab.

»Ganz ruhig, Mateusz.« Der wehrt sich nicht, als Jonathan ihm nun die Hände auf dem Rücken fesselt. »Das ist nur eine Falle für meinen Besuch. Was hast du den beiden gesagt?«

»Sie wollten wissen, wo du wohnst.«

»Dann bleib jetzt ruhig sitzen«, befiehlt Jonathan und knebelt Mateusz. »Das mach ich nur, damit du nicht schreist.«

Schließlich schiebt er den Herd zur Seite, dreht den Schlauch ab und Gas strömt aus. Er zündet sich eine Zigarette an, zieht daran und legt sie auf den Rand des Aschenbechers.

»Viel Glück«, sagt er noch zu Mateusz und schließt die Tür zur Wohnung hinter sich.

Im Laden sitzt der Vater. Jonathan nimmt dem Alten die Sauerstoffflasche und die Atemmaske weg. Zuerst wehrt er sich noch, aber dann lässt er von Jonathan ab. Mit Atemmaske und Sauerstoffflasche stellt er sich mitten auf die Straße und ruft hinauf zu seinem Balkon: »Ist da jemand in meiner Wohnung?«

Es passiert nichts. Jonathan geht einige Schritte zurück, nimmt sein Feuerzeug heraus und schmeißt es gegen die Balkontür. Das Glas splittert und er schreit: »Ich weiß, dass du da bist! In meiner Wohnung!«

Eine Frau erscheint auf dem Balkon. Sie hat schwarzes Haar, Jeans und eine Bluse mit großen bunten Blüten darauf. Hinter ihrem Rücken hält sie eine Waffe.

»Was machst du da?«, fragt Jonathan mit provozierendem Unterton. »Das ist meine Wohnung!«

»Ich bin's, Galina!«, ruft sie in klarem Englisch zurück.

»Bist du allein?«

»Ja!«, antwortet sie. »Was stehst du da? Komm hoch!«

Jonathan überlegt, wie lange es noch dauert, bis das Gas in Mateusz' Wohnung explodiert. Oder ist die Zigarette ausgegangen? Da gibt es schon eine Explosion. Sie ist dumpf, aber mit einer Wucht, als würde ein Wal gesprengt. Jonathan lässt sich fallen. Eine zweite Explosion zerreißt die Luft und das Haus sackt ab. Er liegt auf dem Asphalt und wartet eine Sekunde. Jetzt ist es ruhig. Der Laster steht noch da, aber die Plane hängt in Fetzen hinab. Überall sind Scherben. Der Balkon ist halb abgerissen. Wo ist Galina? Menschen fliehen panisch aus den Nachbarhäusern auf die Straße. Doch Jonathan kann sie kaum hören. Zu laut war der Knall. Gleich werden Feuerwehr und Polizei auftauchen. Flammen und Rauch schlagen aus dem Haus. Galina und der andere Besucher dürfen nicht überleben. Das ist das Einzige, woran Jonathan denkt. Sie sind gekommen, um ihn zu töten – und jetzt werden sie sterben.

Er tritt in den Hausflur und setzt die Atemmaske auf. Die Flasche in der linken, die Beretta in der rechten Hand. Die steinerne Treppe hinauf in den ersten Stock ist fast intakt. Nur der Rauch und die Hitze von den Flammen weisen auf die Explosion hin. Ein Mann liegt halb in Jonathans Wohnung, halb im Flur. *Ein bulgarischer Mörder*, vermutet Jonathan. Wer sonst lässt sich einen Mercedes-Stern auf den Unterarm tätowieren? Er fühlt den Puls an seinem Hals. Tot.

Galina liegt auf dem Balkon. Von der Wucht wurde sie gegen die Brüstung gedrückt. Er hört seinen Atem in der Maske. Überall ist Rauch. Er muss an seine Walther PPK im Schreibtisch denken. Die Pistole wird den Brand überleben. Seine Fingerabdrücke sind überall auf der Waffe.

»Wo ist das Scheißding!«, flucht er unter der Maske, denn in der Schublade liegt sie nicht.

Er geht hinüber zum Balkon, hört nun die Sirenen der Feuerwehr. Jonathan bückt sich, um unerkannt zu bleiben – und tastet Galinas Körper ab. Da ist seine PPK und auch ihre Pistole. Er steckt beide ein.

Dann geht er zügig zurück in den Flur, das Treppenhaus hinunter in den Keller und hinten aus dem Haus heraus. Die Sauerstoffflasche hält er immer noch im Arm. Jonathan überlegt. Sein Portemonnaie hat er dabei, die Waffen ebenfalls. Die Polizei wird mindestens vier Leichen finden. Vermutlich waren noch mehr Leute im Haus.

Da fällt ihm ein, dass er den Bulgaren nicht durchsucht hat. Der hatte sicherlich auch eine Waffe dabei. Aber die kann ganz sicher nicht zu ihm zurückverfolgt werden.

Jonathan fühlt sich gut. Zumindest sich selbst weiß er zu beschützen.

Freitag, 3. August
Moskau, Suite des Hotels Zolotoj Kupol

Juri Myasniks polierte Glatze glänzt. Er steht genau an der Stelle, an der Igor Petrow vor drei Tagen noch gelegen hat. Kein Fleck ist mehr von ihm übrig. Myasnik hat die Information erhalten, dass Phoenix' Handy geortet werden konnte. Er halte sich in der Berliner Wohnung seiner Eltern auf. *Vielleicht ist es gut, dass er noch lebt*, denkt Myasnik. Wie sollen sie sonst den Stick finden?

Er lässt den Whisky in seinem Glas kreisen, die goldene Flüssigkeit schwappt hin und her. Die Ereignisse am Brandenburger Tor laufen zu seiner Zufriedenheit, denn es ist zu Zusammenstößen von linken und rechten Demonstranten gekommen. *Rossija 1* berichtet darüber. Die Polizei setzt Tränengas ein. Es war ein genialer Trick seiner Trolle in Narva, den Algerier mit dem Messer ins Spiel zu bringen. Myasnik legt sich auf die Couch und lässt die Schuhe zu Boden plumpsen. Er genießt das Gefühl, die Öffentlichkeit in der Hand zu halten wie diesen Whisky. Es würde ihn nicht wundern, wenn er im Kreml später einmal ganz oben sitzen würde. Er wäre der erste Präsident, der sich seinen eigenen Anzug schneidert. Er würde Nadelstreifen tragen.

Der Klingelton seines Handys unterbricht seine Fantasie.

Es ist seine Frau, Nadescha. Wie es den Kindern gehe, will er wissen. Sie sagt, er solle den Fernseher anschalten. CNN habe Neuigkeiten.

Nadescha ist stets gut informiert. Drei Kinder haben sie und trotzdem weiß sie alles und ahnt alles vorher. Sie ist seine Muse und seine Chefin, kennt jeden seiner Schritte und seiner Gedanken und hat ein perfektes Gespür für die wichtigen Dinge. Auf CNN wird von Explosionen im polnischen Słubice berichtet.

»Da lebt doch der Engländer, oder?«, fragt Nadescha.

»Zwei unserer Agenten sollten ihm einen Besuch abstatten – und nicht den Ort in Schutt und Asche legen.« Dann begreift er erst, warum sie ihn angerufen hat, und er sagt: »Danke dir, Nadescha.«

Das nächste Telefonat führt Myasnik mit dem Major, der ihm mitteilt, dass Galina und der bulgarische Killer gestorben seien, aber der Engländer noch lebe.

»Du bist verantwortlich für die gescheiterte Aktion«, macht Myasnik nachdrücklich klar.

Der Major schweigt.

»Jedenfalls ist der Engländer jetzt gefährlich. Er weiß, dass wir ihn töten wollen.« Myasnik schaut auf sein leeres Glas. Er ärgert sich, dass er die Flasche nicht mit zur Couch genommen hat.

»Wir werden ihn finden«, verspricht der Major.

Myasnik stöhnt, weil er aufstehen muss. Er geht erst zur Bar und dann zum Fenster. Die Türme des Kremls leuchten, als wäre die Sonne in ihnen gefangen. Bald wird er dort drinnen sitzen.

In die Stille hinein sagt der Major: »Er hat noch eine Wohnung in Berlin.«

»Wer hat eine Wohnung in Berlin?«

»Na, der Engländer.«

»Und warum erwähnst du das?«, fragt Myasnik.

»Weil …«

Der Major begreift, dass Myasnik keine Antwort auf seine Frage will, sondern ein Resultat: den Kopf des Engländers.

Wieder ist es still am Telefon.

Dann fragt Myasnik: »Galina war doch die Schwester von Karina Kusnezowa. Und diese Kusnezowa leitet für uns in Narva die deutsche Abteilung, oder?«

Der Major bejaht.

»Weiß sie schon vom Tod ihrer Schwester?«

»Wahrscheinlich hat sie es durchs Fernsehen erfahren.«

»Du hast die Frau doch unter Kontrolle?«, vergewissert sich Myasnik.

»Sie ist absolut verlässlich. Aber ich kann sie aus Narva abziehen – was ich zurzeit allerdings sehr ungern tun würde.«

»Warum?«

»Weil wir eine neue Information über den deutschen YouTuber PhoenixZ haben. Er wird nämlich morgen um halb eins in Tallinn landen. Wir werden ihn dann mit falschen Informationen füttern.«

»Sehr gut. Haltet ihn unter Kontrolle. Ach, jetzt …« Nun wird ihm klar, wozu der Major Karina Kusnezowa braucht: als hübschen Lockvogel.

»Wir werden ihn schon vom Flughafen mit dem Taxi abholen. Einer unserer Vertrauten hat ein Unternehmen in Narva. Er steht auf unserer Gehaltsliste.«

»Keinen Fehler mehr. Keinen. Halte mich auf dem Laufenden.«

»Natürlich«, verspricht der Major.

»Ich sage dir, du bekommst diese Chance nur, weil wir uns so lange kennen. Ich möchte nicht noch einen Freund verlieren. Weißt du übrigens, wo ich gerade bin?«

Der Major weiß es nicht.

»Ich stehe genau auf der Stelle, an der dein Vorgänger zusammengebrochen ist.«

Damit beendet Myasnik die Verbindung. Er legt sich wieder auf die Couch und will sich noch etwas ausruhen. Denn gleich soll er einen syrischen Geschäftsmann treffen, der ihm Grundstücke verkaufen möchte.

Samstag, 4. August
Tallinn, Flughafen

Ich habe mir den Flughafen größer vorgestellt. Eher wie in Köln oder Berlin. Er hatte schon von oben zwergenhaft gewirkt: ein Rollfeld und eine Halle. In der Luft ist mir aufgefallen, wie flach dieses Land ist. Als habe Gott es mit der Wasserwaage gebaut – und mit einer Stoppuhr. Denn die Maschine setzte wie angekündigt um Punkt 12.30 Uhr auf dem Rollfeld auf.

Die Wartehalle hinter mir lassend ziehe ich den Koffer wie einen störrischen Hund über den Schotter. Es ist genauso heiß hier wie in Berlin, aber es weht ein lauer Wind. Direkt neben dem Flughafen liegt ein Hotel. Ich gehe auf das erste Taxi vorne in der Reihe zu. Gerade als ich darauf zusteuere, schert schon ein anderes aus der Schlange aus. Oben auf dem Dach leuchtet fett »Takso 24«. Es hält direkt neben mir. Anstehen scheint nicht das Ding der Esten zu sein.

Der Fahrer stößt von innen die Beifahrertür auf und ruft mir hektisch in klarem Deutsch zu: »Einsteigen!«

Woher weiß er, dass ich Deutscher bin? Der Taxifahrer, der vorne in der Schlange steht, hupt jetzt aufgebracht seinen Kollegen an.

Aber mein Taxifahrer sagt nur: »Steigen Sie bitte ein. Wir dürfen nicht so lange hier parken.«

Als ich nicht reagiere, steigt er aus, kommt um das Fahrzeug herum und nimmt meinen Koffer.

Der Taxifahrer vorne in der Reihe verlässt nun seinen Wagen. Er ist wütend, doch mein Taxifahrer geht beschwichtigend auf ihn zu. Der andere Taxifahrer spricht estnisch. Mein Taxifahrer ist größer und redet russisch. Dann spricht auch der andere Mann russisch. Sie streiten so aufgeregt, dass ich kein Wort verstehe. Das hier ist kein Taxistand, das ist ein Kampfplatz. Nun öffnet mein Taxifahrer sein Portemonnaie und drückt dem anderen Geld in die Hand. Das ist extrem schräg. Dann setzt sich der andere wieder in sein Auto und mein Taxifahrer legt meinen Koffer in den Kofferraum.

Ich bin überfordert und nehme in dem Tesla Platz. In Deutschland sehe ich kaum E-Taxis, aber hier hätte ich gar nicht damit gerechnet. Der Fahrer trägt den Vollbart eines Urmenschen und ist ungepflegt wie Eymen.

»Wohin darf ich Sie fahren?«

»Ich möchte nach Narva.«

»Sehr wohl«, meint er. Sein T-Shirt mit dem abgewetzten Aufdruck »*Rammstein* Moskau 2019« in kyrillischen Buchstaben passt ziemlich gut zu seinem harten Deutsch mit dem rollenden R. »Im Luschniki-Stadion waren wir«, kommentiert er, als er meinen Blick bemerkt. »Ich und mein Onkel. Ihm gehört das Taxi.«

Wir fahren los und hören *Rammstein*. Der vertraute Gestank von Asche steigt mir in die Nase, denn auf der Mittelkonsole steht ein provisorisch festgeklebter Aschenbecher.

Am Rückspiegel baumelt ein orthodoxes Kreuz. Der Tesla ist trotz Display und Edelausstattung ungepflegt. Ich betrachte den Fahrer von der Seite. Seine Brusthaare kräuseln sich oben weißlich aus dem Hemd. Wie alt mag er sein? 50 plus? 60 plus? Sarah würde diesen Kerl mit den Kugelaugen widerlich finden. Immer noch sind Sarahs Gedanken in meinem Kopf.

Warum spricht er perfekt Deutsch?

Dann fragt er mich: »Wollen Sie auf der Fahrt noch etwas kaufen?«

»Was verkaufen Sie denn?«, frage ich.

»Sie sind witzig. Das mag ich ... Es sind über zweihundert Kilometer und vielleicht möchten Sie noch in einen Supermarkt.«

»Nein. Ich bin zufrieden.«

Wir rollen Richtung Tallinn City. In ganz Estland wohnen etwa so viele Leute wie in München oder Hamburg, aber die Straßen sind trotzdem voll.

»Gibt es in Deutschland viele Elektroautos?«, macht er Konversation.

»Nein.«

»Ich liebe deutsche Autos.« Dann artikuliert er das Wort »Deutschland« so, wie der *Rammstein*-Sänger es singt. »Deutschland ... Die Deutschen bauen jetzt auch Elektroautos – Volkswagen, Mercedes und BMW.«

»Die wollen Geld verdienen. Ökologisch sind E-Autos eine Katastrophe.«

Darauf geht er nicht ein, sondern erklärt: »Sie müssen unbedingt die Altstadt von Tallinn besichtigen – nicht heute, irgendwann. Sie sieht wie die schönste deutsche Altstadt aus.

Früher haben die Deutschen überall ihr Handwerk hingebracht. Überall nach Russland.«

Jetzt will ich unbedingt wissen, warum er so gut Deutsch spricht. Seinen Vornamen »Artjom« lese ich auf dem Schildchen am Armaturenbrett.

»Ich hatte noch Deutsch in der Schule. Kein Englisch, sondern Deutsch. Und ich war vier Jahre in Deutschland fürs Studium in Ostberlin.«

»Ich komme aus Berlin«, sage ich.

»Ost oder West?«

»Äh … Eigentlich stamme ich aus Köln. Aber wir leben jetzt in Berlin.«

Ich tue ihm den Gefallen und bestätige, wie schön Berlin ist. Artjom meint, Berlin sei mit seinen Straßen und den Monumenten ein kleiner Bruder von Moskau.

»Wo wollen Sie in Narva denn genau hin?«

»*Hotel Virumaa*«, sage ich.

»Ein gutes Hotel, kein Adlon, aber sauber.«

Zwischendurch tippt er etwas auf Russisch aufs Display des Teslas. Immer wieder kommen Antworten. Mein Russisch ist zu schlecht, um mitlesen zu können. Artjom bleibt gesprächig, er doziert über Identität. Früher seien alle Sowjetbürger gewesen. Jetzt sollen alle EU-Bürger sein.

Er fragt, ob er rauchen dürfe.

Seine Frage überrascht mich. Ich sage: »Ich rauche nicht.«

Und ich muss wieder an Eymen denken. Was der wohl gerade macht? Was mein Vater macht? Meine Mutter? Niemand hätte mich bei meinem Vorhaben, hierher zu fliegen, unterstützt. Nur auf Khalil ist Verlass. Es beruhigt mich, dass er mein Handy trackt.

»Was machen Sie in Narva?«

Ich lasse seine Frage ins Leere laufen. Links von uns erstrecken sich jetzt Hochhaussiedlungen.

Artjom erzählt: »Als damals über den EU-Beitritt abgestimmt wurde, durften nur die Esten mitwählen, wir Russen mit grauem Pass nicht. Uns haben sie ausgeschlossen. Dabei sind wir viele. Aber die EU wollte uns nicht fragen. Die estnische Regierung hat das verhindert. Jeder Zweite spricht hier Russisch als Muttersprache. Das nennen sie dann Demokratie.«

»Ich mag Russisch«, erkläre ich.

Er ist geschmeichelt und verrät, dass er auch einen grauen Pass habe. Er sei daher staatenlos. »Neben Nationalität steht ›undefined‹. Die EU will kein Russisch. Sie hätte doch sonst schon die Ukraine aufgenommen, aber sie hat Angst vor dem russischen Geist. Wir sind stärker. Russische Gene, russischer Geist. Und deutsche Gene sind auch gut.« Wieder sagt er »Deutschland«, wie *Rammstein* es singt. »Aber hier ist mein Platz. Hier in Estland.« Er fragt mich erneut: »Stört es Sie, wenn ich rauche? Ich öffne dann auch das Fenster. Der Rauch fliegt hinaus.«

Irgendwie ist er ein lustiger Kerl.

»Ich rauche nicht«, wiederhole ich.

»Heißt das nun Nein oder …?«

»Nein«, sage ich.

Er schaut mich ernst an, dann lachen wir beide und er zündet sich kurzerhand eine Zigarette an.

Wir haben das Ortsschild »Tallinn« hinter uns. Rechts und links ist Wald – unendlich viel Wald.

»Was möchten Sie in Narva?«, fragt er wieder.

»Ich weiß noch nicht.«

»Normalerweise fahren die Leute nach Narva zum Einkaufen oder sie wollen nach Narva-Jõesuu ans Meer.«

»Ist das Meer in Narva-Jõesuu schön?«

»Dort ist der schönste Strand der Ostsee – die Riviera des Nordens nennt man ihn.«

»Dann werde ich zum Meer fahren. Ich schwimme gerne.«

»Ich war Stadtmeister«, sagt er.

Und ich erzähle ihm, dass ich ebenfalls ein guter Schwimmer im Verein gewesen bin.

»Sie sind ein ungewöhnlicher Gast«, sagt er.

»Was muss ich über Narva wissen?«

Ich kenne zwar einige Fakten, aber ein Kerl wie Artjom weiß sicher mehr als *Wikipedia*.

»Die Datschen in Narva-Jõesuu gehörten zu Sowjetzeiten einflussreichen Russen. Dann kam 1990 die Revolution und die reichen Russen flohen über die Grenze nach St. Petersburg. Zuvor legten sie noch Feuer, damit die Esten nichts mit ihren Datschen anfangen konnten. Nun kaufen die Russen aus St. Petersburg die Grundstücke in Narva-Jõesuu wieder zurück. So haben sie einen Fuß in Europa.« Dann macht er eine Pause, bläst Rauch aus dem Fenster und fragt: »Kennen Sie jemanden in Narva?«

»Nicht wirklich«, sage ich.

»Ich kann Sie über jeden in Narva informieren. Mein Onkel hat schon jeden gefahren. Er ist ein guter Beobachter und er ist reich, sonst hätte er diesen Tesla nicht.«

Ohne Skrupel schnippt er den Zigarettenstummel aus dem Fenster. So staubtrocken, wie hier alles ist, bleibt nur zu hoffen, dass der Stummel nicht an den Straßenrand gelangt und den Wald entzündet. Ob nur die russischen Esten so drauf sind?

»Geben Sie mir nur einen Namen und ich kann alles über die Person herausfinden.«

Ich frage ihn, ob er die Agentur *Tere Päevast* kennt.

»Wieso?«

»Weil ich mich dort bewerben möchte«, lüge ich.

»Bei *Tere Päevast*?«

»Ist das ungewöhnlich?«

»Sie sprechen gut Deutsch. Dann ist es nicht ungewöhnlich.«

»Wie meinen Sie das?«

»Ich verdiene zu wenig, um so viel zu wissen.«

»Und Ihr Onkel?«

Statt einer Antwort setzt Artjom sein Pokerface auf. Eben hat er mich noch gefragt, was ich wissen möchte. Ich hole das Portemonnaie aus meiner Hosentasche und Artjom wirft mir einen bestätigenden Blick zu. Richtig interpretiert!

»Können Sie für 20 Euro mal Ihren Onkel anrufen?«, frage ich. »Vielleicht kennt er ja eine Frau namens Karina Kusnezowa.«

Ich zeige ihm ihr Foto auf meinem Handy.

»Hübsch«, sagt er. Fast kommt es mir so vor, als würde er sie kennen. Er fotografiert ihr Bild von meinem Handy ab und schickt es seinem Onkel. Der antwortet prompt mit einem Telefonat. Die beiden reden so schnell russisch, dass ich wieder raus bin. Allerdings fällt der Name Karina mehrmals. Dann drückt Artjom die Verbindung weg.

»Was ist?«, frage ich neugierig.

»Mein Onkel hat auch Familie.«

Vermutlich belügt mich Artjom jetzt gerade, aber was soll ich tun? Ich gebe ihm noch einmal 20 Euro.

»Karina Kusnezowa wird Ihnen den Kopf verdrehen, sagt mein Onkel. Hübsch ist sie, sehr hübsch. Sie wohnt ganz in der Nähe der Agentur beim Einkaufszentrum *Kerese Keskus* und leitet eine Abteilung der *Tere Päevast*, soweit ihm bekannt ist.«

»Und?«

»Sie gibt mehr Trinkgeld als üblich und trägt teure Kleidung. Er erzählt, sie habe ein Parfum, das man nirgends kaufen kann, es ist das von Macht. Das sollten Sie wissen, wenn Sie sich bewerben.«

40 Euro hat mich das gekostet. Und ich werde den Verdacht nicht los, dass er den Namen »Karina Kusnezowa« eben nicht zum ersten Mal gehört hat.

»Der Wald, die Wiesen – das ist russisch hier«, sagt Artjom. »Der ganze Wald ist russisch. Natur, Baum an Baum, gepflanzt von Gott.«

»Aber wir sind in Estland«, erwidere ich.

»Ja. Früher war es auch Estland, aber da war Estland noch ein Teil der Sowjetunion.«

Artjom rät mir ganz nebenbei zu einem feinen Anzug für das Vorstellungsgespräch.

»Bei der Hitze?«, frage ich zurück.

»Wenn sie Ihnen mehr geben soll als einen Job.«

Ich hasse anzügliche Sprüche über Frauen, aber ich lache trotzdem. Der Typ scheint russisch-national und machomäßig drauf zu sein. Ändern werde ich ihn nicht auf einer Taxifahrt.

»Wir Russen mögen gute Kleidung«, sagt er.

»Dafür sind Russen bekannt«, gebe ich ironisch zurück. Doch meine Ironie perlt an ihm ab.

Er sagt: »Präsident Komarow hat einen eigenen Schneider.«

»Das ist eindeutig«, füge ich noch ironischer hinzu und sage ihm nicht, was ich alles über diesen Schneider weiß. Artjom nimmt es als Kompliment.

Er erhält einen Anruf.

Am liebsten würde ich jetzt Khalil anrufen. Dieser Artjom ist mir nicht geheuer, nichts ist mir hier geheuer. Um mich herum sind der Tesla und unendlich viel Wald. Vor mir eine unendlich lang gezogene Straße und der Himmel ist so weit wie nirgends in Deutschland. Ich bin einsam und will mit jemandem reden, den ich kenne, der mir vertraut ist. Ich bin 18 Jahre alt und war noch nie allein im Ausland. Klassenkameraden waren ein Jahr in England, in den USA oder in Frankreich, aber ich nicht. Was wohl Sarah gerade tut? Ich glaube, wir passen nicht wirklich zusammen. Irgendwie stolpern wir immer wieder über die Wurzeln des anderen.

Samstag, 4. August
Narva, Agentur Tere Päevast

»Meine Schwester ist tot und er lebt«, sagt Karina bitter.

Sie steht an ihrem Schreibtisch. Eben hat Karina noch geweint, aber nun fühlt sie nur noch Hass – gegen Phoenix, gegen den Engländer und gegen sich selbst. Sie hätte sich mehr um Galina kümmern müssen. Warum hat sie ihre Schwester nicht davon abgehalten, diesen Bulgaren zu begleiten? Sie wusste doch, wie gefährlich der Engländer ist.

Es ist schon 15.10 Uhr. In spätestens fünf Minuten sollte Leonid fertig sein mit seinem Auftrag im *Hotel Virumaa*. Sie ruft ihn an.

»Wir sind gleich so weit«, sagt er.

»Bau diesmal keinen Mist.«

»Ja, Karina«, entgegnet er, obwohl er bisher nichts falsch gemacht hat.

Sie weiß, dass sie unfair ist. Leonid weiß es auch. Doch er nimmt es ihr nicht übel. Der Verlust muss für einen Zwilling doppelt so schwer sein. Er und Kyrill haben gerade die Wanzen in Phoenix' künftigem Zimmer installiert. Normalerweise braucht niemand mehr Wanzen. Es reicht das Handy aus, um jemanden abzuhören. Aber die vom Ga4 haben es nicht geschafft, Phoenix' neues Smartphone zu hacken. Deshalb ist auch der Techniker Kyrill dabei, ausgeborgt vom Russischen Konsulat.

Karina hat die Jalousien zum Großraum heruntergelassen, schaut auf ihren Bildschirm und schminkt sich darin. Galina ist weit weg – nicht in Moskau, nicht in Berlin, sondern verbrannt in einer Wohnung in Polen. Wieder zerstören Tränen ihr Make-up. Sie schmeißt den Kajalstift gegen den Bildschirm. Das verweinte Gesicht auf dem Monitor könnte das ihrer Schwester sein.

»Du musst nicht weinen, Galina«, sagt Karina zu ihrem Spiegelbild. »Ich liebe dich, egal wo du bist. Am Ende werde ich wieder bei dir sein.« Sie lächelt nun tapfer ihrer Schwester zu. »Wir schaffen das. Du und ich.«

Karina tupft sich die Tränen von der Wange.

Leonid ruft an und bestätigt die Erledigung des Auftrags.

Sie entgegnet: »Dann raus aus dem Zimmer.«

»Oder sollen wir warten, bis er kommt?«

Sie sagt eindeutig: »Nein. Ihr kehrt zurück, Leonid. Wir brauchen Phoenix lebend.«

Leonid und Kyrill vergewissern sich noch einmal, dass sie nichts vergessen haben, dann zieht Kyrill die Tür hinter ihnen zu.

Sie schlendern über den Hotelflur, der zu beiden Enden einen Spiegel hat. So kann jeder jeden jederzeit sehen. Leonid vergewissert sich leise bei Kyrill: »Ich kann jetzt über diesen Code alles im Zimmer mithören, was darin gesagt wird?«

»Ja, über dein Handy. Karina Kusnezowa kann das auch.«

Als sie die Hotellobby durchqueren, schaut Leonid hinüber zu dem Mann an der Rezeption und jenem, der an der Hotelbar serviert. Beide stehen auf der Gehaltsliste der Agentur. Draußen trennen sich die Wege von Leonid und Kyrill.

Samstag, 4. August

Taxi, wenige Kilometer vor Narva

Die letzten neunzig Kilometer hat Artjom auf mich eingeredet. Sein aktuelles Thema ist der Straßenverkehr: »Die meisten in Estland fahren gebrauchte deutsche Autos. Vor ein paar Jahren gab es hier kaum Autos, aber jetzt überall. Deutschland und Russland sitzen in einem Boot. Russland muss Öl verkaufen und Deutschland Autos. Deshalb haltet ihr auch nichts von dieser Gertrud.«

Er meint vermutlich Greta.

»Wieso?«, frage ich.

»Sie ist krank. Sie ist verbittert. Sie hat keinen Spaß am Leben.«

»Aber du?«, sage ich ironisch. Wir duzen uns mittlerweile. »Du hast Spaß und dein Spaß hat vier Räder.« Ich meine es ironisch, aber er nimmt es ernst.

»Der Wagen ist wirklich bequem«, bestätigt er. »Und er hat Power.«

Zum Beweis tritt er kurz aufs Strompedal. Ich werde in den Sitz gedrückt. Es blitzt. Artjom bremst und rast gleichzeitig vor Wut. Der Blitzer sei neu. Die Dinger würde die EU aufstellen.

Ich sage, dass Blitzer Gemeinde- und nicht EU-Sache seien.

Doch Artjom entgegnet, dass die EU »Scheiße! Scheiße! Scheiße!« ist.

Dann liegt endlich Narva vor uns. Ein Meer von kastenförmigen, sechsstöckigen Plattenbauten. Sie wirken wie ein Festungsring, hinter dem sich ein bedeutender Schatz verbergen muss. Hier also spielte sich eine der entscheidenden Schlachten des Zweiten Weltkriegs ab, hier also ist die letzte Festung Europas vor Russland. Dahinter gibt es bis nach Japan nur noch ein Land: Russland. Schlechte Zähne, Mafia und Wodka.

Kaum haben wir das Ortsschild auf der Straße *Tallinna maantee* hinter uns, wird sofort für einen *McDonald's* geworben, Tankstellen folgen – Statoil, Shell, BP, die ganze Palette. Aber wir fahren ja Steckdose.

Rechts zieht das Möbelhaus *Tempo Mööblimaja* an uns vorbei. Die Esten verdoppeln die ö und ü und ä, sooft sie nur können. Und auch die u und a mögen sie gerne als Pärchen. Der Asphalt ist neu. Ein Einkaufszentrum heißt *Astri* und ist groß wie ein Häuserblock, schräg gegenüber liegt ein Supermarkt namens *Coop*, ebenfalls riesig, und immer wieder Wohnmaschinen und noch ein Einkaufscenter, das halb Berlin ernähren könnte. Die Stadt scheint aus Plattenbauten, Tankstellen und Einkaufscentern zu bestehen. Dabei wohnen in Narva nur 60 000 Leute. Das muss alles für die russischen Grenzgänger gebaut worden sein. Wer soll denn sonst so viel einkaufen?

Erst kurz vor dem Grenzübergang nach Russland biegen

wir an einem Kreisverkehr rechts ab. Nach hundert Metern zeigt Artjom nach links auf ein frisch gestrichenes Haus mit ein paar geometrischen Verzierungen. »Dort ist die Agentur. Da musst du hin. Und dort« – er deutet nach vorne – »liegt dein Hotel.«

Ich zahle und er sagt mir, dass ich seine Visitenkarte fotografieren soll.

»Warum?«

»Weil es meine einzige ist. Wenn du jemanden brauchst, dann ruf mich an.«

Drei Sekunden später rollt er mit seinem Tesla davon, direkt zur Steckdose seines Onkels.

Ich stehe vor einer Glastür, die sich automatisch öffnet. Das Hotel ist toprenoviert. Jemand in einem finnischen Eishockeytrikot rempelt mich an. Ich sehe nach links zum Hotelrestaurant. Aber ich gehe mit meinem Rollkoffer geradewegs auf den Herrn am Tresen zu, der fließend Englisch spricht und mir die Karte für Raum 307 gibt.

Das Zimmer ist schlicht. Hellblaue Vorhänge, ein Doppelbett, »Minibar for free!« steht fett am Kühlschrank und auf einem der beiden Kissen liegt ein Stückchen Schokolade. *Kalev* heißt die Schokoladenmarke, Vollmilch. Der Hunger klopft an und ich esse die Schokolade, doch der Hunger wird stärker. Endlich kein Taxifahrer mehr, der auf mich einredet, und keine ängstlichen Eltern, nur Sarah fehlt mir ein bisschen. Ich werfe mich aufs Bett und höre ihre Playlist. Aber ich kann mich nicht entspannen und packe den Koffer aus: Unterhosen, Socken, das Stativ fürs Handy, T-Shirts.

Im Bad ist der Spiegel so groß wie ich.

Mein T-Shirt ist weiß mit dem Wort »schwarz« darauf.

Klar, woher Artjom wusste, dass ich Deutscher bin. Ich Idiot. Ich putze mir ausgiebig die Zähne, überlege und habe unbeschreiblichen Hunger. Dann ziehe ich ein neues T-Shirt an. Dieses ist schwarz und darauf steht »weiß«. Was für eine Abwechslung.

Unten in der Lobby rät mir der Portier zum Hotelrestaurant.

»Ich will ein wenig laufen«, lüge ich. Ich will nur nicht in dem Hotelrestaurant essen, weil es mir zu dunkel daherkommt – dunkle Stühle, dunkle Theke und durch die Fenster fällt kaum Licht.

Er kennt noch andere Lokale an der Straße *Puškini maantee*. Das ist gut, denn genau dort befindet sich die Agentur. Ich lasse mir die Straße auf dem Plan zeigen.

»Aber es wäre schön, wenn Sie dennoch unser Gast sein könnten. Die Hotelküche ist wirklich ausgezeichnet.«

Ich lächele ihn an, er lächelt zurück.

Draußen ist es schwül, obwohl dieser estnische Wind geht. Ich laufe an einem Brunnen aus Keramik vorbei, der kein Wasser hat, und an einem Kulturhaus, an dem russische Plakate auf Veranstaltungen hinweisen. Eine Kreuzung weiter gelange ich auf die *Puškini maantee* und an das Haus Nummer 27b. Daran prangt das Schild »Agentur Tere Päevast«.

Eine Frau kommt heraus. Ich gehe zur Seite und sie schaut mich an. Ist das Karina Kusnezowa? Ich bin so überrascht, dass ich »Hello!« sage und sie mich ansieht und anlächelt, bevor sie weitergeht.

Irgendwie wirkt sie traurig. Ob sie mich erkannt hat? Ich warte, überlege, dann folge ich ihr. Es geht an der *Puškin*-Statue vorbei in eine Fußgängerallee. Die Bänke sind neu, der Rasen und die Blumenbeete sind gepflegt. Mein Herz schlägt schneller. Karina trägt ein schwarzes Kleid mit hohen Schuhen. Fast wie ein Model sieht sie aus. Doch nicht wie Heidi Klum und ihre Models. Bei denen ist es immer wie im Kindergarten: Alle wollen laufen lernen und heulen sofort, wenn was nicht so klappt, wie sie wollen. Aber diese Frau muss nicht laufen lernen, sie kann es. Das Kreuz durchgestreckt geht sie *klock, klock, klock* im kurzen Rock. Wo sie geht, ist Laufsteg.

Sie beantwortet einen Anruf. Aber ich kann nicht hören, was sie sagt. Die Allee endet an einem riesigen Platz, auf dem Autos parken. Die Grenze ist rechts, davor eine lange Schlange von Fahrzeugen. Karina überquert die Straße zur linken Seite. Die Autos halten hier sofort am Zebrastreifen. Das ist mir schon auf der Fahrt aufgefallen. Wir lassen eine Tierhandlung links liegen und gehen und gehen. Dann biegt sie in einen Laden ein. Ich schaue hinein: Die Leute kaufen sich an einer Theke Essen, das in der Auslage liegt: Salate, Reis, Fleisch. Der ganze Laden ist voller Spiegel, Tische und Stühle.

Ich warte an der nächsten Ecke. Zu meiner Überraschung kommt sie schon nach wenigen Minuten wieder raus. Sie hat sich das Essen einpacken lassen und schreitet mir entgegen.

Ich schaue weg, aber sie grüßt mich mit »Hallo!«. Ich tue überrascht.

Das ist echt peinlich. Ich kann ihr auf keinen Fall weiter folgen und hole mir in diesem Kantinenladen mit dem Namen *Maius* Reis mit Soße, Salat und Piroggen mit Kraut und

Ei. Die Piroggen sind lecker, aber wenn Sarahs Mama welche frisch backt, liebe ich sie noch mehr. Ich sitze an einem der Vierertische. Neben mir eine Plastikpalme, vor mir Spiegel und über mir Spiegel. Ich schaufele den Reis in mich hinein. Da steht Karina plötzlich wieder im Laden. Hat sie etwas vergessen? Sie sieht mich ebenfalls über den Spiegel an.

Ich lächele, wie sie lächelt.

Ich weiß nicht, ob ich das gut finde. Mir ist heiß und meine Wangen glühen. Sie zahlt und geht, ohne einen weiteren Blick. Ich bleibe hier und muss nachdenken, schaue nach oben, direkt in den Spiegel. Und sehe mich vor den zwei Piroggen sitzen. Mein Herz pocht. Ich muss mich beruhigen. Nachlaufen darf ich ihr nicht. Ich schaue aufs Handy. Es gibt freies WLAN. Ich nippe an meinem Tee, stecke die Kopfhörer ins Ohr und blicke auf die Kanäle meiner Kollegen.

LeFloid hat sofort nach dem Bombenattentat auf mich und Sarah reagiert. Alle haben uns betrauert. Dann stellen sie Vermutungen darüber an, warum ich abgetaucht sein könnte. Alle tun es sehr vorsichtig, alle haben Respekt. Nur *LirumLarumWarum* hat ein Video gepostet, in dem er behauptet, dass ich abgetaucht sei, weil ich mit Khalil und Tallak unter einer Decke stecken würde. Wir seien alle drei in die Entführung von Alexander verwickelt. Und *Bild Online* spekuliert munter mit. Einige YouTuber fordern von *LirumLarumWarum*, dass er endlich mit diesen Anfeindungen gegen mich aufhören soll.

Es sind fast zwanzig Minuten vergangen, als ich endlich wieder vom Handy aufsehe. Manchmal verliere ich mich einfach auf YouTube. Es ist furchtbar. Die Piroggen warten noch auf meinem Teller. Die esse ich. Eigentlich hatte ich ja großen Hunger. Auf dem Weg zum Hotel komme ich wieder an der *Puškini maantee 27b* vorbei. Daneben ist ein Bäcker und daneben ein Schnapsladen. Ich biege links ab. Autos warten hier in einer langen Schlange, an deren Ende die Grenze ist. Sie wirkt wie ein gigantischer Affenkäfig, in dem Autos und Laster hinter Gitter gesperrt werden. Diese fahren von dort auf der Brücke über die Narva nach Russland. Die Hermannsfeste, eine riesige Burg, liegt rechts von mir, davor ein Park mit Springbrunnen.

Ich muss an Karina denken. Wie alt mag sie sein? 28? 29? Normalerweise stehe ich nicht auf ältere Frauen, nicht auf künstliche Fingernägel und Pumps. Obwohl – Sarah hat Pumps auf meinem Abi-Ball getragen und sie sah richtig sexy aus.

Mein Vater schreibt, ich soll zurückkommen. In Deutschland brenne schon die Luft. Ich setze mich im Park auf eine Bank. Durch das offene Tor der Festung blicke ich auf eine von Mauern umgebene Wiese, an deren anderem Ende der Hermannsturm steht.

Papa schreibt: *Eine Antwort hätte ich schon verdient.*

Ich rufe ihn an.

»Phoenix?«

»Es geht mir gut«, versichere ich sofort. »Du weißt doch, ich bin in Narva.«

»Ich werde dich trotzdem anrufen dürfen, oder? Ich habe eben in der ARD klargestellt, dass du nur untergetaucht bist, weil du um dein Leben bangst. Und dass diese Gerüchte um dich und Khalil an den Haaren herbeigezogen sind.«

»Das sind sie ja auch.«

»Was machst du gerade?«

»Nicht am Telefon«, sage ich. »Wir könnten abgehört werden.«

»Nein. Die Polizei hat sich um meinen Anschluss gekümmert.«

»Dann kann ja nichts passieren«, erwidere ich ironisch.

»Bist gut gelaunt«, stellt er fest. »Wir machen uns hier Sorgen. Das ist dir hoffentlich klar.«

»Ich bin an der Hermannsfeste, Papa. Hier kann mir nichts passieren.«

»Das ist doch direkt an der Grenze.« Papa hat sich gut informiert. »Und was treibst du da?«

»Ausruhen.«

»Du willst es mir nicht sagen?«

»Noch nicht.«

Ein leicht speckiger Mann mit einem extremen Undercut, der dem eines Hitlerjungen gleicht, schaut zu mir rüber. Ob mich die Leute der Agentur schon geortet haben?

»Geht es um diese ...«

»Papa. Du musst nicht jedes Wort aussprechen.«

»Warum ich aber eigentlich anrufe ...« Mein Vater lässt eine Kunstpause. Der Typ von gegenüber telefoniert. »Ich möchte dich darum bitten, ein Video zu machen, in dem du bestätigst, untergetaucht zu sein, um aus der Schussbahn der Nazis zu sein.«

»Nein, nicht jetzt, Papa.«

»Was macht es für einen Aufwand, eine kurze Videobotschaft zu senden?«

»Keinen. Ich will einfach nicht, Papa. Du wolltest doch im Krankenhaus, dass ich mich aus der Öffentlichkeit halte. Das tue ich jetzt.«

»So war das nicht gemeint. Ich meinte …«
Ich lüge: »Ich muss auflegen.«
»Warum?«
»Weil ich keinen Akku mehr hab … Das Handy geht gleich aus.«

Samstag, 4. August

Narva, Agentur Tere Päevast, Karinas Büro

Karina hat ihr Telefon im Büro auf Laut gestellt, sodass Leonid mithören kann. Der Mann am anderen Ende der Leitung ist niemand anders als Michail. Der berichtet, dass Phoenix Zander schon seit geraumer Zeit telefoniert, jetzt auflegt und aufsteht.

»Bleib an ihm dran«, befiehlt Karina. »Ich übernehme Phoenix Zander gleich, wenn er zum Hotel geht.«

Leonid tigert im Raum auf und ab. »Was für ein Versager.«

Sie stellt gespielt die Frage: »Wen meinst du? Phoenix oder Michail?«

»Ausnahmsweise mal nicht Michail, sondern diesen Phoenix. Der läuft dir vor der Agentur über den Weg und glaubt, dass du ihn nicht erkannt hast.«

Sie wirft ihr Haar zurück. Phoenix Zander hat in Leonids Augen keine Chance gegen Karina. Er ist wie eine Fliege im Netz.

Karina verfolgt auf ihrem Bildschirm jeden Schritt von Michail. »Könnte sein, dass Phoenix gleich bei uns ist. Ich mache mich mal auf.«

»Eins verstehe ich nicht«, sagt Leonid, der sie vom Büro bis zum Aufzug begleitet. »Warum kriegen die vom Ga4 es nicht hin, Phoenix' Handy zu hacken?«

Karina macht eine abfällige Handbewegung. »Die in Moskau kochen auch nur mit Wasser.« Sie schaut auf ihr Handy, Michail hat geschrieben. »Phoenix kommt.«

Sie steigt in den Aufzug. Kaum dass er sich geschlossen hat, zieht sie sich darin noch kurz ihre Lippen dunkel nach und sagt zu sich selbst: »Viel Spaß ... Den werde ich haben, Galina ... Den werden wir haben. Er wird für das büßen, was er uns angetan hat.«

Vor dem Gebäude sieht sie Phoenix auf die Kreuzung zulaufen. Sie ist zu spät dran. Oder er zu früh. Michail winkt ihr von Weitem zu. Er hat sie nicht rechtzeitig alarmiert. Soll sie Phoenix hinterhergehen? Der ist schon an der Ampel und erblickt Karina von der Seite. Er schaut sie nicht ein Mal, sondern zwei Mal an.

Also steuert sie auf ihn zu.

»Hallo«, sagt Karina genau in dem Tonfall, wie ihr erstes »Hallo« vor dem *Maius* gewesen ist.

»Hallo!«, erwidert er und beide lachen befreit. Das sei kein Zufall, sondern sicherlich Schicksal, meint er auf Englisch und sie fragt ihn, ob er Deutscher sei. Das ging schnell, schneller, als die Ampel auf Grün schalten konnte.

»Wie kommen Sie darauf, dass ich Deutscher bin?«, will er wissen.

Sie schaut auf sein T-Shirt. »›weiß‹ steht groß auf Ihrem schwarzen T-Shirt.«

Er ist vor Aufregung ein wenig rot an den Wangen. »Sie sprechen aber gut Deutsch.«

»Sie auch«, sagt Karina.

»Ich bin Deutscher«, entgegnet er.

»Ich auch«, lügt sie.

Er stockt. »Wirklich?«

Karina beobachtet Phoenix ganz genau, wie er mit der Rechten kurz an seinem T-Shirt zieht, wie er sich den Schweiß von der Stirn wischt. Er ist jung und unerfahren. Sie spielt mit ihrem Haar und lächelt keck. So würde sie einen Mann in seinem Alter nie anschauen, aber jetzt tut sie es und er verliert den Verstand.

»Aus Berlin bin ich.«

Sie weiß, dass er weiß, dass sie lügt. Sie findet es interessant, wie er mit dieser Lüge umgehen wird. Was soll er denn tun? Sie enttarnen? Das kann er nicht. Er ist in ihren Augen ein Feind. Sie die Katze, er der hilflose Vogel. Aber sie muss ihn nicht töten, sie sorgt nur dafür, dass er nicht mehr fliegen kann.

»Verführen«, sagt sie leise.

Phoenix Zander schaut sie erstaunt an. Es wird grün und er fragt, während sie die Straße überqueren: »Was meinen Sie damit?«

»Ich habe nichts gesagt«, antwortet sie und schweigt. Er soll reden. Er redet doch so gerne und so viel auf YouTube.

»Also aus Berlin kommen Sie?«, erkundigt er sich.

»Warum nicht?«, fragt sie.

»Sie wirken eher wie …«

»… eine New Yorkerin«, sagt sie und lacht mit ihm.

»Waren Sie schon mal in New York?«, fragt Phoenix.

»Ich habe noch nicht den richtigen Reisepartner getroffen. So einen wie Sie.«

Sie lächelt ihn an. Er fühlt sich geschmeichelt, obwohl das

alles natürlich nur Spaß ist, aber auch ein Kompliment. Sie weiß, sie muss dem Mann das Gefühl geben, er sei ganz toll, dann wird er weich wie Knetgummi. Sein Lachen ist perfekt: weiße makellose Zähne, gepflegte Lippen. Sie hasst so perfekte Typen wie Phoenix. Die beurteilen und verurteilen andere Menschen, andere Länder, andere Sitten. Sie wissen nicht, wie es ist, wenn du kein Konto fürs Studium hast, kein Erspartes. Typen wie Phoenix werden Erben und haben Aktien, ein Häuschen und eine Eigentumswohnung. Sie ahnen nicht, wie es ist, wenn du ein armes Land wie Russland führen musst, so wie es ihr Präsident tun muss. Es gibt niemanden, dem es bisher so gut gelungen ist wie Konstantin Komarow.

»Bleibst du länger in Narva?«, duzt sie ihn.

»Wieso fragst du?«, duzt er zurück.

»Weil wir uns noch einmal sehen könnten.«

»Okay.« Dabei kämmt er sich ordentlich die Haare aus seiner Stirn.

»Ich gehe aber nur mit dir aus, wenn du mir erzählst, was du in Narva machst.«

»Ich schreibe einen Artikel für die *Berliner Nachrichten*«, lügt er. »Über die Verhältnisse in Narva. Hier wohnen schließlich extrem viele Russischsprachige und es gibt die höchste HIV-Rate in Europa.«

»Ich kenne niemanden mit HIV«, sagt sie und zweifelt diese Statistik an.

»Ich auch nicht«, erwidert er. »Trotzdem gibt es in Deutschland HIV-Infizierte. Jedenfalls wohne ich im *Hotel Virumaa*.«

»Zu empfehlen«, entgegnet sie.

Sie will sich von ihm verabschieden, doch er fragt sie, ob sie sich nicht heute Abend treffen können.

»Ich habe nichts vor«, antwortet sie.

Er schlägt neun Uhr vor. Treffpunkt: Hotellobby.

Kaum dass sich ihre Wege trennen, ruft Leonid Karina an. »Wie war's?«

»Woher weißt du, dass er gerade gegangen ist? Hast du mein Handy abgehört?«

»Ich sehe dich durchs Fenster.«

Sie schaut hinüber zur Agentur und sieht ihn von oben winken.

Er sagt: »Manchmal sind die Dinge einfacher, als man denkt.«

»Manchmal«, erwidert sie. Und kommt sich kindisch vor. Sie fühlt sich plötzlich schlecht und schaut auf ihr Handy. Auf dem Home-Bildschirm sind Galina, sie und ihre Mutter zu sehen. Sie schauen glücklich drein. Damals hatte ihre Mutter ein Verhältnis mit Andrej gehabt. Er kannte Konstantin Komarow noch von der Leningrader Akademie und hat ihr und Galina die Arbeit in Myasniks Haus besorgt. Ihre Mutter will morgen aus Kasan nach Berlin fliegen, um Galinas Beerdigung vorzubereiten.

Was wird aus den Meerschweinchen?, fragt sich Karina. Meerschweinchen. Nach spätestens drei Tagen ohne Nahrung sind sie tot. Sie müssen ständig fressen – fressen und fressen. Die Meerschweinchen waren Galinas Erinnerung an die Kindheit.

»Hallo?«, fragt Leonid. »Bist du noch dran?«

»Du siehst doch, dass ich das Handy am Ohr halte. Oder?«

»Ja, klar«, sagt er.

»Dann frag nicht so …« Sie muss sich zügeln. Am liebsten würde sie die ganze Welt in die Luft jagen. »Wissen wir schon, wo der Engländer ist? Gibt es eine Spur?«

Karina kennt die Antwort bereits, sie lautet Nein.

Samstag, 4. August
Narva, Lobby Hotel Virumaa

Es ist Punkt 21 Uhr, aber noch keine Spur von Karina zu sehen. Was soll ich tun? Ich habe keine Handynummer von ihr. Eine junge Frau schaut mich an. Sie sitzt auf dem Plüschsofa am Fenster. Eben hat mich schon ein Mädchen gefragt, ob ich auf jemanden warte.

»Bist du einsam?«, wollte sie in schlechtem Englisch wissen. Ich bin solche Fragen nicht gewohnt, sitze sonst nicht an Bars von Hotels. Ich bin ein Blogger mit Abi, der nie Wodka, sondern stets Limo trinkt.

Khalil kann sich nicht vorstellen, dass mich Karina nicht erkannt haben soll. Eine Frau in ihrer Liga würde sonst nicht freiwillig mit einem Jungen wie mir ausgehen. Na super, so denkt mein eigener Freund über mich. Khalil hat mir geraten, ihr Spiel mitzuspielen. Wichtig wäre nur mein Auftrag. Karina könnte der Schlüssel zu einem PC in der Agentur sein. Sobald ich den Stick hätte, sollte ich nach Berlin kommen.

Eine Frauenstimme sagt: »Na, allein?«

Die junge Frau, die mich eben noch vom Sofa aus angeschaut hat, steht nun neben mir. Sie ist fast noch ein Mädchen und fragt mich nach meinem Namen. Sie selbst heißt Sofia und hat ein Tattoo mit einem bunten Schmetterling am Hals. Ob sie überhaupt schon 18 ist? Sie trägt Minirock und ein enges Oberteil, in dem ihre beiden kleinen Brüste durchscheinen. Ihre Haare sind kurz und ihr Gesicht ist makellos. Ein hagerer, breitschultriger Typ gesellt sich auf der anderen Seite zu mir. Er glotzt sie schamlos an – direkt über die Theke hinweg. Sie verschwendet keinen Blick an ihn.

Er flüstert mir zu laut zu: »*Let it happen.*«

Warum sagt er das? Das ist mir peinlich. Selbst vor einer Prostituierten.

Sofia fragt mich von der anderen Seite: »Wartest du auf jemanden?«

Ich nicke.

»Ich habe heute nur auf dich gewartet«, entgegnet sie keck und möchte etwas trinken. Das will ich aber nicht.

Ich komme allerdings nicht dazu, »No« zu sagen, denn der Kerl mischt sich von der anderen Seite ein: »Der Mann« – damit meint er offenkundig mich – »hat doch gesagt, dass er auf jemand anderen wartet.«

Sofia wendet sich ab und er rückt ein wenig näher zu mir. Er hat eine Adlernase, sein Atem ist stechend und sein Gesicht scharfkantig. Er schaut auf mein Handy, das ich auf den Tresen gelegt habe.

»Was hast du denn da für ein Handy?«

»Ein Samsung«, sage ich.

»Aber kein normales Samsung, oder?«

»Ach so, ja. Das Drumherum ist eine Powerbank. Deshalb ist es auch so schwer.«

Er hebt es hoch. »Wirklich schwer.«

Ehe ich es ihm wegnehmen kann, ist das Mädchen erneut da und sagt: »Ich habe Zeit für dich.«

»Äh.« War mein Signal nicht eindeutig genug? Oder ist sie nur extrem aufdringlich? Was soll ich darauf antworten? »Ich warte immer noch auf jemanden.«

Zu allem Überfluss reicht mir der Barkeeper einen Telefonhörer. Ich bin überfordert. Karina ist dran und sagt: »Entschuldige, ich habe Stress in der Agentur.«

Die Adlernase neben mir tippt derweil unverschämterweise auf meinem Handy rum. Ich deute ihm an, dass er das sein lassen soll. Karina will sich lieber morgen mit mir treffen. Morgen sei Sonntag und dann habe sie frei.

»Okay«, sage ich. »Wo und wann?«

Sie fragt nach meiner Nummer und meint, sie werde sich melden, wenn sie aufgestanden sei. Ist das ein Trick, um an meine Nummer zu kommen? Ehe ich ihr sagen kann, dass ich meine Handynummer nur ungern herausgebe, meint sie schon: »Ach, egal. Ich rufe dich wieder im Hotel an.«

Der Barkeeper nimmt das Telefon an sich und mein Hockernachbar legt mein Handy zurück auf den Tresen. Er sagt »Thanks« und setzt sich auf den Barhocker neben Sofia. Die beiden reden zwei Sätze miteinander, dann gehen sie weg, ohne mich auch nur eine Sekunde zu beachten. Ich bin raus aus dem Spiel.

Von draußen leuchtet die Sonne orange durch das Lobbyfenster. Sie wirft ein besänftigendes Licht auf die Dinge. Ich habe davon gehört, dass es in St. Petersburg weiße Nächte gibt. St. Petersburg ist nur einen Katzensprung von hier entfernt. Ich komme mir vor, als sei mein Leben in Deutschland weiter weg als der Mond.

Ich verlasse das Hotel und laufe zur *Puškini maantee*. Oben in der Agentur brennt Licht, obwohl es noch hell ist. Dort sitzt Karina und arbeitet. Oder hat sie mich gerade angelogen? Sie weiß doch, wer ich bin.

Auf meinem Display erscheint Sarahs Nummer und sie hinterlässt eine Sprachnachricht. Sie sagt, dass es ihr leidtue und sie sich Sorgen um mich mache. Soll ich ihr schreiben, dass ich sie vermisse? Tue ich das? Ich weiß nicht, was ich fühle. Würde ich Sarah wirklich lieben, dann wäre ich doch nicht so auf Karina angesprungen. Sie hat mir eben an der Ampel in die Augen gesehen, als würde sie nie wieder woanders hinschauen wollen. Die Frau ist nicht normal.

Ich gehe rechts ab, wo eine Straße steil hinunter zum Fluss führt. Die Mücken werden schlagartig mehr. Die Promenade ist chic, links die steile Festungsmauer des Hermannsturms, rechts die Narva. Kein Ort an der Spree oder am Rhein ist so sauber. Der Weg unterquert die Brücke. Wieder ein Grenzpfahl in Blau, Schwarz und Weiß. Das Blau steht für Treue und Vertrauen, das Schwarz für die Ahnen und das Weiß für den Schnee und die Zukunft. So viel sagt mir Wikipedia über die Farben der estnischen Flagge. Glaubt man der Sprache der Spaziergänger am Ufer, dann liegt die Zukunft auf der anderen Seite der Narva, denn sie reden russisch.

Ich schicke Khalil ein Foto von der Brücke über die Narva.

Er sendet ein Foto von sich vor dem Bildschirm.

Ich antworte mit einem Smiley.

Er schreibt: *Dir scheint es ja gut zu gehen.*

Ich schicke einen Daumen hoch. *Weil ich einfach nicht in die Nachrichten schaue. Ich konzentriere mich auf mein Date mit Karina.*

Er: *Denk an Sarah.*

Was soll die blöde Bemerkung? Warum sollte ich an Sarah denken? Sie hat mich im Krankenhaus allein gelassen. Nicht *ich* sie! Ich weiß nie, warum sich Leute in die Beziehung anderer einmischen. Khalil hat doch keine Ahnung, wie es zwischen Sarah und mir steht.

Samstag, 4. August

Narva, Hotel Virumaa, Zimmer 308

»Du gehst jetzt ins Bad«, befiehlt Leonid.

»Aber ...«

»Du gehst jetzt ins Bad«, wiederholt er stumpf.

Sofia wundert sich. Dennoch gehorcht sie, schließlich ist der Kunde König. Im Bad schließt sie ab und stellt sich vor den Spiegel. Aus der Handtasche, den ein Totenkopf aus farbigen Pailletten ziert, zieht sie ihr Portemonnaie. 80 Euro hat er ihr eben schon vor dem Hotel gegeben, damit sie diesen Phoenix an der Bar anspricht. Leonid hat ihr noch 120 Euro mehr versprochen, wenn sie die Nacht mit ihm verbringt. Leonids Stimme ist tief wie das Meer. Er ist ihr ein bisschen unheimlich.

Sie steckt die Scheine wieder ins Portemonnaie und beschäftigt sich mit ihrem Lippenstift. Gedämpft hört sie Leonids Stimme durch die Tür.

Leonid telefoniert mit Karina. Er gibt ihr die Rufnummer von Phoenix, die er unten an der Bar in seinem Handy herausgefunden hat. Die Aktion mit Sofia hat sich gelohnt.

»Ich werde ihn morgen verführen«, sagt Karina.

»Wirklich?«

»Du wirst schon sehen«, verspricht sie. »Oder findest du es zu viel Einsatz?«

»Ich weiß nicht«, meint Leonid. Er sitzt auf der Bettkante und merkt die Eifersucht, die in ihm hochsteigt. Er würde Karina gerne besitzen, so wie er einen Diamanten besitzen möchte. So ein Arschloch wie dieser Phoenix Zander wird mit Karina zusammen sein.

Leonid klopft an die Badezimmertür.

»Ich warte«, sagt er fordernd.

Sonntag, 5. August
Narva, Hotel Virumaa, Zimmer 307

Ich werde nach Mitternacht aus unruhigen Träumen wach. Die ganze Zeit über muss ich schon unterbewusst im Traum die Schreie aus dem Nachbarzimmer gehört haben, denn ich bin erregt. Die Frau schreit durch die Wand. Ich will sie ignorieren und schaue aufs Handy, will mich ablenken.

In Deutschland ist die Hölle los. Erneut gab es Zusammenstöße am Holocaust-Mahnmal: Menschen laufen zwischen den Steinen herum, die Polizei versucht, die Leute zwischen den quaderförmigen Betonsteinen herauszutreiben. Aber es ist schwierig und einige rechte Demonstranten haben im Getümmel auf die Quader Hakenkreuze gemalt. Was für Faschos! Kapieren die nicht, dass sie ihr eigenes Land mit solchen Aktionen in den Dreck ziehen? Ein Hubschrauber liefert Bilder von oben, die nun überall in den Medien zu sehen sind – auch auf CNN und Fox News. Der Kreml gibt bekannt, dass man Alexanders Eltern helfen wolle, indem man dem deutschen Staat Unterstützung anbieten würde.

»Unfassbar«, sage ich im Bett sitzend. »Einfach unfassbar. Diese Arschlöcher im Kreml!«

Die Schreie im Nachbarzimmer werden lauter. Die Frau dort drüben hat die Liebe ihres Lebens gefunden.

Ich schreibe Sarah: *Wie geht es dir? Wo bist du?*

Sie schreibt sofort zurück: *Bei meinen Eltern.*

Ich: *In Brandenburg.*

Sie: *Am Brandenburger Tor.*

Ich: *Bist du völlig durchgedreht?*

Sie: *Ich muss auf die beiden aufpassen. Ich konnte sie nicht davon abhalten. Ich finde das auch total bescheuert. Aber sie wollen hier ausharren. Sie wollen, dass sich etwas ändert.*

Ich: *Dann pass du mal auf.*

Sie: *Können wir telefonieren?*

Ehe ich darauf antworten kann, ruft sie an, aber ich gehe nicht ran. Die Schreie von nebenan sind einfach zu laut zum Telefonieren.

Und ich will jetzt nicht mit Sarah reden.

Ein Mann schreit. Die Stimme klingt brutal. Ob die beiden sich dort drüben wirklich lieben oder … Dann ist es still. Ich liege auf dem Bett und lausche und schlafe wieder ein.

Es ist schon hell im Zimmer. Die Sonne sucht sich ihren Raum. Für eine Sekunde weiß ich nicht, wo ich bin. Dann ist alles klar: Narva, im Hotel. Ich schalte mein Handy an: 9.18 Uhr. Dann lege ich es auf meine Bettdecke und gehe auf das neueste Video von n-tv.

Die Nachrichtenmoderatorin redet: »Gestern noch erschütterten Gasexplosionen Słubice, jenen polnischen Ort, der direkt gegenüber von Frankfurt an der Oder liegt. Heute aber rückt der Grenzort aus einem ganz anderen Grund in den Fokus der Öffentlichkeit. Denn wie die polnische Polizei mitteilte, kam in Słubice bei der gestrigen Gasexplosion diese Frau zu Tode.«

Ich schaue gebannt auf mein Handy. Es wird das Foto einer Frau eingeblendet, die so aussieht wie Karina und die Ohrringe mit dem Delfin trägt.

»Sie wurde identifiziert als die in Berlin lebende russische Staatsbürgerin Galina Kusnezowa. Und ist – wie nun aus vertraulichen Kreisen bekannt wurde – den Behörden im Zusammenhang mit dem Video von dem Syrer Amer Tallak bekannt. Dieses kursiert immer noch auf den sozialen Plattformen. Für die Polizei sind die neuen Ermittlungserkenntnisse ein Puzzlestein mehr im Fall ›Alexander Schneider‹. Doch wir fragen uns: Warum war diese junge Frau in dem polnischen Ort? Warum fand die Polizei eine Waffe in der Wohnung? Wir bleiben dran an der Story …«

Ich rufe Khalil an. Der ist noch verpennt und sagt, er wolle nichts mehr von den Ausschreitungen am Holocaust-Mahnmal hören.

»Es geht um Karina. Sie hat eine Zwillingsschwester. Die haben es gerade auf n-tv gebracht.«

»Hä, was?«

»Guck es dir an. Es war ihre Schwester, die das Video gekauft hat, nicht Karina.«

Dann sieht er selbst die Nachrichten und das Foto der Toten.

»Und Karina wollte dich trotzdem gestern daten?«

»Was meinst du?«

»Stell dir vor, deine Schwester stirbt. Was würdest du tun?«

»Vielleicht wusste sie gestern noch nichts vom Tod ihrer Schwester.«

»Du solltest jedenfalls höllisch aufpassen, wenn du sie triffst. Der trau ich alles zu.«

»Du klingst ganz nah«, sage ich.

»Weil ich dir nah bin, vermutlich bin ich der Einzige, der dir noch nah ist. Du hast sonst niemanden mehr.«

So habe ich es nicht gemeint, aber Khalil hat recht. Ohne ihn wäre ich allein.

Er fragt: »Hast du schon gefrühstückt?«

Ich antworte: »Nein.«

»Dann beeil dich. Es ist halb zehn. Um zehn ist die Frühstückszeit im *Hotel Virumaa* vorbei.«

»Du weißt ja anscheinend alles.«

»Ich hab Internet. Das ist *magic*.«

Wir lachen und er rät mir, ich solle essen, viel trinken und einen klaren Kopf bewahren.

»Wo bist du überhaupt?«, will ich wissen.

»Na, in meiner Wohnung. Ich hab noch Knäckebrot und …«

»Du hast Knäckebrot?«

»Ja. Ich komm mir vor wie so ein Burgherr, dessen Burg umzingelt ist. Da draußen die Journalisten, hier drinnen ich. Heute Nacht habe ich nicht einmal das Licht angemacht, aus Angst, sie könnten mich entdecken.«

Ich wünsche ihm guten Hunger und mache mich auf den Weg nach unten. Ob das Pärchen neben mir schon ausgecheckt hat? Unten im Frühstücksraum ist kein Hotelgast mehr. Die meisten sind wohl geschäftlich in Narva und Geschäftsleute frühstücken nicht erst um halb zehn, obwohl es Sonntag ist. Aber wie ich von meinem Taxifahrer weiß, gibt es in Narva keinen Samstag und keinen Sonntag. Die Geschäfte sind immer offen – 24/7. Es gibt Rührei und Speck, Blinis und Marmelade. Die warmen Speisen sind in den Metallbehältern – aber sie sind nur noch lauwarm. Auch von der Wurst und dem Käse sind nur noch Reste übrig.

Wo wohl Karina frühstückt? In ihrer Wohnung? Bei einem Freund? Ich weiß nichts über sie und setze mich mit meinem Teller voller Blinis, Weißbrot und Erdbeermarmelade ans Fenster. Ob es draußen wieder so heiß ist? Das Handy sagt 28 Grad, aber hier drin sind es höchstens 19 Grad, denn die Klimaanlage arbeitet auf Hochtouren. Klimaerwärmung bringt Klimaanlage. Das ist die logische Schlussfolgerung.

Ich klicke auf die Nachrichten. Die Gasexplosion und Galina Kusnezowas Tod haben sogar die Aufnahmen von den Hakenkreuzen am Holocaust-Mahnmal ein wenig in den Hintergrund gedrängt. Nachrichten sind wie wilde Tiere, sie fressen sich gegenseitig. In den Kommentaren auf unserem Kanal haben die Hater die Oberhand gewonnen. Ich bin angeblich ein Kinderschänder, genau wie Khalil. Wir seien »Nestbeschmutzer« und daran schuld, wenn Deutschland bald ganz »kanakisiert« sei. Das Wort »kanakisiert« ist eine Neuschöpfung. Ich weiß nicht, ab wann ein Kommentar Volksverhetzung ist. Aber hier muss doch YouTube einschreiten. Ich würde am liebsten jeden einzelnen Hater anzeigen, aber es sind zu viele. Sie sind im Netz schon die Mehrheit.

Ich sollte ein Video machen und Stellung nehmen. Wir können diesen Leuten nicht einfach den Platz überlassen. Während ich mein Marmeladenbrot esse und beobachte, wie die Kellnerin schon das Büfett abbaut, rufe ich Khalil an und schlage ihm vor, ein Video zu drehen. Doch Khalil will das nicht. Er besteht darauf, dass ich erst einmal die Fakten zur

Trollfabrik von Narva und zu ihren Hetzkampagnen heranschaffe.

»Du bist knapp hundert Meter von dem Ort entfernt, an dem die Fäden zusammenlaufen. Du hast einen Stick und musst nur an einen der Rechner in der Agentur gelangen. Danach kannst du dich um all die anderen Themen kümmern. Fokussier dich!«

»Ja, ist klar. Aber ich will eigentlich jetzt gleich ein Video machen. Ich werde mich nicht länger an den Pranger stellen lassen, sondern Myasniks Trolle vorführen«, sage ich. »Ich werde über seinen Aufstieg vom Präsidentenschneider zum Oligarchen reden und dass das russische System der Desinformation schon in der Sowjetunion gut funktioniert hat. Und ende bei den Leuten, die am Brandenburger Tor stehen, die Hakenkreuze malen oder uns töten wollen, weil sie von ihm aufgehetzt werden.«

»Das ist nichts Neues«, erklärt Khalil. »Das hast du alles schon mal gesagt.«

»Egal. Wir müssen Stellung beziehen. Die neuen Fakten bringen wir, wenn ich hier mit der Trollfabrik fertig bin. Aber wir können diese Nazis nicht einfach so über uns herziehen lassen. Das geht nicht, denn es verfestigt sich sonst in den Köpfen der Menschen. Wir sind keine Kinderschänder oder sonst was. Wir müssen uns wehren, Khalil.«

»Okay«, sagt er. »Aber du darfst nichts von Estland erzählen.«

»Für wie dumm hältst du mich?«

»Sieh dich vorher im Zimmer um, ob es Wanzen gibt.«

»Darauf kannst du dich verlassen.«

So schaue ich kurz darauf unter den Lampenschirm der Schreibtischleuchte, schraube die Birne heraus, gucke unter dem Fuß, aber nirgends ist eine Wanze zu finden. Wo werden diese kleinen fiesen Teile sonst noch angebracht? Auf dem Bett stehend taste ich jetzt die Lampe an der Decke ab. Keine ungewöhnliche Erhebung zu spüren – auch nicht unter dem Schreibtisch, nicht unter dem Stuhl und nicht am Fernseher. Was, wenn sie die Wanzen einfach in die Lautsprecher vom Fernseher eingebaut haben? Oder oben an der Gardinenstange? Oder …?

Ich suche noch erfolglos das Bad ab. Die Dinger, die mir Khalil gezeigt hat, waren allerdings auch extrem klein. Vermutlich bräuchte ich einen Detektor, um die Wanzen aufzuspüren. Also gebe ich auf.

Das Handy platziere ich auf meinem Mini-Stativ auf dem Schreibtisch. Ich selbst sitze auf dem Stuhl davor und schaue geradewegs in die Cam. Was genau soll ich sagen? Dass es mir gut geht? Dass ich mich nicht mehr in Deutschland befinde? Dass wir uns nicht von den Hetzern im Netz einschüchtern lassen? Auch nicht von den Nazis am Holocaust-Mahnmal. Dass wir ihnen die Stirn bieten müssen. Dann die Myasnik-Geschichte, die Trolle …

Ich bin ganz allein mit meinem Handy.

»*Es gibt kein richtiges Leben im falschen.* Ja, Papa, so ist es. *Es gibt kein richtiges Leben im falschen.* Du sagst es. Genauso ist es.« Ich rede laut mit meinem Vater, der nicht da ist. »Das sind deine Worte, Papa! Überlass niemals den Lügnern die Welt. Niemals.«

Ich rufe noch einmal Khalil an, der schon Fotos und Memes zum Fall Myasnik sowie Aufnahmen von der Explosion in Polen, den Demos und den Ausschreitungen am Holocaust-Mahnmal zusammengetragen hat.

Als ich mich gerade konzentriere, um den Beitrag in einem Flow sprechen zu können, klingelt das Zimmertelefon neben meinem Bett. Es ist Karina. Sie sagt, sie würde sich gerne sofort mit mir treffen.

»Gut«, erwidere ich. »Ich brauche hier nur noch zwanzig Minuten oder so.«

Während ich mit ihr rede, kommt mir ein Verdacht: Hat sie etwa eben gehört, dass ich mit Khalil telefoniert habe? Sie wollte mich anrufen. Das stimmt. Aber dass sie es gerade jetzt tut, erscheint mir verdächtig.

Gibt es hier doch Wanzen im Zimmer?

»Was machst du gerade?«, fragt sie.

»Ich gucke eine Serie und bin kurz vor dem Staffelfinale.«

»Welche Serie?«

»*Lilyhammer*«, lüge ich. »Ist richtig gut.« Und füge hinzu: »Ach ja, ich würde mich noch gerne duschen. Wir können uns doch etwa in einer Dreiviertelstunde unten in der Lobby treffen.«

»Gut«, sagt sie.

Ich lege auf und will Karina eine Falle stellen. Dann rufe ich wieder Khalil an.

»Schon fertig?«, fragt er.

»Ich brauche noch ein paar Minuten. Ich werde auch neue Fakten über Myasnik im Video einbringen.«

»Meinst du, das ist der richtige Zeitpunkt?«

»Goldrichtig«, sage ich. »Wozu haben wir denn die Fakten auf dem Stick? Wir müssen raus damit. Die Schweinerei, die Russland da gerade abzieht, muss endlich in allen Einzelheiten aufgedeckt werden. In einer Viertelstunde bin ich so weit, dann beginne ich mit der Aufnahme.«

»Du musst alles in einem Take machen.«

»Ich kriege das schon hin.«

Wir beenden das Gespräch. Sollte Karina gerade mitgehört haben, so wird sie Himmel und Hölle in Bewegung setzen, um das Video zu verhindern. Ich lege mich aufs Bett und warte. Vielleicht sollte ich noch duschen. Ich gehe ins Bad und genieße das warme Wasser, wasche mir die Haare, nehme noch mehr Shampoo und spüre die Hitze auf meiner Haut. Es ist pervers: Du stehst unter der Dusche in einem klimatisierten Bad und freust dich über das warme Wasser, obwohl es draußen heiß ist. Pure Energieverschwendung.

Es klopft an der Tür. Ich ziehe mir den Bademantel über und schaue durch den Spion. Karina steht im Flur: die Haare perfekt gewellt, die Lippen rot, die Augen groß. Perfekt, perfekt, perfekt. Ich frage mich, warum Sarah unbedingt glattes Haar haben möchte. Das ist ein Tick von ihr.

»Du warst aber schnell hier«, sage ich. »Wir wollten uns doch erst in einer halben Stunde unten in der Lobby treffen.«

»Ich bin halt hochgekommen.«

»Weil du es nicht ausgehalten hast?«

Den Kopf leicht angewinkelt lächelt sie mich an. Dadurch wird ihr Grübchen am Kinn noch deutlicher.

»Ich war gerade unter der Dusche. Aber das wusstest du ja.«

»Wieso?«, fragt sie überrascht.

»Weil ich es dir am Telefon gesagt habe.«

Ihr Ausdruck beruhigt sich. »Ach ja, stimmt.«

»Ich muss noch einmal ins Bad. Willst du warten?«

Sie setzt sich in den Stoffsessel am Fenster, schlägt die Beine übereinander und fragt mit einem Blick auf mein Handy im Stativ: »Hattest du vor, dich zu filmen?«

»Das mache ich immer so, wenn ich aus dem Bad komme«, witzele ich.

Leider gibt es in der Badezimmertür keinen Spion, um die Spionin auszuspionieren. Ob sie sich mein Handy anschaut? Oder mein Portemonnaie durchsucht? Ich föhne mir die Haare und lasse mir Zeit. Rasur, Aftershave, Jeans und ein rotes T-Shirt, worauf in Blau fett das Wort »grün« steht.

Karina sitzt noch genauso im Sessel wie eben, die gebräunten Beine übereinandergeschlagen, als sei die Zeit stehen geblieben.

»Was möchtest du sehen?«, fragt sie.

»Alles.«

»Eines muss ich dir gleich beichten«, sagt sie. »Ich bin keine Deutsche.«

»Sondern?«

»Estin.«

»Wirklich?«

»Ja, mit Russisch als Muttersprache.«

»Und warum hast du geschwindelt?«

»Das liegt wohl in meiner Natur.«

Wir treten auf den Flur und dem Spiegel am Flurende entgegen. Karina ist ein bisschen kleiner als ich, genau wie Sarah, und sie hat eine perfekte Figur, genau wie Sarah. Ich sehe Sarah vor meinem geistigen Auge und betrachte Karina im Spiegel, gehe neben ihr und auf sie zu. Sie redet über die Schönheit Estlands und will mir ein bisschen davon zeigen. Als wir den Fahrstuhl fast erreicht haben, lächelt sie mich im

Spiegelbild an. Im Aufzug ist noch ein Spiegel. Es gibt keine Chance, Karinas Blick zu entkommen. Mir ist heiß, obwohl auch der Aufzug klimatisiert ist. Ich muss noch Khalil schreiben. Schließlich habe ich das Video nicht gedreht.

Ich schreibe: *Ich mache das Video später.*

Später?, schreibt er zurück.

Karina schaut mich an und fragt: »Wichtig?«

Ich tippe noch *Nicht jetzt! Erkläre ich dir noch* und die Fahrstuhltür öffnet sich zur Lobby.

Vor dem Hotel stehen die Wagen in Parklücken, schön schräg einer neben dem anderen. Karina drückt den Schlüssel. Ein Toyota Yaris blinkt uns zwischen einem Passat und einem Minibus zu.

Ich setze mich. Sportlich tief ist es hier. Ganz anders als in Sarahs Volvo, viel unbequemer.

»Ist der neu?«, frage ich.

Sie nickt.

»War bestimmt nicht preiswert.«

»Kredit«, sagt sie. »Es lohnt sich nicht mehr, einen Wagen direkt zu bezahlen.«

Ich bin erstaunt über ihre Offenheit. »In Narva gibt es viele Toyotas.«

»Weil Elke Narva direkt vor dem Ortseingang eine Toyota-Vertretung eröffnet hat. Alle kaufen bei ihr wegen der günstigen Kredite. Oder fahren alte Autos aus Deutschland.«

»Und warum haben so viele Esten deutsche Vor- oder Nachnamen wie Elke Narva?«

»Weil die deutschen Gutsherren früher ihren estnischen Mägden und Knechten deutsche Namen gegeben haben.«

Der Wagen zündet und sie verspricht mir: »Lass dich einfach verführen. So sagt man doch im Deutschen.«

»Kommt drauf an«, sage ich.

Wir fahren die gleiche Strecke, die ich auch mit dem Taxi gekommen bin. Ich frage sie nach ihrer Arbeit und spüre in jeder Antwort eine Lüge. Sie fährt auf die Statoil am Ortseingang und kehrt aus der Tanke mit zwei Flaschen Wasser zurück.

Sie sagt: »Die können wir gut gebrauchen.«

»Wird es etwa eine lange Verführung?«, frage ich sie scherzhaft.

»Genieße es«, erwidert sie nur.

Wir lachen wie zwei Spieler am Pokertisch. Zu offensichtlich fröhlich, um ehrlich zu sein. Sie steckt sich die Haare nun kurzerhand hoch, sodass ich ihren Hals und den Nacken sehen kann, an dem sich kleine Härchen kräuseln. Sie erzählt, dass es heute Abend gewittern soll. Solche Trockenphasen wie gerade seien nicht normal für Estland. Aber es sei auch nicht normal, dass es an Weihnachten nicht mehr schneit. Ich halte meine kalte Flasche im Schoß und Karina fährt aus der Stadt heraus – vorbei an Elke Narvas Toyota-Vertretung. Die hatte ich auf dem Hinweg gar nicht gesehen.

»Die Esten hatten auch eine Revolution«, erzählt sie mir. »Genau wie die Deutschen. Aber davon redet heute kaum noch einer. Seit 1991 ist Estland ein unabhängiger Staat und viele Leute sind arm.«

»Wieso?«

»Weil die Rentner ganz wenig Geld bekommen, obwohl sie ihr ganzes Leben gearbeitet haben, und …«

»Bei uns sind die Renten in Ost- und Westdeutschland auch nicht gleich hoch.«

Sie lacht und drosselt die Geschwindigkeit, weil gleich ein Blitzer kommt. »Das ist witzig, Phoenix. Sehr witzig. Es geht hier nicht um ein paar Euro Unterschied.«

Ich entgegne ihr nichts darauf. Denn ich weiß selber, dass Estland nach dem Zusammenbruch der Sowjetunion keinen großen Bruder im Westen gehabt hat wie Ostdeutschland. Die Menschen in Estland, Polen, Ungarn oder Slowenien waren auf sich selbst gestellt. Da war niemand, der ihnen Geld gab, Häuser renovierte und Straßen baute. Und die Russen haben nichts getan. Die Russen waren Besatzer, keine Helfer. Als die Amerikaner Frankreich befreit hatten, sind sie zurück nach Amerika gegangen. Aber als die Russen Estland befreit hatten, sind sie einfach geblieben. Aus Befreiern wurden Besatzer. Das ist die russische Methode. Und sie ist effektiv. Noch heute wohnen in Armenien, Kasachstan, Kirgisistan, Usbekistan, Litauen, Lettland und Estland deshalb extrem viele Russen und wollen ihre Kultur und Sprache bewahren. Als wir einen Beitrag über die Ukraine gemacht haben, ist mir das zum ersten Mal klar geworden. Russische Politik ist immer Bevölkerungspolitik. Aber darüber sage ich lieber nichts. Vermutlich ist Karina eine Anhängerin von Komarow. Und ich will sie jetzt nicht provozieren.

»Woran denkst du?«, fragt sie.

Ich lüge: »Ich genieße einfach die Fahrt. Bei uns gibt es solche Wiesen kaum noch. Überall sind Äcker und Getreide. Hier sind einfach Wiese und Wald.«

»Die Deutschen kaufen unseren Wald. Eine der ersten Firmen in Narva war übrigens *Würth*, diese Schraubenfirma.

Die haben in Narva sofort die Bäume vor ihrem Geschäft gefällt, asphaltiert und Parkplätze geschaffen. Da parken nun alte deutsche Autos.«

Sie schaut nicht zu mir, sondern stur auf die Straße. Ich frage mich, was sie wirklich denkt. Und ich frage mich, wie ich sie dazu bringen kann, mich in die Agentur mitzunehmen. Ob sie einen Schlüssel zu den Büros hat? Oder ob es einen Boss gibt, der alles sichert?

Sonntag, 5. August
Berlin, Treptower Park

Der Spielplatz ist übervölkert, überall Kinder mit Mamas und Papas, Dreiräder, Spielbagger und Schäufelchen. Solche Zustände der Enge kennt Jonathan sonst nur aus Singapur oder Shanghai. Hier aber befindet er sich mitten in Berlin auf einem Kinderspielplatz, den sie »Weltspielplatz« nennen. Die Kontinente mit den Spielgerüsten sind durch blaue Zwischenwege voneinander getrennt. Sie symbolisieren die Meere, doch leicht zu überwinden mit wenigen Schritten, denn alle sollen hier auf dem Spielplatz leicht zueinanderfinden.

Jonathan sitzt gerade auf einer Bank am Rande des Kontinents Nordamerika, genauer gesagt, bei den blaugrauen Wolkenkratzern, auf denen die Kinder herumklettern. Rami Tallak rennt wie ein Wiesel unter einem Turm herum und scheint sich mit einem blonden Jungen angefreundet zu haben. Solange sein Vater Amer von der Polizei beschützt wird, ist der Kleine bei seiner Tante Leyla. Jonathan weiß nicht, wie sie aussieht.

Ein Bild von Rami mit seinem Vater hat er im Netz gefunden, aber von Tante Leyla hat er nur durch Tallaks Nachbarin erfahren. Also schaut er, welche der beiden arabisch aussehenden Frauen in die Richtung des kleinen Ramis schaut. Er muss nicht lange warten, denn Rami läuft geradewegs auf eine der Frauen zu und trinkt bei ihr einen Schluck Wasser aus der Flasche.

Der Engländer ist nicht unbedingt ein attraktiver Mann, doch er weiß sich zu kleiden und setzt sich in Hemd und Stoffhose neben Leyla. Sie ist übergewichtig, trägt Bluse und Rock, beides sehr schlicht, beides eher abweisend als aufreizend. Er spielt mit seiner Armani-Sonnenbrille und überlegt, wie er mit ihr in Kontakt treten kann.

Er ruft laut zu einer Gruppe Jungen, die in der Nähe von Rami spielen: »Philipp, lass das!« Dann schaut er zu Leyla und sagt: »Philipp ist ziemlich ungestüm.«

Leyla sagt nichts.

Jonathan überlegt: Versteht sie ihn nicht? Spricht sie kein Deutsch? »Do you speak English?«

Sie schaut weg in die andere Richtung und will nichts mit ihm zu tun haben. Es ärgert Jonathan ein wenig, deshalb geht er weg. Doch nicht weit, sondern er wartet auf eine Unaufmerksamkeit von Leyla. Es dauert, aber schließlich packt Leyla die Trinkflasche und Süßigkeiten in ihre Tasche. Jonathan nutzt die Chance. Er spricht Rami an.

»Guten Tag«, begrüßt er ihn und bittet den Jungen, ihm den kleinsten Wolkenkratzer zu zeigen. Das Wort »Wolkenkratzer« versteht Rami nicht und Jonathan packt ihn einfach am Arm und zieht ihn hinter den Turm. Hier kann Leyla sie nicht sehen.

»Das ist ein Schnauzbart«, sagt Jonathan in seinem typischen Deutsch-Englisch. Dabei kringelt er mit dem Zeigefingerne die Spitzen seines Bartes ein und lässt sie hochschnellen, was Rami lustig findet.

»Ich bin ein Freund von Alexander«, betont Jonathan.

»Alexander?«

»Ja. Ich habe ihn mitgebracht.«

Rami wundert sich. »Wo ist Alexander?«

»Er wartet auf dich.«

So nimmt er Rami im Schatten des Turmes ein Stück mit sich.

»Alexander freut sich schon richtig auf dich«, sagt er.

»Leyla will nicht, dass ich weggehe.« Ramis Stimme erinnert Jonathan ein wenig an die des Jungen, der auf YouTube seine *Fortnite*-Figuren präsentiert hat.

»Leyla packt gerade die Tasche«, meint Jonathan. »Wir gehen schon vor, sie kommt gleich.«

Dabei lässt er Rami eines seiner beiden Schnauzbartenden anfassen und hochschnellen, was den Jungen zum Lachen bringt.

»Wann hast du denn Alexander zum letzten Mal gesehen?«, fragt Jonathan.

»Beim Geburtstag. Wir sind über die Mauer geklettert und dann über die Straße gelaufen.«

»Was wolltet ihr denn machen?«

»Ich kann nicht schwimmen.«

»Und Alexander?«

»Er hat gesagt, ich sei ein Feigling. Dann bin ich weggelaufen.«

Tante Leyla ruft. Als sich Jonathan umdreht, sieht er sie schon kommen und sagt: »Na, wie schön. Rami hatte sich verlaufen.«

Leyla schaut kritisch. Ihr pausbäckiges Gesicht wirkt streng. Sie glaubt ihm kein Wort. »Wo ist denn Philipp?«, fragt sie.

»Er ist ein Freund von Alexander«, fährt Rami dazwischen und reißt an Jonathans Hand. »Er wartet auf uns. Wir müssen zu ihm, Tante!«

Der Engländer überlegt, was er machen soll. Dann sagt er dreist: »Genau, deine Tante kommt einfach mit uns zu Alexander.«

»Alexander?«, fragt Leyla, die begreift, dass ihr Jonathan die ganze Zeit über etwas vorspielt.

Rami lässt sich von Jonathan führen, während Leyla zögerlich mit der Tasche folgt.

»Komm zu mir, Rami«, sagt sie auf Arabisch. »Komm!«

Rami reagiert nicht. Er will bei Jonathan bleiben und Alexander sehen. Leyla folgt ihnen, wird schneller und schließt zu den beiden auf. Dann greift sie nach Ramis Schulter und hält ihn fest. Doch Rami klammert sich an Jonathans Hand, er will nicht weg.

Jonathan lächelt ihn an und beugt sich zu Rami herunter. »Du musst nicht traurig sein.« Er drückt ihm einen Kuss auf die Stirn. »Geh ruhig.«

Rami schreit auf Arabisch seine Tante an, dass sie böse sei, er sie nie wiedersehen wolle, er all das seinem Vater sagen werde …

Jonathan ist schon weitergegangen, die Hände in den Hosentaschen. Er weiß nicht, was er von dem Gespräch mit dem Jungen halten soll. Eines aber ist sicher: Er muss sich von seinem geliebten Schnauzbart trennen, denn womöglich wird Ramis Tante die Polizei verständigen.

Erst als er in seiner Wohnung an der Joachimsthaler Straße vor dem Spiegel steht und die Barthaare im Waschbecken sieht, kommt ihm wieder der Satz in den Sinn: *Ich kann nicht schwimmen.*

Jonathan schaut sich im Spiegel an und fragt sich leise: »Wo wollte Alexander schwimmen gehen? Wo?«

Zum See oder zum Fluss wäre es vom Ort der Geburtstagsfeier aus zu weit für die Jungen gewesen und fürs Freibad hätten die Kinder sicherlich kein Geld dabeigehabt.

Ihm kommen die ganzen Pool-Storys auf YouTube in den Sinn. Einige YouTuber wie *Julian Bam* haben sich selbst Pools gebaut. Auch viele Let's Player, die Jonathan ab und an schaut, wenn er sich über ein neues Spiel informieren möchte, besitzen Pools. Es gibt vermutlich tausend Pools in irgendwelchen Gärten in Köpenick. Er geht auf Google Earth und sieht, dass die Satelliten-Aufnahmen von dort recht neu sind. Der Weltspielplatz ist jedenfalls schon zu sehen. Auch Pools findet er. Aber was nutzt ihm das? Selbst wenn Alexander in einem Pool schwimmen wollte, dann würde das nicht sein Verschwinden erklären.

Nein. Alles sinnlos, denkt er. Trotzdem schaut er sich die Höfe und Gärten in Köpenick an. Er zoomt auf das Haus der Schneiders und entdeckt einen Pool, der wie eine helle Träne im Garten liegt.

Fünf Minuten später ist er mit ganz nach hinten gebürsteten Haaren in der U-Bahn unterwegs und steht bald schon vor dem Haus der Schneiders. Ein paar Journalisten sind ebenfalls da. Doch die interessieren ihn nicht. Ihn interessiert der Pool hinter dem Haus. Er spaziert an der Vorgartenhecke entlang und schaut zwischen den Einfamilienhäusern hindurch in den Garten. Und entdeckt, dass der Pool gar nicht auf Schneiders Grundstück steht, sondern auf der Wiese des Nachbarn, die von der Parallelstraße daran stößt.

Also geht Jonathan in die Parallelstraße. Hier ist niemand, kein Journalist, nicht einmal ein Anwohner. Es ist ruhig, kein Kind spielt auf der Straße, obwohl es Sonntag ist. Vermutlich sind alle um diese Uhrzeit im Freibad. Oder im Urlaub.

Die Jalousien im Haus der Mareks sind heruntergelassen. Im Carport steht kein Auto. Vermutlich ist die Familie im Urlaub. Behände klettert Jonathan über einen hüfthohen Zaun und ist in wenigen Schritten auf der Terrasse. Im Garten wartet der Pool. Die blaue Träne ist mit einer Plane abgedeckt. An einer Stelle ist sie offen. Jemand muss sie aufgeschnürt haben. Er schleicht sich mitten in der mittäglichen Sonne im Schutz des hoch stehenden Pools von der Terrasse dorthin. Aus dem gegenüberliegenden Haus der Schneiders kann ihn so niemand erkennen. Jonathan schaut auf die Wasserfläche. Es ist stickig unter solchen Planen. Er hebt sie ein wenig an und dann sieht er den kleinen Körper dort unten auf dem Boden liegen.

Sonntag, 5. August
Toyota Yaris, Straße nach Tallinn

Ich sehe immer wieder verstohlen auf Karinas Knie und komme mir dabei wie ein Spanner vor. Das bin ich dann wohl auch. Als ein Anruf eintrifft, stellt sie die Freisprechanlage aus und nimmt das Handy in die Hand. Ihre Stimme ist ruhig, ein wenig Bariton schwingt darin. Ich habe das Gefühl, je weiter wir uns von Narva entfernen, desto weiter rückt mein Ziel in die Ferne. Karina legt ihr Handy jetzt auf der Mittelkonsole ab, nur um es noch einmal hochzuheben und es mit einem Wisch in Form eines Z zu entsperren. Sie hat das gleiche Samsung Galaxy wie ich, damit telefoniert sie noch einmal kurz und wieder endet das Handy auf der Mittelkonsole.

Sie erklärt: »Wir werden noch eine ganze Weile auf der Straße Richtung Tallinn bleiben.«

»Und dann?«

»Biegen wir rechts ab und kommen nach etwa 15 Kilometern an eine Stelle …« Sie hält inne und ich sehe sie fragend an. »Wart ab. Ich habe doch gesagt, ich werde dich verführen.«

Sie bittet mich, etwas über mich zu erzählen.

Also erfinde ich irgendetwas. Was soll ich sonst tun? Wenn sie weiß, wer ich bin, dann muss sie ahnen, dass ich weiß, wer sie ist – und dass ich nicht die Wahrheit sage. So sitzen nun zwei Leute in diesem Toyota Yaris und lügen unentwegt vor sich hin. Und sie wissen, dass der andere auch unentwegt vor sich hin lügt. Ich nehme also Fahrt auf und denke mir ein Leben aus, erzähle, dass ich zwei Brüder habe, der eine studiert in Bonn, der andere ist bei der Polizei.

»Wo?«, fragt sie.

Ich stocke kurz, dann erfinde ich einen Ort namens Heckweiler, ein kleines Kaff in der Eifel, und das Lügen geht mir wieder leichter von der Zunge. Wenn du dich einmal daran gewöhnt hast, ist es wie Skifahren – immer bergab.

Dann sagt sie, dass sie gerne reite. Und erzählt von einem befreundeten Bauern, der Pferde hält. »Die lässt er auch im Winter draußen auf der Weide. Pferde können bis 27 Grad minus im Freien leben.«

»Ich hab gelesen, dass es hier noch Bären gibt. Stimmt das?«

»Du glaubst, dass ich dir gerade einen Bären aufbinde. Stimmt's?«

Wir lachen und ich sage, dass die Frage mit den Bären ernst gemeint sei.

Sie erklärt: »Auf alle Fälle findest du in Estland eher einen Bären als einen Elch. Auf den Verkehrsschildern steht zwar immer ›Achtung Elch‹, doch ich habe mal mit Freunden eine zweiwöchige Kanutour auf den Flüssen beim Peipussee gemacht. Wir haben keinen einzigen Elch gesehen und keinen Menschen, aber eine Bärenfamilie.«

»Zwei Wochen unterwegs sein, ohne einen Menschen zu

sehen, das ginge in Deutschland nicht. Egal wo du bist, am Ende landest du immer an einer Straße.«

»Hier in Estland ist es gut, sich in der Natur auszukennen. Man braucht an manchen Stellen zu Fuß schon ein paar Tage bis zur nächsten Siedlung. Ab und an verlaufen sich die Leute hoffnungslos beim Pilzesammeln. Auf alle Fälle sollte das Handy immer einen vollen Akku haben.« Sie schaut auf mein Handy, das wie ein Stein auf meinem Oberschenkel liegt. »Mit der Akkuhülle dürfte das kein Problem sein.«

Dann erzählt sie weiter von sich und dass ihre Schwester gerade gestorben sei. »Ein Unfall«, sagt sie.

Ich schaue aus meinem Fenster, weil ich sie jetzt nicht ansehen möchte. Sie schweigt. Es spielt keine Musik. Wenn Sarah und ich im Volvo sitzen, spielt immer Musik.

Ein Unfall. Die beiden Wörter hängen in der Luft, verankern sich in meinem Kopf. Draußen fliegt eine Gruppe von Birken an mir vorbei. *Ein Unfall.* Warum hat sie das gesagt? Die Stille im Wagen ist unberechenbar. Was soll ich antworten? Ich weiß es nicht. So schweigen wir uns in dieser japanischen Kiste voran.

Das erste Geräusch, das die Stille unterbricht, ist das *Tick! Tick! Tick!* des Blinkers.

»Hier geht es ab in die Natur«, verkündet sie und wir fahren nach rechts in ein Waldgebiet so groß wie ein Meer.

Die Straße hat keine Mittelstreifenmarkierung, nur Schlaglöcher, und an den Rändern franst der Asphalt aus wie schlecht gewobener Stoff. Zwei SUVs sollten hier nicht aufeinandertreffen.

Karina lässt die Scheiben herunter. »Lieber Fahrtwind als Klimaanlage?«

Ich lege meinen Ellbogen ins Fenster. Volvo war gestern, heute ist Toyota.

»Du warst eben in Gedanken«, sagt sie. »Woran hast du gedacht? Etwa an meine Schwester?« Sie schaut mich dabei ernst an. »Sie war mir wie aus dem Gesicht geschnitten. Auch ihr Herz hat immer im gleichen Takt geschlagen wie meines.«

Das ist mir zu viel. Also sage ich nichts und blicke nur stumm aus dem Fenster in diesen unendlichen Wald, der an mir vorbeifliegt.

»Man sollte das Leben genießen«, sagt sie. »Es ist zu kurz.«

Ich sehe sie an, doch sie muss sich auf die Straße konzentrieren. Mein Blick fällt wieder auf ihr Handy auf der Mittelkonsole. Ganz sicher sind darauf wichtige Informationen, vielleicht sogar alle Informationen, die ich benötige, um zu beweisen, wie Karina und ihre Kollegen die deutsche Öffentlichkeit manipulieren und aufhetzen. Ich müsste nur die Daten von ihrem Handy ziehen und Sarah könnte sie dann übersetzen.

Ich entferne die Schutzhülle von meinem Handy. Mit einem gewagten Griff könnte ich nun ihr Handy nehmen, Hüllen und Geräte tauschen, aber es ist zu riskant. Ich habe Durst und nehme die Wasserflasche, nippe daran. Wie ich nun trinke und ein fetter Falter direkt vor mir auf der Windschutzscheibe explodiert, kommt mir eine Idee. Ich schraube die Flasche nicht richtig zu und stelle sie etwas wackelig auf die Mittelkonsole. Karina beobachtet die Flasche aus dem Augenwinkel.

Bevor sie etwas dazu sagen kann, meine ich schon: »Ja, ich stelle sie woandershin.«

Dann stoße ich die Flasche wie aus Versehen um. Sie rollt prompt in ihren Fußraum und der Verschluss geht auf.

»Die Flasche!«, rufe ich. »Pass bei den Pedalen auf! Wenn sie unter das Bremspedal rutscht, dann …«

»Ja ja«, sagt sie genervt und geht vom Gas.

Sie versucht, die Flasche während der Fahrt auf dem Fußboden zu greifen, und schaut dabei nach unten und gleichzeitig halb auf die Straße. Während sie genervt und abgelenkt ist, tausche ich die Handys aus. Und als Karina die Flasche wieder aus der Versenkung hervorholt und sich über das Wasser im Fußraum aufregt, liegt schon ihr Handy in meiner Hülle auf meinem Schoß. Und mein Handy in ihrer Hülle auf der Mittelkonsole. Sie reicht mir die Flasche. Ich trinke den Rest aus, denn der Verschluss ist weg.

Sie schaut wieder stur auf die Straße und sagt: »Kein Problem. Das trocknet schon.«

Ich halte ihr Handy etwas schräg auf meinem Schoß und wische heimlich ein Z darüber, genau wie sie es eben getan hat. Das Display ist an. Darauf ist ein Bild von ihr mit Galina und einer älteren Frau zu sehen. Das ist traurig. Karina hat *Yandex* und nutzt nicht *WhatsApp*, sondern den Messenger *Viber*. Ich versuche, mich zu orientieren, aber es ist zu riskant. Wenn sie sich zur Seite beugt, bin ich aufgeflogen.

Ich stecke das Handy weg. Es ist wie in einem *James Bond*-Film, nur ohne Waffen. Ich und die Schöne. Allerdings bin ich nicht so muskulös wie Daniel Craig, eher wie Mister Bean. Sarah hasst Rollenklischees. »Gender und Sexismus in den Medien«, darüber hat sie eine Seminararbeit geschrieben. »Male *Gaze*« nennt sie den männlichen Blick. Und neben mir sitzt eine Frau, die mit ihren Reizen den Gaze in jedem *Male* provoziert – Pumps, sexy Rock, Oberteil mit Schaufenster. Karina ist der Lippenstift tragende Angriff auf Frauen wie Sarah.

»Der Wald ist ein Teil von uns Esten«, sagt sie. »Die Deutschen sind ein Teil der Industrie.«

»Und sind deine High Heels die natürliche Bekleidung der Estinnen?«

»Wenn ich damit trete, hat kein Bär eine Chance.«

Karina nimmt das Gas weg, biegt in einen kurzen Waldweg und hält den Wagen an. Sie holt ein Paar feste Schuhe aus dem Kofferraum. Selbst diese Wandertreter sehen sexy an ihr aus.

»Lass uns da runtergehen«, sagt sie und zeigt direkt in den Wald.

»Da ist kein Weg, da sind nur Bäume«, bemerke ich.

»Ach, mein Handy.«

Doch ich bin schneller. Ich wende mich um, habe schon die Autotür geöffnet und nehme das Handy von der Mittelkonsole. Was soll ich jetzt machen? Auf Lautlos habe ich es eben geschaltet, aber wenn es vibriert … Hektisch lasse ich es direkt neben der Tür auf einen Stein fallen.

»Oh nein, entschuldige. Das wollte ich nicht …«

Karina hebt es auf. Das Display ist gesplittert. Sie versucht, das Handy hochzufahren. Zu meiner Erleichterung bleibt das Display schwarz.

Ich rechne mit einem Wutausbruch, doch sie sagt nur: »Nicht so schlimm.«

Es klingelt. Was ist das? Der Klingelton kommt aus meiner Hosentasche. Es ist *ihr* Klingelton. Ich drücke den Anrufer panisch weg und stecke das Handy wieder ein. Ich versuche, an ihrem Blick zu lesen, ob sie den Braten gerochen hat. Aber sie hat ein solches Pokerface, dass ich ihre Mimik nur schwer einschätzen kann. Zu viel Schminke für Ehrlichkeit.

Wir stapfen los. Ich stecke mir noch aus Angst vor Zecken das Jeans-Ende in die Socken. Karina läuft mit Turnschuhen und kurzem Rock. Das ist mutig. Oder haben die Esten ein dickeres Fell als wir Weicheier aus dem Süden? Die Stöcke und Stöckchen knacken unter unseren Füßen. Ich muss an den Müggelsee denken und an die Hütte von Onkel Edgar.

Karina deutet auf winzige rote Pflanzen.

»Sehen aus wie Erdbeeren«, sage ich.

Sie pflückt eine und isst sie: »Schmecken aber besser.« Sie pflückt noch ein paar für mich. »Probier doch mal.«

Ich zögere, denn solche Bodenfrüchte sind ideal für den Fuchsbandwurm. Sie müssen vorher gewaschen werden. Jetzt komme ich mir dermaßen spießig vor, es ist unbeschreiblich. Und ich schlucke die Erdbeeren wie Gift. Sie sind extrem aromatisch.

»Gut?«, fragt sie.

»Lecker«, antworte ich. »Ich würde übrigens jetzt schon nicht mehr zurück zur Straße finden.«

»Hast du keine Steinchen gestreut oder Brotkrumen?« Sie lacht, aber ich muss schlucken. »Keine Sorge. Ich brauche keinen Kompass, ich habe ein Gefühl für den Wald. In einem solchen Urwald ist die Temperatur bis zu sieben Grad niedriger als außerhalb davon. In Nutzwäldern wie in Deutschland sind es maximal drei Grad. Deshalb ist die Klimaerwärmung in Estland und Russland auch nicht so schlimm. Wir merken sie nicht so stark.«

Ich versuche, mit ihr mitzuhalten. Sie geht schnell voran.

»Hast du eine Freundin in Deutschland?«, fragt sie.
Ich erwidere frech, ob es ihr etwas ausmachen würde.
»Nein. Wir sind ja hier und sie ist in Berlin.«
»Gibt es in dieser Gegend auch Bären?«
»Wölfe«, sagt sie. »Und die fressen Omas von kleinen Mädchen mit roten Käppchen.«

Sie macht sich über mich lustig. Es ist aber auch zu lächerlich. Eigentlich kenne ich aus Deutschland nur Parks und ein paar Wälder mit Waldwegen. Ich musste mal mit Mama und Papa als 12-Jähriger eine Hüttenwanderung durch Südtirol machen, obwohl ich lieber gezockt hätte. Ich vermute, hier kommt die nächste Hütte erst in hundert Kilometern.

Wir kreuzen eine Lichtung, die halb Wiese, halb Moos ist. Der Untergrund ist so weich, wie es sonst nur Kissen sind. Sie legt noch einen Schritt zu. Ich verstehe das nicht. Mich stechen diese blöden Mücken und Karina rennt im kurzen Rock rum, als sei ihre Haut aus Neopren. Kein einziger Mückenstich auf ihren goldbraunen Beinen.

»Da«, verkündet sie.

Dann sehe ich zwischen den Nadelbäumen hindurch das Wasser.

»Die Ostsee«, sagt sie.

Wir befinden uns in einer Bucht. Das Wasser ist so glasklar, als sei es nicht die Ostsee, sondern die Südsee. Sogar der Strand ist aus feinem, dunklem Sand. Aber mir schießt ein Gedanke durch den Kopf: Spätestens wenn wir zurück in Narva sind und sie ihr Handy zur Reparatur bringt, wird meine Täuschung auffallen. Ich will gar nicht darüber nachdenken. Bis dahin muss ich zurück in Berlin sein.

Karina zieht sich die Turnschuhe und den Rock aus, knöpft

die Bluse auf und steht am Ende nackt vor mir. Und ich mit der Jeans in den Socken.

»Bist du wasserscheu?«, fragt sie verspielt und macht einen Kussmund. »Ist er wasserscheu? Komm schon.«

Sie ist so nackt, dass ich sie nicht ansehen kann. Es gibt keinen Grund, sich zu schämen, aber ich schäme mich. Ich will das nicht. So etwas hätte Sarah nie getan.

»Ich brauch jetzt eine Erfrischung. Oder ist das ein Problem für dich? Komm, zieh dich aus. Lass uns schwimmen gehen.«

Ich tue es, obwohl es mir weiterhin unangenehm ist. Sie schaut mir nicht zu, sondern in die Bucht hinaus und auf das Meer und hat die Arme ausgebreitet, als wolle sie die Welt umarmen und als sei ihre Schwester gestern nicht gestorben.

Ich frage noch: »Was, wenn einer kommt?«

»Vielleicht mag er ja mit uns schwimmen«, sagt sie und läuft ins Wasser.

Der Untergrund ist ein Mix aus dunklem Sand und kleinen Steinen. Nichts, was an den Füßen schmerzt. Alles ist wie im Paradies.

Wir laufen so tief ins Wasser, dass es mir bis an den Bauchnabel geht, und werfen uns hinein. Es ist nicht kalt, sondern genau so kühl, wie es sein muss, sodass man unter dieser Sonne ewig im Wasser bleiben möchte. Wir schwimmen. Ich schwimme kurz ein wenig Delfin. Über die hundert Meter war keiner schneller als ich im Sportklub Köln-Ehrenfeld. Sie ist beeindruckt und ich schäme mich ein wenig wegen meines protzigen Schauschwimmens. Das hätte nicht sein müssen.

Wir schwimmen ruhig zurück Richtung Ufer.

»Hier sind Quallen«, stelle ich fest. Sie sind handgroß und fast durchsichtig.

»Pass auf! Die sind giftig«, warnt sie mich.

Der Südseezauber ist augenblicklich verflogen. Ich hasse Quallen.

Sie lacht mich aus und ruft: »Du Hosenscheißer! Die sind nicht wirklich giftig. Es ist eher wie ein Bienenstichlein.« Sie stellt sich vor mich und fordert: »Streck mal deinen Arm aus.« Ich gehorche und sie kneift mich ein kleines bisschen in den Arm. »Genau so weh tut es.«

Sie steht dicht vor mir, zu dicht, um mich abzuwenden zu können, zu dicht, dass es ein Zufall sein kann. Ich muss an Sarah denken. Ich merke, dass ich Karina küssen will, aber nicht küssen werde. Niemals.

Doch sie küsst mich und lacht und drückt mich weg, sodass ich rückwärts ins Wasser falle. Oder lasse ich mich fallen?

Sie sagt: »Ich hoffe, ich bereue das nicht.«

Wie meint sie das?

»Du weißt doch, was ich meine?«

Ich nicke und bin gleichzeitig verwirrt.

Sie sagt: »Duck dich mal.«

»Warum?«

»Vertrauen«, sagt sie. »Vertrauen. Ich kann dir doch auch vertrauen? Trotz Sarah.«

Karina kennt ihren Namen? Sie weiß alles – einfach alles! Sie spielt mit mir und ich habe es gerade eben zugelassen.

»Also, kann ich dir vertrauen? Wie lautet deine Antwort?«

»Ja, du kannst mir vertrauen«, sage ich zögernd.

»Dann beug dich endlich nach vorne.«

Sie drückt meinen Kopf herunter bis kurz über die Wasseroberfläche. Ihre Hand liegt auf meinem Hinterkopf, ich stehe vornübergebeugt.

»Einatmen«, befiehlt sie. Ich atme ein. »Ausatmen.« Ich atme aus.

Dann drückt sie mir plötzlich den Kopf unter Wasser. Ich bekomme Panik, denn ich schlucke Wasser. Als ich mich gerade wehren will, lässt sie locker.

»Was soll das? Bist du total bescheuert?«, schreie ich sie an.

Sie erklärt ruhig: »Jetzt hast du Adrenalin im Körper. Und Adrenalin führt zu Bindung. Somit bist du nun an mich gebunden.«

»Ist das hier ein Test oder was?«

Ich bin immer noch sauer und aufgeregt. Ich hätte ersticken können! Völlig hilflos war ich. Wenn du ausatmest und jemand deinen Kopf unter Wasser drückt, hast du wenig Kraft.

Sie nimmt meine Hand und wir gehen zum Strand. Ich bin nervös, so nervös wie noch nie in meinem kurzen Männerleben.

Karina zeigt aufs Meer hinaus und sagt: »Da drüben ist Finnland. Kämen im Winter nicht die russischen Eisbrecher, könnten wir von hier aus direkt nach Helsinki gehen.«

»Romantisch.«

»Kalt«, sagt sie nüchtern.

»Hey!«, ruft eine Stimme. Dann schreit die Stimme etwas in Estnisch und kommt näher. Der Kerl ist breit und riesig wie Hulk und trägt eine Ranger-Uniform mit Kappe. Und wir stehen nackt stramm vor ihm. Er redet auf mich ein. Wohl weil ich der Mann bin. Ich sage, dass ich kein Estnisch verstehe. Aber Karina tut es und nun redet er auf sie ein. Wir sollen wohl sofort die Bucht verlassen.

Sie übersetzt: »Das Gebiet steht unter Naturschutz, die Bucht ist nicht öffentlich. Baden verboten. Und nackt baden ohnehin. Wir haben jede Regel übertreten, die der Typ kennt.«

»Woher sollen wir das denn wissen?«

Sie zuckt mit den Schultern.

Wir holen unsere Klamotten, ziehen uns an und folgen dem Ranger, der ein Halfter mit Pistole trägt. Vielleicht ist er doch ein Polizist? Sie übersetzt mir, dass er nicht möchte, dass Leute durch den Wald latschen. Das würde die Fauna zerstören und die Tiere vertreiben.

Karina findet das blöd. »Früher war das hier anders.«

»Warst du schon einmal hier?«

Karina küsst mich. »Kann sein, kann nicht sein.«

Ich überlege. »Doch, du warst schon mal hier. Du wusstest doch genau, wo das Meer ist.«

»Auf dem Navi war es eindeutig zu sehen. Die große blaue Fläche.«

Karina sagt, dass sie mich gernhabe, während der Ranger immer noch vor uns hergeht wie ein Stock im Wald. Schultern zurück und Knackarsch in Ranger-Uniformhose. Am Wagen angelangt belehrt er noch einmal Karina, während die ihre Turnschuhe gegen die Pumps eintauscht. Sie wirkt kein bisschen beeindruckt. Dem Ranger scheint auch das egal zu sein. Er schreibt die Adresse von ihrem Ausweis ab. Am Ende gibt er ihr einen Strafzettel und verschwindet im Wald, als habe es ihn nie gegeben.

Wieder im Wagen sagt sie: »So ein Idiot. Den Strafzettel

habe ich garantiert nur bekommen, weil ich einen russischen Namen habe.«

»Das glaube ich nicht.«

»Das kannst du aber. Die behandeln hier jede Muslima besser als uns.«

Hat sie was gegen Muslime? Ich entgegne: »Wenn du ein Kopftuch tragen würdest, so wärst du auch kein besserer oder schlechterer Mensch.«

»So was kann nur ein Deutscher denken. Aber merk dir: Ein Tropfen Schwarz versaut einen ganzen Eimer weiße Farbe.«

Ich erkläre ihr, dass mir diese Sichtweise nicht gefällt.

»Ach, egal. Hauptsache, wir sind hier. Das Leben ist kurz.«

Sie gibt richtig Gas. Wir fahren jetzt fast 90 auf dieser Straße.

»Ein bisschen langsamer wäre super«, sage ich.

Ihre Antwort ist eine saftige Bremsung. Sie parkt am Straßenrand. Dann schaut sie zu mir herüber und küsst mich.

»Was ist?« Karina merkt mein Zögern.

»Nichts«, lüge ich.

Sie reißt an einem Hebel und mein Sitz plumpst nach hinten. Ich erschrecke, liege flach und sie ist an meiner Hose. Ich will das nicht. »Nein«, sage ich. »Lass das.«

Karina schreckt zurück und sieht mich erstaunt an. »Was ist los?«

»Ich will das nicht. Ich bin mit Sarah zusammen. Das weißt du doch.«

Sie drückt über mich hinweg meine Tür auf und fordert: »Steig aus.«

Ich reagiere nicht. Ich will hier nicht aussteigen.

Sie schreit mich an: »Raus!«

Und ich gehorche. Dann sehe ich nur noch dem Yaris hinterher.

Und jetzt?

Ich schaue mich um. Über mir die Sonne, unter mir die kaum befahrene Straße, rechts und links Wald – undurchdringlicher Wald. Diese Frau, die eben noch Sex mit mir wollte, lässt mich einfach hier in dieser verlassenen Gegend zurück. Ich verstehe das nicht. Sie war eindeutig beleidigt. Wie kann eine erwachsene Frau nur so emotional sein? Die spinnt! Ich habe ihr doch nichts getan. Das ist so abgedreht, dass ich am liebsten lachen würde. Aber mir ist nicht nach Lachen zumute. Es ist zu warm zum Lachen.

Wenn ich weiter geradeaus gehe, kommt nach gefühlten tausend Kilometern eine Kreuzung. Ich will ein Taxi rufen. Doch wo bin ich überhaupt? Hier gibt es kein Netz, um das herauszufinden. Was für ein Scheiß! Dabei soll es in Estland angeblich überall WLAN geben. Die Zivilisation besteht hier nicht aus WLAN, sondern aus einer durchlöcherten Straße. Selbst Telefonieren klappt nicht. Offensichtlich ist kein Sendemast in der Nähe. Wie auch? Es gibt ja hier nur Wald. Obwohl ... Eben muss ich an der Stelle, wo ich mit Karina aus dem Wagen gestiegen und in den Wald gelaufen bin, Netz gehabt haben. Schließlich hat ihr Handy geklingelt.

Ich setze mich auf einen Stein am Straßenrand und warte. Irgendwann wird schon ein Auto vorbeikommen. Eine Eiche wirft Schatten. Und um mich herum sind Ameisen. Sie bauen irgendwas, aber ich kann keinen Ameisenhügel entdecken. Vermutlich legen sie gerade eine Umgehungsstraße um mich an. Aus Langeweile lasse ich eine der Ameisen über einen Stock laufen. Karina hat nur Schrottspiele auf ihrem Galaxy. Der Schweiß läuft mir die Stirn hinunter und brennt in meinen Augen. Ich schließe sie und konzentriere mich auf die Geräusche. Ob Ameisen hören können? Ich höre jedenfalls Vögel und den Wald. Die Blätter reden mit dem Wind.

Sonntag, 5. August
Berlin, Charlottenburg, Phoenix' Wohnung

Jonathan steht hinter dem Vorhang und lugt zwischen dem Stoff aus dem Fenster. Er hat sich die Sonnenbrille ins Haar hochgeschoben. Draußen lauern die Journalisten im Schatten des Hauses, bewaffnet mit Kameras und Wasserkästen. Journalisten kennen keinen Sonntag; nicht, wenn die Luft brennt wie jetzt. Phoenix' Eltern sind auch in den Redaktionen. Vermutlich können sie ohnehin nicht mehr abschalten, genau wie Jonathan. Glauben die Geier da unten etwa, dass Phoenix hier oben sein könnte oder jeden Moment zurückkommt? Er selbst ist auch auf der Suche nach dem YouTuber, aber er würde niemals nur abwarten. Dafür sind seine Auftraggeber zu ungeduldig.

Jonathan mag keine Journalisten, denn sie schaffen nichts Eigenständiges, sie sind nur die Chronisten unserer Zeit. Aber er braucht sie manchmal. Wie oft hat sich Jonathan früher auf die Nachrichtensendungen gefreut? Seine Arbeit findet im Verborgenen statt, doch das Ergebnis lässt sich häufig in aller Öffentlichkeit bewundern. Denn seine Opfer sind meist prominent: Journalisten, Politiker, Milliardäre. Über seine Arbeit wird berichtet und spekuliert. Irgendwann einmal wird er anonym seine Biografie schreiben, die ganze Wahrheit erzählen: *Ein Mörder packt aus*. Er nennt sich nicht *Killer*, er nennt sich *Mörder*, schließlich ist jeder seiner Morde heimtückisch und penibel geplant. Es gibt viel Schmutz auf der Welt und er ist die perfekte Müllabfuhr – ein Soldat, der nie einen Orden erhält, sondern Geld. Manchmal vergisst er seinen eigenen Namen, wenn er lange genug unter einem fremden arbeiten musste.

Doch die wahren Schuldigen sitzen an Schreibtischen, besuchen Konferenzen, sind Minister oder schütteln Ministern die Hände. Sie spekulieren mit Häusern, Drogen und Waffen. Wenn er seine Arbeit gut verrichtet, macht *er* sich schuldig, aber sie bleiben sauber.

Jonathan setzt sich auf Phoenix' Bett. Die Kissen sind zerwühlt. Er mag diesen Zustand – und er mag diesen Geruch. Wie lange hatte er schon keine Frau mehr? Seit Cindy und John tot sind, ist er ohne Liebe. In seinen Gedanken ist John keinen Tag älter geworden.

Die Fenster in Phoenix' Wohnung sind verschlossen, die Luft steht vor Hitze. Es riecht stickig. Phoenix' Freundin Sarah hat er nur ganz kurz gesehen, als er durchs Fenster der Waldhütte geschaut hat. Er kann sich vorstellen, wie die beiden hier Sex hatten, in diesem Bett. Sie sind jung und werden sich noch oft streiten und wieder im Bett vertragen. So wie er sich oft mit Cindy gestritten und geliebt hat.

Er zögert, dann versenkt er seinen Kopf in der Bettdecke. Einatmen und ausatmen. Er fühlt sich schlecht. Normalerweise denkt er nicht mehr an seine Frau, nicht mehr an seinen Sohn. Doch die Hitze in Ruanda, in diesem Hotelzimmer, sie war wie hier, stickig und durchdringend.

Jonathan hätte seine Familie nicht mit nach Kigali nehmen dürfen. Er sollte den Innenminister töten, aber die Schergen des Premiers haben Cindy und seinen Sohn John einfach im Hotel erschossen. Mit der Faust schlägt er in das Kissen.

»Wo ist dieser Phoenix?!«, sagt er laut. »Wo bist du?«

Der PC ist passwortgeschützt, was nicht so problematisch ist. Problematischer ist, dass Phoenix darauf fast nichts gegoogelt hat. Wie soll er jetzt den Ort herausfinden, an dem sich Phoenix versteckt hält? Jonathan hatte gehofft, dass sich Phoenix, bevor er abhaut, über sein Versteck im Netz erkundigt hat. Womöglich ist er zu seinem Onkel oder sonst wem aus der Familie gefahren. Er schaut sich die E-Mails an. Kein Hinweis zu finden. Nur belangloser Mist. Jonathan schlägt mit der flachen Hand auf den Schreibtisch. Und noch einmal. Er ist wütend. Alles läuft schief.

Dann geht er hinüber zur Wohnung von Phoenix' Eltern. Den Schlüssel zur Wohnung hatte er bei seinem letzten Einbruch aus Phoenix' Schreibtischschublade mitgenommen. Offensichtlich war niemandem aufgefallen, dass der Schlüssel weg ist. Sonst wäre jetzt ein neues Schloss an der Tür.

So aber spaziert Jonathan in die Wohnung und schaltet den Fernseher ein. Er ist müde und flätzt sich aufs Sofa. Hartes, festes Leder. *Das war nicht billig*, denkt er sich. Die Zanders haben Netflix und Amazon Prime und einfach jeden Medien-Schnickschnack, den es gibt.

Er geht ins Schlafzimmer und öffnet die Schränke. Der Vater von Phoenix scheint helle Hemden zu lieben und Krawatten von Hermès. Das hat er mit Jonathan gemein und auch die Größe. So zieht er sich kurzerhand sein Hemd aus und eines von Zander an: rot-blau gestreift. Der Spiegel zeigt ihm, dass es perfekt sitzt. Welche Krawatte? Ach, er trägt heute mal keine. Er schlendert ins Bad und wirft die Waschmaschine an und sein Hemd hinein, zwei Kappen Waschpulver, Buntwäscheprogramm und los. Zander wird sich wundern, wenn sein Hemd fehlt und sich ein anderes dafür in seiner Waschmaschine dreht. Jonathan kämmt sich mit dem Kunststoffhandschuh das Haar zurück. Er mag diesen Gummigeruch. Dann geht er ins Arbeitszimmer. Zwei Schreibtische mit zwei PCs. Er fährt beide hoch. Dabei fällt ihm ein Buch auf, das auf einem der Schreibtische liegt: *Reiseführer Estland*. Und sowohl auf dem PC von Frau Zander als auch auf dem von Herrn Zander wurde nach »Estland« gegoogelt, genauer nach Narva.

»Hallo?!«

Es ist eine männliche Stimme. Aber es ist nicht die Stimme von Herrn Zander, denn die kennt Jonathan aus dem Fernsehen.

»Hallo? Tobias?!«, ruft die Stimme.

Phoenix' Vater heißt mit Vornamen Tobias, denkt sich Jonathan und zieht die Pistole. Er versteckt sich hinter dem Sessel, der an der Bücherwand steht. Ein Mann geht durchs Zimmer und direkt auf den Schreibtisch zu. Er ist dick und glatzköpfig.

Er wundert sich sicherlich, warum die PCs laufen, denkt sich Jonathan.

Dann öffnet der Kerl das zweite Schubladenfach.

»Was suchen Sie da?«, fragt Jonathan den Mann und zieht seine Waffe.

Der Kerl dreht sich um und hält einen Umschlag in der Hand. »Herr Zander hat mich geschickt.«

»Und dein Name? Wie ist dein Name?«

»Eymen.«

»Was suchst du in der Wohnung?«

»Herr Zander hat einige Papiere vergessen.«

»Was für Papiere?«

»Für eine Geschichte, die wir recherchieren … Wer sind Sie?«

»Ich putze hier«, lügt Jonathan und grinst ihn breit an. »Wo ist Phoenix?«

Sein Gegenüber ist nervös. So etwas riecht Jonathan. Und der Schweißfleck auf Eymens Brust breitet sich langsam, aber sicher aus wie ein Hefepilz. »Ich weiß es nicht.«

»Leg den Umschlag auf den Tisch und geh dorthin.« Jonathan zeigt auf das Fenster zum Hof. Eymen gehorcht und Jonathan greift nach dem Umschlag. Darin sind Unterlagen über einen Schlachthof in Berlin.

»Wer sind Sie?«, fragt Eymen erneut.

Jonathan sagt nichts, er geht stattdessen näher an Eymen heran und tritt ihm mit voller Wucht gegen den Oberschenkel, Eymen schreit kurz auf und bricht dann in sich zusammen. Jetzt sitzt er mit dem Rücken direkt gegen den Heizkörper.

»Was mache ich mit dir?«, fragt Jonathan. »Was hast du mit Zander zu tun?«

»Ich bin Fotograf.«

»Also, was mache ich mit dir?«, kehrt Jonathan zum Thema zurück.

»Lassen Sie mich gehen. Ich habe nichts mit der Sache zu tun.«

Jonathan tritt Eymen in den Bauch. Der krümmt sich nach

vorne und bekommt einen Tritt ins Gesicht. Eymen schreit kurz auf, dann hält er sich den Mund.

»Wo ist Phoenix?«

»Ich weiß es nicht«, antwortet Eymen mit schmerzverzerrter Miene und blutet aus dem Mund.

»Wenn du mich noch einmal belügst, dann knall ich dich ab.«

Eymen nickt und dann sieht Jonathan den Fleck im Schritt von dessen Hose.

»Das ist ja widerlich«, meint Jonathan. »Ich verrat dir, wo Phoenix ist: Phoenix ist in Estland, in Narva. Das wolltest du mir gerade sagen, stimmt's?«

Eymen nickt. Er kann schlecht reden, denn sein Mund ist schon angeschwollen.

»Gib mir dein Handy.«

Als Eymen es ihm reicht, schreit ihn Jonathan an: »Willst du mich verarschen? Entsperr es!«

Das tut er. Jonathan durchforstet es nach Phoenix' Telefonnummer und findet sogar eine. Doch als er sie anruft, ist die Leitung tot.

»Hast du noch eine Nummer von Phoenix?«

Eymen sagt ihm unter Schmerzen, dass Phoenix ein neues Handy hat.

»Und die Nummer hast du nicht? Okay. Dann werde ich dir mal glauben.«

Eymen nickt.

»Streck deine Hand aus«, befiehlt Jonathan. Eymen zögert. »Nun mach schon.«

Langsam schiebt Eymen seine Hand vor und der Engländer packt blitzschnell zu und knickt ihm den kleinen Finger ganz nach hinten. Das Knacken ist dumpf zu hören. Eymen schreit auf, dann ist er sofort ohnmächtig.

Der Engländer durchstöbert Eymens Handy. Offenkundig schreibt er Zander die Nachrichten mit *Threema*.

Also tippt Jonathan: *Hab einen Wagen beim Ausparken gerammt. Muss auf die Polizei warten. Bis später.*

Keine Minute später antwortet Zander: *Okay, bis nachher.*

Somit wird sich Zander erst einmal nicht über den Verbleib seines Fotografen wundern. Irgendwie scheint Eymen den Kopf sehr stark hängen zu lassen. Jonathan fühlt seinen Puls. Doch er spürt nichts. Eymen ist tot. Sein Herz hat den Schock anscheinend nicht verkraftet.

Jonathan ist hier fertig. Er nimmt noch die Filtertüten für den Kaffee mit und den estnischen Reiseführer. Für die Vorbereitung auf Estland kann das nicht schaden. Ein oder zwei Tage wird er sich Zeit lassen, um von seiner Wohnung an der Joachimsthaler Straße alles auszukundschaften. Denn er will keinen Flüchtigkeitsfehler mehr machen.

Sonntag, 5. August
Moskau, Suite des Hotels Zolotoj Kupol

»Ja, er hat das Handy von Karina Kusnezowa gestohlen.«

Der Major klingt nicht aufgeregt, seine Stimme ist ruhig. Für Aufregung fühlt er sich zu alt. Früher war er ein Hitzkopf und hat sogar mal einem Kameraden eine Gabel in die Hand gestochen, weil er ihn im Offizierskasino provoziert hatte.

Jetzt sitzt er auf der einen Seite der Couch und Myasnik auf der anderen. Der ist nur elf Jahre jünger als er, aber er ist auf 180. Myasnik nimmt sich zur Beruhigung eine Feige aus der Schüssel, die vor ihnen steht. »Das darf nicht passieren ... Und warum erfahre ich erst jetzt davon?«

»Ich weiß es selbst erst seit knapp einer Stunde. Ich wollte dich nicht mit dieser Lappalie belästigen.«

»*Belästigen? Lappalie?* Was redest du da für einen Blödsinn? Sie sollte ihn mit falschen Informationen füttern und sich nicht ihr Handy klauen lassen! Der Fall ›Alexander‹ ist das Beste, was uns in den vergangenen Jahren passiert ist, und könnte zum Waterloo für die deutsche Bundesregierung werden. Doch nun könnte alles mit einem Handstreich versaut werden, wenn dieser idiotische YouTuber mit den Daten vom Handy alles auffliegen lässt. Hätte mich Marija nicht informiert, wüsste ich bis jetzt nichts von dem Diebstahl. Das hältst du für eine *Lappalie*, mit der du mich nicht *belästigen* möchtest?«

»Ja, gut. Das war ein Fehler«, gibt der Major zu. Er weiß nicht, wer diese Marija ist, die Myasnik informiert hat.

Der hat wie so oft die Gedanken des Majors erraten und sagt: »Marija arbeitet bei der *StratCom* in Tallinn. Sie ist dort unser Maulwurf. Du erinnerst dich? In Tallinn sitzen Leute von der *Task Force* der EU, die einen Cyberkrieg gegen uns führt und Lügen über Russland – und speziell über mich – verbreitet.«

Der Major erinnert sich daran, aber nicht an den Maulwurf Marija. Er hatte bislang kaum Zeit, sich einzuarbeiten. Wie soll er sich da an einen Namen erinnern, wenn er ihn noch nie gehört hat?

»Jedenfalls trackt die *Task Force* der EU das Handy von Karina schon die ganze Zeit.«

»Dann wissen die Europäer doch ohnehin, dass wir in Narva eine Trollfabrik haben.«

»Nein. Denn Marija sortiert die Informationen aus. Niemand in Brüssel ahnt etwas davon. Marija ist unsere Frau in Tallinn, sie ist Gold wert. Ohne sie wären wir aufgeschmissen. Durch sie wissen wir alles, was die EU in ihrer *Task Force* plant. Manchmal frage ich mich, warum wir überhaupt die EU torpedieren. Schließlich ist die EU für die Europäer der totale Untergang.«

Der Major nickt. Er hält die Bemühungen der EU, gegen die russischen Fake News aus Myasniks Fabriken vorzugehen, ohnehin für lächerlich. Selbst die USA sind machtlos.

Wenn Myasnik möchte, dann wird beim nächsten Mal dank Facebook, Instagram und Twitter auch Dwayne »The Rock« Johnson oder Hellboy Präsident der USA.

Myasnik klopft auf den Platz neben sich. Der Major soll näher rücken, was er tut. »Du« – er legt seine Hand auf die Schulter des Majors – »hast mir versprochen, dass du die Sache regelst. Das ist nicht geschehen. Was ich nun wissen möchte, ist Folgendes: Kann über das Handy deiner Abteilungsleiterin in Narva eine Verbindung zu mir gezogen werden?«

Der Major sagt ehrlich, dass er es nicht weiß. Er will nicht lügen. Denn Myasnik würde ihm die Zunge mit einem Löffel herausschneiden, um die Wahrheit zu erfahren, selbst wenn sie befreundet sind.

»Wir brauchen das Handy wieder und dieser YouTuber …« Myasnik kommt nicht auf den Namen und der Major springt ihm mit »Phoenix Zander« bei, sodass er fortfahren kann: »Dieser Phoenix muss versenkt werden. Tief versenkt. Mein erster Gedanke, ihn zu töten, war richtig – wie immer. Er befindet sich doch direkt an der Ostsee. Wir bräuchten einen geschickten Mörder. Eigentlich war der Engländer ja stets verlässlich, aber leider …«

»Wieso eigentlich nicht?«

»Was meinst du?«

»Er hat die Sache in Berlin versaut. Aber den vermissten Alexander hat er nun gefunden.«

»Wo?«

»Tot im Pool der Nachbarn.«

»Hat er ihn …?«

»Nein, er hat ihn nur gefunden. Der Junge wollte anscheinend schwimmen gehen und hat nicht gewusst, dass man nicht unter eine Abdeckplane klettern sollte, die auf dem Wasser klebt.«

»Wo ist der Engländer jetzt?«

»Das wissen wir nicht. Er hat uns nur die Information über den Jungen zukommen lassen, nicht über seinen eigenen Standort. Er geht wohl davon aus, dass er erst noch Phoenix töten muss, um seine Schuld zu begleichen.«

»Na, besser kann es nicht sein. Dann sollten wir ihm helfen, falls er sich wieder meldet. Aber am Ende sollten wir den Engländer ...« Myasnik führt seinen Zeigefinger an der Kehle entlang.

Der Major nickt. Und ahnt, dass auch er aus dem Weg geräumt werden könnte. Am liebsten würde er diese Suite auf der Stelle verlassen.

Doch Myasnik hält ihn auf der Couch mit dem Satz: »Es löst allerdings nicht unser jetziges Problem. Wir brauchen das Handy. Dieser Phoenix darf die Daten deiner Mitarbeiterin nicht weiterleiten. Und wer weiß, wann der Engländer ihn erwischt ...«

»Ich glaube, den Engländer werden wir wahrscheinlich nicht brauchen. Denn der YouTuber irrt zurzeit in einem weitläufigen estnischen Nationalpark herum. Dort gibt es so gut wie keine Besucher. Wir haben ihn durch das Handy geortet.«

»Dann stirbt er ohnehin von allein?«

»Mit ein wenig Glück.«

»Das ist zu unsicher.«

»Wir haben schon zwei Leute auf ihn angesetzt«, erzählt der Major.

»Sie sollen ihn erst einmal in die Mangel nehmen. Wir müssen wissen, wo sich der Stick befindet. Wir brauchen das Material.«

»Er wird schon reden.«

»Falls nicht, schicke ich dir Ibrahim al-Tawīls Bruder, der wird ihn schon zum Reden bringen.« Myasnik lacht über seinen eigenen Scherz und der Major lacht brav mit.

Dann beendet Myasnik das Gespräch mit dem Satz: »Gut. Deine Leute werden ihn finden, die nötigen Informationen aus ihm herausprügeln – und falls sie wieder einmal versagen, ist da noch der Engländer.«

Sonntag, 5. August
Naturschutzgebiet, estnische Ostsee

Es muss jetzt so um die drei Uhr nachmittags sein. Ein weißer SUV mit verspiegelten Scheiben kommt auf mich zu.
Ich winke und rufe: »Stopp! Stopp! Stopp!«
Der mächtige Wagen wird langsamer. Für eine Sekunde schießt mir der Gedanke durch den Kopf, dass Karina bereits von dem Handyklau weiß. Womöglich hocken in dem SUV nicht nur Karina, sondern mit ihr zusammen irgendwelche brutalen Typen, die mich umbringen wollen. Keine Autobombe, sondern einfach ein Autounfall mit Fahrerflucht. Aus und vorbei wäre es. Aber ich bleibe stehen und will den Wagen anhalten. Wer weiß, wann der nächste hier vorbeikommt. Heute sicherlich nicht mehr.
Ich sehe undeutlich eine Frau am Steuer. Das Gesicht ist schmal, sehr helles Haar hat sie und daneben sitzt ein Kind, ebenfalls mit langem blondem Haar. Es ist ein russisches Kennzeichen. Die beiden sehen nicht wie Killer aus. Ich bin erleichtert, aber dann gibt die Frau Gas und fährt scharf links in ihrem Ungetüm an mir vorbei.
Das war's für heute. Hier wird sich heute bestimmt kein Auto mehr blicken lassen. Das ist wie in Brandenburg, wenn

du morgens den Schulbus verpasst, sitzt du fest. Es gibt hier in der Gegend weder ein Dorf noch Menschen, die dir zufällig über den Weg laufen könnten. Höchstens eine Bärenfamilie auf der Suche nach einem Snack.

Ich muss an Khalil denken. Der trackt mein Handy. Und das liegt bei Karina im Toyota. Ich schalte Karinas Handy wieder auf Laut. Wenn einer anruft, dann will ich es zumindest hören. Ich bin allein, fühle mich elend und gehe in den Schatten zurück. Dabei komme ich mir vor wie ein Kleinkind, das im Kaufhaus verzweifelt nach seinen Eltern sucht. Aber hier gibt es keine nette Kassiererin, die meine Eltern ausruft.

Ich muss mich für eine Laufrichtung entscheiden. Entweder: die unendlich lange Straße Richtung Kreuzung. Was dafür spricht? An deren Ende liegt garantiert die Verbindungsstraße von Tallinn nach Narva. Und dort sind Autos unterwegs. Allerdings sind es zig Kilometer bis zur Kreuzung. Vermutlich erreiche ich sie erst nachts und wer nimmt schon in der Dunkelheit einen Anhalter mit?

Oder: die andere Richtung. Von hier sind es zwei bis drei Kilometer bis zu jener Stelle, an der wir in den Wald zur Bucht gelaufen sind. Dort hatte ich Empfang und könnte jemanden anrufen. Vielleicht Khalil. Der würde mich orten und mir ein Taxi bestellen. Warum bin ich nicht schon früher auf diese Idee gekommen? Khalil ist meine Rettung.

So gehe ich der Sonne entgegen. Ich laufe nicht am Rand, sondern mitten auf der Straße. In Berlin bin ich fast nie zu Fuß unterwegs. Entweder fahre ich Fahrrad, nehme den Bus oder die Bahn. Zu Fuß gehe ich höchstens zum Supermarkt. Das Einzige, was mich hier an Berlin erinnert, ist der Asphalt. Im Wald hat sich etwas bewegt. Es muss groß sein, vermutlich ist es auch schwer, denn es knackt noch einmal gewaltig. Ich kann nichts erkennen. Es ist dunkel zwischen den Bäumen und Büschen. Ich gehe weiter, jetzt nicht mehr den Asphalt vor Augen, sondern den Wald im Blick. Der ist an manchen Stellen dunkel wie eine Höhle. An anderen Stellen ist er frei und atmet, lässt Raum für Sträucher, Büsche und Walderdbeeren. Das Handy hat immer noch kein Netz.

Endlich erreiche ich die kurze Einbiegung, an der Karina den Wagen geparkt hatte. Ich blicke wieder aufs Display. Kein Empfang. Was soll das? Eben hat genau hier jemand angerufen. Da habe ich mir schon die Nummer von Khalil im Krankenhaus auf einen Zettel geschrieben und in mein Portemonnaie gesteckt und jetzt fehlt das Netz. Verzweifelt wähle ich trotzdem Khalils Nummer. Es passiert nichts. Ich wiederhole den Anruf. Vergebens! Ich Idiot! Wie konnte ich mich nur in diese bescheuerte Lage manövrieren. Ich könnte heulen. Und starre auf das Handy. Nur, um mich ein letztes Mal davon zu überzeugen, dass es hier wirklich kein Netz gibt.

Dann entschließe ich mich dazu, den Ranger zu suchen. Ich werde zum Meer gehen, laut herumschreien und der Ranger wird kommen und mich retten. Genau so wird es sein. Basta. Der letzte Schritt auf dem Asphalt, dann geht es in den Wald. Der Boden scheint nicht mehr ganz so weich wie heute Mittag. Wie habe ich mich nur auf das Abenteuer mit Karina einlassen können? Ich hätte es gar nicht so weit kommen lassen dürfen. Ob sie mich wirklich gut fand? Quatsch. Khalil hatte garantiert recht, so wie er immer recht hat. Er denkt logisch wie ein Nerd, nicht wie ein Idiot von Mann. Männer können besser gucken als denken.

Sind wir eben hier entlanggelaufen? Für mich sehen die Bäume und die Wege dazwischen alle gleich aus. Nur Birken sind halt anders. Ich suche nach irgendeinem Hinweis. Aber hier gibt es nichts, nicht einmal einen geknickten Ast, gar nichts. Wenn du immer nur Leuten – erst Karina, dann diesem Ranger – hinterherrennst, findest du selbst den Weg nicht mehr. Diese Erkenntnis kommt mir gerade siedend heiß, aber leider zu spät.

Ich nehme das Handy. Die Kompass-App funktioniert zumindest. Wohin muss ich gehen? Ostwärts? Nordwärts? Liegt von hier aus die Ostsee im Osten? Ich bin mir nicht sicher. Estland ist zweitausend Kilometer von Deutschland entfernt. Ich überlege, aber ich komme zu keinem logischen Schluss.

Also laufe ich Richtung Osten. Der Wald wird noch dichter, sehr dicht, und ich muss mich durch das Gestrüpp schlagen. Wenn ich mir nun keine Zecken einfange, dann muss ich immun gegen die Biester sein. Diesen Weg sind wir heute garantiert nicht gegangen. Ich war noch nie so durstig wie jetzt. Wo hat Karina die Beeren gefunden? Hier gibt es keine Beeren. Keine einzige. Ich laufe und laufe und immer Richtung Osten. Dabei frage ich mich, was das eben für ein lautes Geräusch im Wald gewesen ist. Und wie die Tiere in so einem Wald überleben können, in dem kein Tropfen Wasser existiert. Oder ist hier irgendwo ein Fluss oder Bach oder sonst was? Estland ist angeblich voller Flüsse und Seen. Allein der Peipussee ist schon wie ein kleines Meer, siebenmal so groß wie der Bodensee. Aber hier, hier gibt es nicht einmal eine Pfütze.

Ich hocke mich auf einen umgeknickten Baum. Kein Wind,

nichts, nur Hitze. Deutschland verbrennt, Europa verbrennt und Estland gleich mit. In der Redaktion haben sie eine Klimaanlage. Diese scheiß Klimaverschärfung führt dazu, dass die Leute nicht nur im Winter heizen, sondern auch noch im Sommer alles kühlen. Es ist ein Teufelskreis und wir sitzen mittendrin und sind der Teufel.

Es knackt hinter mir! Ich drehe mich um. Da stehen eine riesige braune Kuh und eine kleinere braune Kuh. Die keine Kühe sind, sondern Elche. Ich habe noch nie einen Elch gesehen und habe geglaubt, diese Tiere wären kleiner, viel kleiner. Das sind ja fast Elefanten. Die Elchin schaut mich an.

»Ksch«, sage ich. »Ksch. Lauf!«

Aber die Elchin läuft nicht weg, sie bleibt ungerührt stehen. Und wirkt mit ihren riesigen Augen wie ein monstergroßes Reh. Karina hat noch nie einen Elch in Estland gesehen. Dafür muss erst ein Berliner kommen. Elche sind Fluchttiere, also schadet es nichts, wenn sie ein paar Meter von mir entfernt im Wald dösen. Ich muss keine Angst vor dem Monsterreh und seinem Kalb haben. Jetzt schauen mich beide rehäugig an. Sie fressen nicht mal was, sondern gucken nur.

Ein Piepton zerreißt die Luft. Ich zucke zusammen. Genau wie die Elchkuh und ihr Kalb, was mich noch mehr erschreckt. Sie springen davon in diese Nacht von Wald. Das Handy in meiner Hose klingelt erneut. Der Name »Leonid« steht in kyrillischen Buchstaben auf dem Display. Wieder und wieder blinkt er auf. Am liebsten würde ich ihm sagen, dass er mich aus diesem Wald holen soll. Aber ich kenne diesen Leonid nicht und drücke ihn vorsichtshalber weg. Und rufe Khalil an. Der geht nicht ran. Er geht nie ran, wenn er eine Nummer nicht kennt. Dazu noch eine estnische. Obwohl, er weiß vermutlich gar nicht, dass es eine estnische Nummer ist. Ich versuche es wieder und dann antwortet er.

Warum ich meine Rufnummer unterdrückt habe, will er wissen.

»Das ist nicht mein Handy. Es ist das von Karina Kusnezowa.«

»Warum?«

»Ich habe es ihr geklaut und dann mein Handy zerstört, damit sie nicht merkt, dass ich ihr Handy geklaut habe.«

»Sehr logisch«, sagt Khalil.

Es ist schön, seine Stimme zu hören. »Ich bin hier in einem Waldgebiet, irgendwo zwischen Narva und Tallinn in der Nähe der Ostsee. Karina hat mich ausgesetzt und ich habe mich prompt im Wald verlaufen.«

»Dann schick mir deine Koordinaten.«

»Ich kann mich auch einfach mit Google Maps führen lassen. Ich habe ja jetzt Netz.«

»Gib mir deine Daten. Ich muss wissen, wo du bist.«

Ich höre wieder ein Knacken.

»Was ist?«, fragt Khalil, weil ich nichts mehr sage.

Ich flüstere: »Hier ist jemand. Ich glaube, es ist der Ranger.«

»Hallo! Ich bin hier!«, rufe ich in Englisch. »Hilfe!«

Aber es ist nicht der Ranger, der nun genau da steht, wo eben noch die Elche waren. Es sind zwei Männer. Der eine etwas speckig, der andere groß und kantig. Irgendwoher kenne ich ihn. Ist das nicht der Typ, der gestern an der Bar war und mich angesprochen hat? Genau der ist es. Das kann kein Zufall sein. Vielleicht war die Begegnung mit Sofia auch kein Zufall?

»Was ist los?«, höre ich Khalil sagen.

»Ich glaube, die sind hier, um mich umzubringen ...« Und ich renne los. Die beiden Männer folgen mir sofort. Sie haben es auf mich abgesehen. Ich renne und renne und hoffe immer noch darauf, dass der Ranger hier auftaucht. Aber vermutlich ist er irgendwo in diesen unendlichen Wäldern unterwegs. Ich renne und renne. Die beiden sind nicht so schnell wie ich, doch sie bleiben mir auf den Fersen. Da vorne ist das Meer. Ich muss das Wasser erreichen. Es ist die Bucht, an der ich mit Karina gewesen bin. Und trotz der Hitze, trotz meines Durstes werde ich noch einmal schneller und springe über die Wurzeln der Bäume hinweg und laufe über den Strand zum Meer. Die beiden sind zum Greifen nah hinter mir. Ich werfe mich ins Wasser und kraule und kraule. Die Männer folgen mir. Ich blicke unter meinem Arm nach hinten und entdecke sie. Wir kraulen alle voll bekleidet in diesem glasklaren Wasser. Ich schwimme und fühle mich immer besser, denn sie haben Probleme, mir zu folgen. Im Wasser haben sie keine Chance gegen mich.

Ich stoppe, drehe mich um und überlege, was ich tun soll. Dann schwimme ich einen Bogen. Sie scheinen meine Verfolgung aufgeben zu wollen. In Klamotten im Wasser voranzukommen ist extrem anstrengend und sie machen langsam schlapp. Es mögen mittlerweile 30 Meter zwischen ihnen und mir sein. 30 Meter – und es ist verdammt weit zurück zum Ufer. Falls sie keine guten Schwimmer sind, wird es schwierig für sie werden. Die beiden sind inzwischen auch weit voneinander entfernt. Ich überlege, ob ich auf die andere Seite der Bucht zusteuern soll. Aber ich warte. Offensichtlich kann der Dunkelhaarige nicht so gut schwimmen. Das ist der Typ von der Bar. Ich kraule auf ihn zu und rufe in Englisch, was er von mir will. Ob er wegen Karina hier sei. Er kann sich nur schwer über Wasser halten und dreht sich auf den Rücken, um Kraft zu sparen. Ich nähere mich ihm.

»Was willst du von mir?«

Er sagt nichts. Ich ziehe ihn am Hosenbein. Er trägt Jeans wie ich und tritt nach mir, aber sinkt dabei unter. Dabei schreit er, ich solle ihn in Ruhe lassen.

»You will sink!«, sage ich. Er hat keine Chance. Ich könnte nun mit ihm machen, was ich will. Könnte entscheiden, ob er leben oder ertrinken soll.

»Was willst du von mir?«, frage ich ihn wieder, umkreise ihn und zerre ihn schließlich erneut am Hosenbein. Er tritt nach mir, vergebens, und ich schleppe ihn weiter aufs Meer hinaus.

»Was willst du?«

Er schweigt, aber er wird es mir sagen. An Land hätte ich keine Chance gegen ihn, aber hier und jetzt … Er versucht nur noch, sich über Wasser zu halten. Der andere hat gleich wieder das Ufer erreicht.

»Wie heißt du?«, will ich wissen und komme ihm zu nah, sodass er meinen Arm packen kann. Er hält mich fest, seine Augen sind voller Hass. Plötzlich reißt er an mir und zieht mich mit sich nach unten. Ich kann nicht mehr und er kann nicht mehr und klammert sich an mich. Dann erwische ich mit dem Ellbogen sein Kinn und er lässt los. Ich bin frei. Er ist nicht ohnmächtig, nur angezählt, und versucht, über Wasser zu bleiben. Panisch. Er wird ertrinken. Was soll ich tun? Ich kann ihn nicht ertrinken lassen, er darf nicht sterben. Das hier ist Mord. Das ist kein Spiel. Das ist Scheiße. Ich schwimme nur wenige Zentimeter von ihm entfernt und schaue ihn an, bin selbst müde.

Was soll ich tun? Was?

Ich muss an das Handy denken. Wo ist es? Ist es mir eben aus der Hose gerutscht? Sicherlich war es sowieso schon kaputt. Verdammt. Alle Daten sind weg. Alles umsonst. Er greift nach mir. Aber ich habe einen Sicherheitsabstand. Er sagt etwas. Ich meine, das Wort »Please« zu hören. Dann sinkt er. Und ich schaue zu.

Doch ich kann ihn nicht ertrinken lassen.

Ich tauche und bekomme ihn zu fassen, aber er ist schwer. Er bewegt sich nicht mehr. Ist er tot? Ich trage ihn hinauf zum Licht. Im Wasser ist alles leicht, doch er ist wie Blei. Blei aus Fleisch und Wasser. Gerade als ich ihn einfach loslassen will, durchbreche ich mit ihm die Oberfläche und hole erleichtert Luft. Ich fasse ihn am Nacken – das habe ich alles zigmal geübt. Dann schaue ich zum Ufer, wo sein Kollege steht. Aber ich ziehe diesen Typen hinter mir her wie einen Hund und will ans andere Ufer der Bucht. Er ist weggetreten. Hat er Wasser geschluckt? Lebt er überhaupt noch? Er darf nicht tot sein!

Plötzlich ist Boden unter meinen Füßen. Mit jedem Schritt, den ich ihn ans Ufer ziehe, wird er schwerer. Ich kann nicht mehr und schleife ihn trotzdem weiter an Land. Die Sonne brennt in meinen Augen. Ich muss diesen Typen an den Strand bringen und krieche am Ende auf allen vieren, um den schweren Körper vorwärtszubewegen.

Geschafft. Er liegt im seichten Wasser und atmet. In Filmen spuckt der fast schon Ertrunkene immer Wasser wie ein Springbrunnen, wenn sie ihm auf den Brustkorb schlagen. Aber ich haue nicht auf seinen Brustkorb. Er atmet einfach, doch er ist zu schwach, um die Augen zu öffnen. Ich greife in seine hintere Hosentasche. Darin ist ein Portemonnaie. Ich zerre ihn weiter ans Ufer, lege ihn in die Seitenlage, ziehe ihm noch die Schuhe aus und werfe sie weit weg ins Gebüsch. Die Steine hier am Strand sind spitz. Er wird eine Weile brauchen, barfuß voranzukommen. Am anderen Ufer steht sein Kollege und hat vermutlich auch kein funktionierendes Handy mehr. Doch da hält er auf einmal eines in der Hand. Hat er es etwa am Ufer liegen lassen? War er so schlau? Oder ist das Ding wasserdicht?

Ich laufe am Steinstrand entlang, nur weg, fort von der Bucht. Dabei schaue ich in das Portemonnaie meines Verfolgers. Auf seinem Ausweis steht »Leonid Gontscharow«. Das also ist Leonid, der bei Karina angerufen hat. Dieser Typ arbeitet bestimmt mit ihr zusammen. Ich drehe mich noch einmal um. Er liegt noch friedlich da und sein Kollege ist schon auf dem Weg zu ihm. Er muss um die Bucht herumlaufen. Das wird dauern. Beeilen sollte ich mich trotzdem. Ich habe keinen Durst mehr, den hat mir die Angst zumindest genommen.

Nach einer Weile bin ich allerdings erschöpft und renne nicht mehr. Die Sonne scheint hier wie in der Sahara. Ich bin zwar kein Sportfreak, aber das hier hat mich körperlich mehr mitgenommen, als ich gedacht hätte. Ich klettere beinahe am Strand entlang, der an einigen Stellen aus riesigen Steinen besteht. Sie sehen aus wie gigantische Kiesel. Ich schaue mich um. Niemand verfolgt mich. Nur die Sonne und dieser

Durst, der wieder da ist und unerträglich wird. Irgendwann am Ende dieses Strandes muss eine Stadt kommen. Ich glaube, sie heißt Sillamäe, eine einst geheime Stadt mit riesigen Industrieanlagen. Dort soll früher einmal Uran angereichert worden sein. Das hat mir jedenfalls Karina erzählt. Sie hat viel geredet und viel gelogen. Ich will mich nur noch hinlegen und schlafen. Einfach schlafen.

Ein Boot kommt vom Meer und fährt Richtung Bucht. Dass hier Boote im Naturschutzgebiet erlaubt sind, wundert mich. Die Küste wird steil. Es gibt keinen Weg nach oben, nur den hier unten am Meer entlang. Die riesigen Kiesel werden nicht kleiner. Ich klettere darüber. Die Sonne steht schon tief über dem Horizont. Und mein Schatten wandert neben mir die Felswand höher und höher hinauf. Ob Khalil mich noch orten konnte? Am liebsten würde ich mich jetzt einfach auf einen Stein setzen und hoffen, nur hoffen, dass irgendwer vorbeikommt und mich mitnimmt, einfach weg von hier.

Da höre ich das Tuckern eines Bootes. Es ist das gleiche, das eben in die Bucht gefahren ist. An Bord steht ein Mann mit einer Mütze. Das Boot steuert auf mich zu. Ich schaue mich um. Ob der Typ mit Leonid und seinem Kollegen unter einer Decke steckt? Dann taucht Leonid neben ihm an Deck auf. Jedenfalls könnte es Leonid sein. Ich beschleunige meinen Schritt, aber kann nur vor- oder zurücklaufen. Die Klippen kann ich nicht emporsteigen. Unmöglich. Das Boot stoppt, Leonid bleibt an Bord, aber der Typ mit der Mütze springt herunter und mit ihm ein blonder Kerl – vermutlich ist es Leonids Kollege, vermutlich arbeiten sie alle im Trollhaus oder sind davon engagiert worden.

Sie kommen schnell durchs Wasser auf mich zu. Ich klettere über die Steine, nur weg. Aber ich bin müde und es dauert nicht lange, da hat mich dieser Typ, der tatsächlich eine billige Kapitänsmütze trägt, eingeholt. Er spricht russisch. Ich soll mich wohl ergeben und hebe die Hände hoch. Jetzt weiß ich auch, wo ich den Blonden mit dem Undercut schon einmal gesehen habe. Das ist der Kerl gewesen, der mir auf der Parkbank vor der Festung gegenübersaß. Ich soll auf die Knie. Das tue ich und spüre die heißen Steine unter mir. Es ist sinnlos, sich zu wehren.

Sonntag, 5. August
Motorboot, vor der Küste von Narva-Jõesuu

Mein Schädel dröhnt. Meine Augen scheinen verklebt zu sein. Es fällt mir schwer, sie zu öffnen. Um mich herum ist das Geräusch von Wasser, das an eine Bordwand schlägt. Meine Hände sind gefesselt, mein Kopf liegt seitlich auf dem Tisch und der Hals tut mir weh, der Nacken und der Schädel. Ich muss etwas sehen und versuche, die Augen aufzureißen. Es schmerzt.

Was ist passiert? Ich habe mich hingekniet. Der Blonde mit dem Undercut hat mich zu Boden gestoßen und sich über mich lustig gemacht. Der Kapitän hat auch gelacht und nun bin ich hier und schaue auf eine Tischplatte, auf der mein Kopf liegt. Alles schaukelt hin und her, die Tischplatte ist weiß und mir ist flau im Magen. Es nieselt draußen. Das Bullauge zeigt das Meer und dann wieder die grauen Wolken, das Schiff schaukelt wie mein Magen, wie mein Verstand, der nicht klar wird. Sie müssen mir auf den Schädel geschlagen haben. Ich hebe schmerzhaft den Kopf hoch.

Ich bin allein unter Deck. Wie viel Zeit mag vergangen sein? Ich habe überhaupt kein Gefühl dafür. Ist dies das Schiff, auf dem Leonid und dieser Kapitän waren? Wo sind sie? Ich setze mich aufrecht, blicke auf meine Hände, die ans Tischbein gefesselt sind. Langsam wird mir alles klar. Das Tischbein ist aus Stahl und stützt den Klapptisch. Ich sitze auf einem Stuhl, der fest verankert ist. Mein Mund ist auch verklebt. Ich muss unbedingt etwas trinken. Das Wasser schlägt gegen das Schiff wie Sprudel an eine Flaschenwand. Alles ist in Bewegung und der Regen wird heftiger. Er prasselt gegen das Glas.

Als sie mich gefangen haben, war der Himmel noch wolkenlos. Aber wann war eben? Wann ist jetzt? Das Wetter schlägt am Meer schnell um. Das Schiff schaukelt zur Seite. Ich höre Stimmen und ein Donnern. Jemand betritt den Raum und flucht auf Russisch.

Ich schließe die Augen, weiß nicht, ob es Leonid ist, stelle ihn mir vor: seine Adlernase, seinen gnadenlosen Blick. Eine Hand schlägt mir gegen die Wange. Ich stelle mich weiter ohnmächtig. Die Hand fühlt an meinem Hals nach der Schlagader.

»Tot ist er nicht!«, ruft der Kerl sehr laut. Vermutlich unterhält er sich mit jemandem an Deck. Das russische Wort für »tot« kenne ich. Und so habe ich mir gerade den Satz zusammengereimt.

Dann steigt eine zweite Stimme zu uns unter Deck. Ich glaube, sie flucht übers Wetter. Die Schritte nähern sich. Nummer zwei muss direkt neben mir sein. Er stupst mich an und redet laut. Vermutlich diskutieren sie darüber, wie lebendig ich noch sein könnte.

Ihre Stimmen entfernen sich die Treppe hinauf. Ich wende den Kopf zur Seite und sehe nur noch die Füße oben verschwinden. Sicherlich haben sie etwas an Deck zu erledigen und sind stinksauer über das miese Wetter. Denn jetzt haben im Bullauge die Wolken den Himmel auch in der Ferne voll im Griff, keine Sonne ist mehr zu erkennen, nur noch Grau und Schwarz und ab und an ein Blitz. Ich zerre an meinen Fesseln und merke, dass das Tischbein nicht sonderlich stabil ist. Daher ziehe ich fester und versuche, dabei so wenig Krach wie möglich zu machen.

Dann höre ich Schritte hinter mir. Der Blonde ist zurück und ich reiße wie ein Wilder mit beiden Händen am Tischbein. Mit einem Ruck fliegen Platte und Bein auseinander und der Tisch bricht weg. Meine Hände sind noch zusammengebunden, aber ich halte dieses eiserne Tischbein wie eine Waffe. Der Blonde stürzt sich geistesgegenwärtig auf mich. Ich hebe das Tischbein und treffe ihn am Kopf. Er fällt um wie ein nasser Sack. Blut tritt auf das Kurzhaar seines Undercuts. Der zweite Kerl ruft von oben. Ich versuche vergeblich, das Seil von meinen Händen zu lösen. Wieder ruft der andere von oben. Er ahnt, was passiert ist, sonst wäre er längst hier unten. Bestimmt bereitet er sich oben vor.

Ich muss hier raus, bin in der Falle. Das Bullauge ist zu klein, um hindurchzukriechen. Aber mit zusammengebundenen Händen wäre es ohnehin nicht ratsam, ins aufgewühlte Meer zu springen. Ich weiß ja nicht einmal, wie weit es bis zur Küste ist. Draußen donnert es. Der Sturm dreht das Boot. Ich gehe zum Schrank neben dem Bullauge, ziehe eine Schublade auf und noch eine. Darin ist Besteck – ein Messer. Doch der zweite Kerl steht schon auf der Treppe.

Ich sage in Englisch seinen Namen: Leonid. Und dass er stehen bleiben soll.

Aber er schreit mich auf Deutsch an: »Mach keinen Ärger,

Phoenix! Du hast keine Chance! Leg das Messer weg! Alles wird gut! Warum hast du meinen Freund niedergeschlagen? Wir haben dich gerettet.«

Was redet der für einen Mist? Er kommt auf mich zu.

»Bleib stehen. Sonst ...«, drohe ich.

Ich stoße mit dem Messer in seine Richtung und muss daran denken, wie leicht es für einen Systema-Kämpfer wäre, mir das Messer einfach wegzunehmen. Also greife ich nicht weiter an, um ihm keine Chance zu geben, meinen Schwung gegen mich zu verwenden.

»Leg das Messer weg«, befiehlt er. »Sonst tue ich dir weh.«

Ich sage wieder: »Bleib stehen!«

Ich zerre noch einmal an meinen Fesseln, die ich eben nur leicht angeschnitten habe. Aber es reicht, denn das Seil reißt und meine Hände sind frei. Und jetzt? Ich habe Angst. Wenn der Typ das Gleiche kann wie Sarahs Vater, bin ich geliefert.

Du musst abwarten, Phoenix, sage ich mir. Einatmen und ausatmen. Ganz ruhig. Du wirst dieses Boot heil verlassen, wenn du nur ruhig bleibst. Das rede ich mir immer wieder ein.

Er fordert: »Du gibst mir jetzt das Messer. Drehe es anders herum, sodass du die Klinge in der Hand hältst.«

»Für wen arbeitest du?«, will ich wissen.

»Was interessiert es dich?«

»Für Karina Kusnezowa?«

»Du glaubst doch nicht, dass du nur eine einzige Sekunde eine Chance bei ihr hattest? Und jetzt kommen wir zu deinem Teil der Vereinbarung: Du gibst mir das Messer, und zwar mit dem Griff zuerst.«

Mein Teil der Verabredung? Was redet er da? Will er mich

provozieren? Er grinst breit, so als hätte er das Messer und die Macht. Aber ich habe das Messer. Der Blonde kommt wieder zu sich. Jetzt sind sie gleich wieder zu zweit und ich habe keine Chance mehr gegen die beiden. Der Blonde fasst sich an den Kopf und blickt auf das Blut an seiner Hand. Er rappelt sich auf. Es ist sinnlos zu kämpfen. Vermutlich könnte mich dieser Leonid schon allein töten, wenn er das wollte. Scheinbar will er es aber nicht. Also drehe ich das Messer und mache mit dem Griff voran einen Schritt auf ihn zu.

Genau in diesem Moment greift er nach dem Schaft und stößt mir die Klinge entgegen. Ich zucke zur Seite, rutsche weg und trete ihm ungewollt im Fallen gegen das Knie. Sein Knie gibt nach und biegt sich zur Seite. Er schreit. So muss Jona geschrien haben, als ihn der Wal verschluckte. Leonid fällt im Bauch dieses Schiffes zu Boden und dann ist er still. Und mit ihm schweigt das Schiff. Der Wal hält den Atem an. Kein Geräusch mehr, kein Leben. Blut dringt unter Leonids Körper hervor. Der Blonde stürmt auf uns zu. Zuerst denke ich, er will sich auf mich stürzen. Aber er beugt sich über Leonid, redet auf ihn ein und dreht ihn auf die Seite. Blut fließt aus Leonids Brust. Das Messer steckt schräg bis zum Schaft darin.

»Ist er tot?«, fragt der Blonde auf Deutsch.

»Er hat sich auf mich gestürzt. Er …«

Ich weiß nicht, was ich sagen soll. Ich weiß überhaupt nichts mehr. Er ist tot und ich … stürme die Treppe hinauf. Ich muss weg, nur weg!

Oben angelangt schließe ich die Kabinentür hinter mir. Es ist nur eine winzige Tür zwischen dem Typen und mir, aber sie ist aus massivem Holz und ich stemme mich dagegen. Ich suche einen Riegel oder ein Schloss. Anscheinend lässt sich die Tür nur von innen verriegeln. Der Kerl drückt dagegen. Er ist stark und schreit, dass ich ihn rauslassen soll. Alles würde sich regeln lassen. Ich höre seine Worte, doch ich glaube ihm nicht. Da sehe ich die Kapitänsmütze neben dem Ruder liegen. Haben sie den Kapitän über Bord geworfen? Nein, vermutlich ist er ausgestiegen und sie sind allein mit mir hierhergefahren. Warum sollten sie einen ihrer eigenen Männer töten? Oder ist dieser Kapitän doch noch irgendwo in der Nähe? Was soll ich tun? Wenn ich eine Stange oder einen Stock hätte, dann könnte ich ihn vor die Tür klemmen und sie so verschließen. Doch neben mir befindet sich nur das Cockpit mit Lenkrad und Gashebel.

Der Typ drückt fester. Das kann nicht lange gut gehen. Gleich hat er die Tür aufgestoßen und wird mich über Bord werfen oder erwürgen.

Schräg hinter mir ist eine Kiste. Ich schiebe den Riegel der Kiste zur Seite, während ich mit der Schulter weiter gegen die Tür drücke. In der Kiste sind dicke daumenlange Patronen und eine Pistole. Das muss eine Signalpistole sein. Ich habe noch nie so ein Ding in der Hand gehabt. Und das werde ich auch nicht, denn ich kann nicht in die Kiste greifen, ohne dem Druck des Blonden nachzugeben. In einer Sekunde, in der er von innen ein wenig nachlässt, drehe ich mich blitzschnell um und lehne mich mit dem Rücken gegen die Kiste und stemme die Beine gegen die Tür. Ich greife nach der Pistole – sie ist schwer und geladen. Dann ziehe ich die Beine ein und er öffnet die Tür. Ich blicke ihm fest in die Augen und er schaut in die Mündung meiner Pistole.

»Geh zurück!«, schreie ich. »Geh!«

Er weiß, was ich in der Hand halte – und hat Respekt. Doch er ist voller Wut, gereizt wie ein Stier.

»Das wirst du bereuen«, sagt er.

»Gib mir dein Handy«, fordere ich.

Das überrascht ihn.

»Gib schon! Oder ich drück ab.«

Er kniet auf der obersten Stufe der Treppe. Seine Augen sind geweitet. Blau sind sie, blau wie ein guter Tag am Meer. Aber sie müssten rot sein vor Zorn. Er zieht das Handy aus der Hose.

»Schieb es zu mir«, befehle ich.

Doch er schleudert es einfach in den Himmel. Ich schaue dem Handy nach und dann ist es über die Reling verschwunden. Währenddessen nutzt er den Überraschungseffekt und packt brutal meinen Arm und die Pistole. Ich will nicht schießen. Er ist über mir und dreht die Pistole in meiner Hand in meine Richtung. Dann lasse ich einfach nach und er ist so überrascht von meiner Aktion, dass er auf mich fällt. Ich halte ihm nun die Mündung der Pistole an den Körper.

»Ich schieße!«, schreie ich.

Er kuscht augenblicklich. Wenn ich jetzt schieße, wird diese Kugel ihn verbrennen. Das weiß er. Und ich werde schießen, das weiß er auch. Ich richte die Mündung auf seinen Körper, bis er wieder auf der Treppe und im Bauch des Schiffes verschwindet. Dann trete ich die Tür mit dem Fuß zu. Geschafft!

Für eine Sekunde wird aus Anspannung Entspannung. Am Horizont ist die Sonne wieder rot, denn die schwarzen Wolken sind weitergezogen. Vor lauter Aufregung habe ich den

Regen gar nicht gespürt, nicht die Nässe um mich herum. Doch ich darf keine Zeit verlieren, der Typ wird sicherlich einen neuen Plan schmieden. Ich durchwühle die Kiste, in der es noch Verbandszeug, Westen und ein Stemmeisen gibt. Es ist lang und schmal. Genau, was ich brauche. Ich verschließe damit die Tür. Egal was der Typ unter Deck nun auch tut, dieser Riegel dürfte mir etwas Zeit verschaffen.

Der Sturm ist genauso schnell abgezogen, wie er gekommen ist. Die Luft ist nun schwül, satt von Sonne und Feuchtigkeit. Ich sehe hinüber zu einem Strand. Das muss die Küste vor Narva-Jõesuu sein, die Riviera des Nordens. Rotweiß gestrichene Wagen, die aussehen wie kleine Häuschen, stehen auf dem Sandstrand. Ich habe gelesen, dass früher die Frauen sich darin umgezogen haben, während starke Männer diese Wagen ins Meer gezogen haben. So konnten die Männer vom Strand aus nicht beobachten, wie die Frauen ins Wasser stiegen. Links vom Strand liegt die Mündung des Flusses Narva.

Ich frage mich, wie ich an den Strand gelangen soll. Wer in Köln oder Berlin lebt, muss kein Boot steuern können. Ich weiß nicht einmal, wie ich den Motor starten soll. So probiere ich den Knopf neben dem Gashebel aus. Es passiert nichts. Ich versuche es noch einmal. Der Motor springt an und ich gebe Gas. Fast wie bei einem Auto. Schräg unter mir höre ich ein Pochen. Der Blonde will raus, aber er schafft es nicht. Ich tuckere bedächtig direkt auf die Küste zu. Dort kehren wieder Menschen an den Strand zurück. Sie sind vermutlich eben vor dem Sturm und Regen geflohen. Auch die Sonne ist wieder zu sehen und versinkt im Meer. Es ist wie ein Auf- und Untergang zugleich. Der Horizont ist rot und

Leonid liegt tot in der Kajüte. Ich kann es nicht fassen. Zwar bin ich nicht schuld daran, aber er ist trotzdem tot.

Dann stoppt das Boot, es hat Schieflage. Vermutlich habe ich auf Land aufgesetzt. Als ich von Bord steige, geht mir das Wasser nur noch bis zur Brust, obwohl es mit Sicherheit noch 200 Meter bis zum Strand sind. Das Boot löst sich wieder vom Untergrund. Wohl weil es leichter ohne mich ist oder eine der Wellen dafür gesorgt hat. Ich drücke jetzt gegen den Schiffsbug. Das Boot bewegt sich. Ich drehe es zur Meeresseite hin, was viel leichter geht, als ich gedacht hätte, und steige über die Leiter wieder hinein. Dann zurre ich das Steuer mit einem Seil fest und schalte den Motor wieder an, gebe Gas und springe selbst sofort von Bord. Ich tauche auf und sehe, wie das Schiff sich entfernt. Es fährt aufs offene Meer hinaus, während ich zur Küste schwimme. So bald wird niemand das Schiff finden.

Die Badegäste breiten ihre Handtücher nicht aus, denn der Strand ist sicherlich zu nass. Sie setzen sich auf die wenigen Bänke, die sie kurz abtrocknen, oder wandern am Strand entlang. Dabei ziehe ich ihre Blicke magnetisch an. Wann steigt auch schon mal ein Kerl in Jeans und T-Shirt 200 Meter entfernt vom Strand aus einem Boot und lässt es einfach dort zurück?

Niemand spricht mich an oder hält mich auf. Ich überquere den Strand und laufe auf einem asphaltierten Weg zu einer Straße. Eine Bushaltestelle ist hier. Ich gehe an einem Pavillon vorbei, rechts liegt ein Park mit kurz geschnittenem Rasen, Bänke stehen dort und ein paar Enten quaken in einem See. Das ist alles richtig nett hier, wie in einem Kurort.

Eben noch schien die Welt unterzugehen und jetzt herrscht tiefer Friede. Hinter mir lasse ich diesen blonden Gangster, der bald die Holztür im Boot aufgebrochen haben wird, und einen Toten.

Ich habe ihn getötet. Spüre noch, wie das Messer in ihm versank, und merke, dass ich zittere. Meine rechte Hand zittert und ich umfasse sie mit der linken. *Beruhige dich, Phoenix*, sage ich innerlich zu mir. *Beruhige dich. Das ist nur das Adrenalin, das jetzt in dir pulsiert. Du musst runterkommen.*

Ein Taxi fährt an mir vorbei, aber ich bin nicht schnell genug. Verdammt! Ich winke ihm hinterher. Wie durch ein Wunder hält der Fahrer an. Er muss mich im Rückspiegel gesehen haben und dreht, fährt auf der anderen Spur an mir vorbei, dreht wieder und kommt nun im Schritttempo hinter mir her. Die Scheibe senkt sich, doch er hält nicht an. Halt bitte an! Er fährt neben mir und redet russisch mit mir.

Ich frage: »Do you speak English?«

Das tut er und ich sage ihm, dass ich zum *Hotel Virumaa* möchte.

Ich bleibe stehen, doch er fährt im Schritttempo weiter. Also gehe ich schneller, bis ich wieder neben ihm bin.

»Warum bleiben Sie nicht stehen?«

»Sind Sie mit der Jeans schwimmen gewesen?«

»Ja.«

»Das ist nicht normal«, erwidert er. »Deshalb halte ich nicht an.«

»Ich bin nur ins Wasser gefallen«, sage ich. »Ich bin nicht verrückt oder so.« Vermutlich wirke ich völlig verwirrt auf den Fahrer. Ich bin es ja auch. Aber er muss mich mitnehmen, denn ich muss unbedingt weg von hier. Ich muss ihm beweisen, dass ich ein ganz normaler Fahrgast bin. »Rufen Sie doch in meiner Unterkunft an, *Hotel Virumaa*. Die können Ihnen bestätigen, dass ich …«

Er lacht. »Kein Problem«, meint er. »Kein Problem.«

Dann stoppt er den Wagen, aber die Tür ist verriegelt. Während ich so durch die heruntergelassene Scheibe in sein Auto sehe, ruft er im Hotel an und erkundigt sich nach mir. Allerdings ist die Auskunft anders, als ich erwartet habe. Der Portier sagt ihm, dass ich schon ausgecheckt hätte.

»Das kann nicht sein«, betone ich. »Unmöglich. Ich bin doch hier.«

»Ja, in nasser Jeans.«

Er weiß nicht, was er von mir halten soll, aber ich weiß auch nicht, wie ich ihn einschätzen soll, denn er grinst die ganze Zeit. Ob er die Situation lustig findet?

»Fahren Sie mich trotzdem zum Hotel?«, frage ich kleinlaut und ziehe mein nasses Portemonnaie aus der Hose. »Oder nehmen Sie kein nasses Geld?«

»Doch. Ich muss halt nur etwas mehr verlangen: 50 Euro.«

Dafür hätte mich der andere Fahrer bis nach Tallinn gefahren, aber hier habe ich es mit einem Schlitzohr zu tun, das nicht nur Freude an meiner Notlage hat, sondern sie auch noch finanziell ausnutzt.

Er öffnet die Tür und bittet mich zu warten. Währenddessen greift er in den Kofferraum, kehrt mit einer Decke zurück und legt sie auf meinen Sitz. »Sehen Sie, jetzt können Sie sich setzen.«

Wir fahren durch den Küstenort Narva-Jõesuu: Apartmentanlagen, Hotel, Supermarkt und verzierte Holzhäuser wie aus dem Märchen. Dann geht es nur noch schnurstracks geradeaus an der Narva entlang. Ein Panzer steht am Wegesrand auf einem Sockel. Mein Fahrer erzählt in typisch russischem Englisch, dass vorige Woche hier jemand erschlagen worden sei.

Wir kommen an die Stadtgrenze von Narva und ich frage mich, warum im Hotel gesagt wurde, dass ich kein Zimmer mehr habe. Oder hat mich Karina schon ausgecheckt, weil sie glaubte, dass ich auf dem Friedhof einchecke? Ich überlege, zur Polizei zu fahren. Ich sehe Leonids erstaunten Gesichtsausdruck vor mir, als der Blonde ihn herumgedreht hatte. Es war, als sei er von seinem eigenen Tod überrascht worden. Und ich bekomme diese Augen nicht mehr aus dem Kopf.

Sonntag, 5. August
Narva, Karinas Wohnung

Eigentlich war Karina nach Hause gegangen, um sich auszuruhen, um wenigstens ein oder zwei Stunden zu schlafen, um einfach abzuschalten. Eine Unterabteilung der Abteilung Ga4 wird das Handy von Phoenix in St. Petersburg auswerten. Ergebnisse gibt es morgen früh. Sie weiß immer noch nicht, wann genau Phoenix sein Handy mit ihrem ausgetauscht hat. Es muss auf der Hinfahrt passiert sein. Sie erinnert sich noch genau an das Klingeln, als sie am Wagen standen. Da hätte sie misstrauisch werden müssen.

Karina kann nicht schlafen und sitzt auf der Couch mit Augen, so groß, als hätte sie eine Überdosis Koffeinkompretten eingeworfen. Im Fernsehen schaut sie auf YouTube *Heißer Draht – Bürger befragen den Präsidenten*. Sie hat die Show vom Juni schon mehrmals geschaut, besonders mag sie das Ende. Die Farben im Studio sind Weiß, Blau und Rot. Im Hintergrund ist eine russische Karte zu sehen, rot umrahmt. Die Studiomitarbeiter in weißen Hemden und blau-roter Krawatte nehmen die Fragen an, die der Präsident beantworten wird. Die russischen Nationalfarben sind überall, Russland ist überall. Die halbe Welt kommt in diesem Studio zusammen. Und im Zentrum sitzt Konstantin Komarow – grauer Anzug, maßgeschneidert von Myasnik. Er trägt noch eine Uhr, obwohl im Studio Uhren laufen, aber der Präsident gibt die Zeit an. Komarow-Zeit.

Ein Feuerwehrmann fragt nach mehr Geld für sich und seine Kollegen. Das Brot werde teurer und auch der Wodka. Komarow sagt, er habe gerade zufällig mit seinen Mitarbeitern über die Feuerwehr und ihren Lohn gesprochen. Es gebe demnächst 30 Prozent mehr Gehalt für ihn und seine Kollegen. Dann geht es um die Zuteilung der Medikamente in den einzelnen Regionen. Komarow antwortet kühl mit Zahlen, die er aus seinem riesigen Reservoir an Wissen schöpft. Er hat auf jede Frage sofort eine Antwort, reagiert ruhig und gelassen mit Fakten und notiert sich auch Kleinigkeiten wie die Anliegen besorgter Bürger. Komarow nimmt sich jedes Problems an, egal ob aus Omsk oder Wladiwostok. Das ganze russische Reich hat ein Gesicht und das ist jenes von Konstantin Komarow.

Vier Stunden lang brilliert er mit Kopf und Herz. Er bittet zur Audienz wie ein Zar und wirkt doch wie ein Mafioso, vor dem man schon aus Angst Respekt hat. Karina bewundert ihn und sie liebt Shows wie diese. Denn sie sind perfekt wie ihr Nagellack – glänzend mit einem unzerbrechlichen Diamanten. Komarow wirkt, als würde er 24 Stunden am Tag arbeiten, als gönne er sich keine Ruhe, immer bereit, dem russischen Volk zu dienen. Sie weiß, so muss ein Anführer sein, so muss Demokratie sein. »Komarismus« nennt es der Westen. Der Westen ist neidisch, weil er keine solchen Politiker hervorbringt. »Gelenkte Demokratie« nennt er es. Einer muss dort oben sitzen und für jede Handlung verantwortlich gemacht werden können. Sollen sie doch im Parlament alle quasseln, Komarow hält die Zügel in der Hand und führt das Land in immer bessere Zeiten. Davon ist Karina überzeugt.

Am Ende fragt eine Bürgerin den Präsidenten, ob er sich für irgendetwas schäme in seinem Leben. Komarow überlegt. Ja, da gebe es etwas. Einmal habe ihm eine alte Frau einen Zettel in die Hand gedrückt. Und er habe ihn verloren. »Das werde ich nie vergessen«, sagt er mit zitternder Stimme.

»Perfekt«, sagt Karina. »Perfekt.«

Und die Show hat sie wieder glücklich gemacht. Sie schaut sie wie ein Märchen, das man immer hören kann, weil es die Sicherheit gibt, dass am Ende alles gut ausgeht.

Genauso gut ist auch ihre Geschichte ausgegangen. Endlich haben sie Phoenix gefasst. Leonid wird ihn gemeinsam mit Michail dorthin schicken, wo er hingehört. Sie mag Leonid, aber sie hat ein Auge auf Michail geworfen. Sein Vater sitzt in der Riigikogu, dem estnischen Parlament, und ist oft in Brüssel. Sie hat einen Artikel über ihn und seine Firma gelesen, die zu den wichtigsten im Land gehört. Wenn Michail nur ein wenig abnehmen würde, dann wäre er ganz sicher auch hübsch und nicht nur reich.

Sie wechselt auf *Rossija 1*. In Berlin ist die Lage wieder friedlich, jedenfalls wird von keinen neuen Ausschreitungen am Holocaust-Mahnmal berichtet. Nur die alten Bilder werden wiederholt und eine aufgebrachte Menge am Brandenburger Tor gezeigt.

Karina greift zu ihrem Handy und versucht, Michail zu erreichen. Schließlich ist Leonids Handy ins Wasser gefallen.

Doch Michail steckt anscheinend in einem Funkloch, was im Grenzgebiet nicht ungewöhnlich ist. Die beiden haben gesagt, dass sie sich melden, wenn sie von Phoenix mehr über den Verbleib des Sticks erfahren und den YouTuber versenkt haben. Aber Karina ist neugierig. Was sie nicht ahnt: Michails wasserdichtes Handy liegt in einer Tiefe von 28 Metern auf dem Grund der Ostsee.

Sie brauchen sicherlich noch länger, bis Phoenix endlich redet. Er ist einer von diesen typischen Westdeutschen. In ihm steckt noch die Bundesrepublik Deutschland: das kleine Bonn als Hauptstadt, der Glaube an die freie Presse und dieser ständige Drang zu diskutieren. Komarow liefert immer gleich eine Lösung. Wie willst du den Leuten auch klarmachen, dass sie sich in einem Land geborgen und sicher fühlen können, wenn du selbst nicht weißt, wo es langgeht? In einer Demokratie tritt der Präsident mit seiner Person für das ein, was er tut, und versteckt sich nicht hinter einer Mehrheit. Es ist kein Wunder, dass Myasnik sein Freund ist. Denn Myasnik hat sich auch aus dem Nichts ein Imperium aufgebaut, genau wie Komarow. Karina bewundert solche Menschen. Sie reden nicht, sondern sie handeln und verhandeln nicht nur.

Jetzt muss sie an ihre Schwester denken, als kurz das Bild des Fernsehers schwarz ist, auf dem eben noch *Rossija 1* flimmerte. Ihr Gesicht spiegelt sich darin. Ihre Schwester ist tot.

»Tot, tot, tot!«, schreit sie, rennt ins Bad, knallt die Tür zu und heult. Sie würde sich am liebsten die Haut vom Leib reißen, so sehr schmerzt sie der Verlust. Stattdessen flicht sie sich einen Zopf, legt ihn über ihre Schulter und schneidet ihn ab. Sie will etwas von ihrer Schwester in Händen halten – ihren Zopf. Sie haben sie getötet. Diese Schweine. Und schuld ist Phoenix, der Betrüger und Lügner. Ohne ihn wäre es nie dazu gekommen. Niemals. Doch jetzt wird er dafür büßen.

Sonntag, 5. August
Narva, Hotel Virumaa, Lobby

Als ich die Lobby betrete, sehe ich zwei bekannte Gesichter: Khalil und Sarah. Ich stürme auf die beiden zu. Oder stürmen sie auf mich zu?

»Wie seid ihr hierhergekommen?«

»Khalil hat mir erzählt, dass du Probleme hast – und kurz darauf saßen wir schon im Flugzeug.«

»Und deine Eltern?«

Sarah küsst mich. Sie muss nichts sagen, dieser Kuss sagt alles. »Ich liebe dich«, flüstert sie mir ins Ohr.

Ich flüstere ihr die gleichen Worte ins Ohr. Über ihre Schulter hinweg sehe ich den Kerl an der Rezeption. Er telefoniert und schaut zu uns herüber. Ob er mit den Leuten von der Trollfabrik zusammenarbeitet? Jetzt nur nicht paranoid werden, Phoenix. Es kann nicht sein, dass ihn die Agentur bestochen hat. Oder?

»Sollen wir hoch zu dir aufs Zimmer?«, fragt mich Khalil. »Wir müssen reden.«

Er steht etwas verloren neben uns und ich nehme ihn auch in den Arm.

»Danke dir, dass du Sarah geholt hast und dass du endlich

mal deinen PC allein gelassen hast. Ich brauche dich.« Dann flüstere ich: »Ist euch jemand gefolgt?«

»Wie kommst du darauf?«, fragt Sarah.

»Euch ist also nichts aufgefallen?«

Der Rezeptionist behauptet, er habe dem Taxifahrer nicht gesagt, dass ich ausgecheckt hätte. Das müsse ein Irrtum sein.

Also steigen wir in den Aufzug. Jeder von beiden hat nur eine Tasche voll Gepäck. Fast kommt es mir so vor, als schauten uns Augen durch die Spiegel an. Überall Augen.

»Was ist los?«, will Khalil wissen. »Klär uns auf.«

Ich lege meinen Zeigefinger auf seine Lippen. »Pssst.«

Im Zimmer drehe ich den Fernseher laut und bitte beide leise um ihre Handys. »Nehmt die SIM-Karte raus.«

Trotz ihrer verwirrten Blicke gehorchen sie. Dann frage ich Khalil, ob uns nun noch jemand über das Handy abhören kann.

»Nein«, sagt er.

»Gut.«

Wir hocken zusammen, während die Musik die Wanzen ablenkt.

Ich sage, dass ich hier wegmuss. »Das sind Killer.«

»Das wusstest du doch. Denk an die Autobombe. Du bist extra nach Narva gekommen, weil …«

Sarah unterbricht Khalil: »Du hast doch gehört. Es ist zu gefährlich. Wir fliegen zurück.«

»Nein«, sagt Khalil. »Lass uns rausgehen. Draußen auf der Straße können wir uns wenigstens normal unterhalten.«

Also verlassen wir das Hotel.

Es wird langsam dunkel, eine richtige Dämmerung ist das nicht, eher eine Ganze-Nacht-Dämmerung. Denn wirklich dunkel wird es im Sommer anscheinend nie. Ich gehe mit den beiden zur *Puškini maantee* und erkläre, dass wir die Handys nicht mehr benutzen sollten. Es sei lebensgefährlich, geortet und abgehört zu werden. Wir stehen vor dem *Café Bublik*. Ich zeige hinüber zur Agentur.

»Da arbeitet Karina Kusnezowa – im vierten Stock. In den Stockwerken darunter arbeiten wahrscheinlich auch Trolle.«

»Findest du sie hübsch?«, fragt mich Sarah unvermittelt.

»Du kennst doch ihr Foto.« Sarah lässt meine Hand los.

»Soll ich lügen?«, frage ich.

»Wäre nicht schlecht. Du hast verdammt viel Zeit mit der Frau verbracht.«

»Es ist nichts passiert«, lüge ich. »Ich liebe dich.«

Ich nehme wieder ihre Hand und sie lässt es zu. Ich muss ihr von dem Kuss erzählen, aber ...

Khalil steht neben Sarah. »Habt ihr eigentlich kein anderes Thema?! Ihr seid doch zusammen ...«

»Ja, ist schon gut«, sagt Sarah und zieht damit einen Schlussstrich.

Wir gehen weiter. Ich rede über die Agentur, erzähle bis auf ein paar konfliktträchtige Details, was geschehen ist. Am Grenzkäfig angekommen sage ich, dass wir unsere Aktion abbrechen müssen. »Ich werde zur Polizei gehen und alles erzählen.«

»Wir können nicht abbrechen. Dann war alles umsonst«, erklärt Khalil.

»Wir werden jetzt nicht an die PCs in der Agentur kommen«, sage ich. »Die Polizei muss die Räume untersuchen.«

»Und was willst du denen sagen? Dass du diesen Leonid in Notwehr getötet hast? Und was, wenn die Polizei hier in Narva selbst Teil der Korruption ist? Wenn sie womöglich von der Agentur bestochen wird?«

»Glaubst du das?«

»Keine Ahnung. Ich weiß nur, dass wir uns hier direkt an der russischen Grenze befinden.«

Sarah sagt: »Khalil hat recht. Wir sollten uns auf niemanden verlassen. Wir brauchen die Hintermänner und die Informationen darüber, was genau in der Agentur vor sich geht, wie die ihre Finger beim Fall ›Alexander‹ im Spiel haben und warum sie dich aus dem Weg räumen wollen. Wir müssen ihnen das alles nachweisen, sonst wirst du am Ende noch als Mörder verurteilt.«

»Kannst du denn von einem Rechner in der Agentur auf andere Trollfabriken zugreifen?«, frage ich Khalil.

»Kommt darauf an, ob es sich hier um eine Insel handelt oder die Trollfabriken miteinander vernetzt sind. Ich brauche auf alle Fälle ausreichend Zeit am PC. Das ist nicht in zehn Minuten getan, wenn wir wirklich an alle Daten wollen. Und ich brauche dich, Sarah, um die Dokumente überhaupt lesen zu können.«

Wir setzen uns auf eine der Bänke an der Festung. In der Hermannsfeste wird gefeiert. Die Leute laufen in Uniformen herum und neben dem Tor zur Festung sind Plakate aufgehängt. »Es wird die Schlacht der Schweden gegen die Russen nachgestellt«, sagt Sarah.

Ich hatte mich schon über all diese Leute hier gewundert. Kanonengetöse ist zu hören und Kommandos dringen aus dem Tor und über die Festungsmauer hinauf.

»Wie kommen wir in die Agentur?«, überlegt Khalil laut.

»Die Agentur ist doch im obersten Stockwerk«, sagt Sarah.

»Dann könnten wir doch über das Dach reinklettern.«

»Das ist wohl ein Scherz«, entgegnet Khalil. »Da bin ich raus. Ich bin nicht schwindelfrei.«

Ich denke nach: An das Haus an der *Puškini maantee* grenzt nach hinten die Bibliothek. »Lasst uns mal was nachschauen«, sage ich und stehe auf.

»Was denn?«, fragt Khalil. Jeder Plan, der eine Bewegung seines Körpers beinhaltet, ist für ihn ein schlechter Plan.

»Das werdet ihr gleich sehen.«

Wir gehen die Straße mit den frisch renovierten Häusern entlang, in der sich die Autos vor der Grenze stauen.

»Da ist sie, die Bibliothek«, sage ich.

Die beiden blicken kritisch an dem Betonbau nach oben.

»Und?«, fragt Khalil skeptisch.

»Sie hat ein Flachdach. Wir könnten über den fünften Stock der Bibliothek auf das Dach des Hauses an der *Puškini maantee* steigen. Der Höhenunterschied ist höchstens zwei Meter.«

Khalil schaut mich eindringlich an, dann sagt er sehr ironisch: »Guter Plan. Wir klettern also vom fünften Stock der Bibliothek aufs Dach des Callcenters. Dort oben steht sicherlich eine Leiter. Damit geht es dann schwungvoll hinüber zur Agentur. Das ist also dein Plan?«

»Ja, so habe ich mir das vorgestellt.«

»Fällt dir was auf?«, redet er weiter. »Guck dir doch den Eingang zur Bibliothek an … Richtig! Der ist verschlossen. Wie also sollen wir überhaupt in die Bibliothek gelangen?«

Montag, 6. August
Narva, Karinas Wohnung

Karina wacht mitten in der Nacht panisch auf. Der Fernseher läuft zu laut. Hat sie auf der Fernbedienung gelegen? Sie ist nass geschwitzt von einem Albtraum. Ihre Schwester wurde im Traum in einen Sarg gelegt und darin waren Nägel, die ihren Körper durchbohrten. Aus den Spitzen der Nägel wuchsen Rosen. Alles war rot. Der Fernseher zeigt YouTube-Videos in Endlosschleife: Das russische Fernsehballett aus den 60er-Jahren singt in kurzen hellen Kostümen vom Frieden, die Tänzerinnen werfen die Beine kinnhoch. Karina schaut wie hypnotisiert auf den Bildschirm, dann wandert ihr Blick zum Fenster. Draußen ist es dunkel. Sie findet die Fernbedienung unter ihrem Po und schaltet den Fernseher aus. Ruhe. Wieder hat sie diesen Traum im Kopf: Galina, die Rosen und das Blut. Jetzt erst wird ihr klar, dass sie gar nicht im Bett liegt, sondern auf dem Sessel. Sie war darin versunken.

Noch schlaftrunken fragt sie sich, was mit Leonid ist. Und mit Phoenix.

Sie ist tief, zu tief, eingeschlafen, ozeantief, und sucht nach ihrem Handy, nach ihrem Samsung. Es ist nicht da und auch nicht in die Ritze zwischen Sessellehne und Polster gerutscht. Das T-Shirt klebt auf ihrer Haut. Erinnere dich, Karina, erinnere dich! Wo ist das Handy?

Sie geht in die Küche. Dort hat sie sich noch ein Schinkenbrot gemacht und ist mit der Teetasse in der Hand ins Wohnzimmer zurückgekehrt. Ihre Mutter hat sie aus der Abflughalle in Kasan angerufen, da sich der Flug nach Deutschland verspätet hatte.

Da liegt das Handy auf dem Kühlschrank. Es ist ein neues Samsung Galaxy.

Ach ja, ihr altes ist ja weg. Karina kann sich nur langsam sammeln. Wie konnte sie so fest schlafen? Und so lange? Es ist 2.35 Uhr. Oh Gott! Sie wird leicht panisch. Auf dem Display sind zig Anrufe aus der Agentur. Warum hat sie denn nichts gehört? Weil das Handy in der Küche lag. Sie könnte sich selbst ohrfeigen.

Karina wählt Michails Nummer, aber dessen Handy ist immer noch aus. Ob Phoenix schon tot ist? Dann ruft sie in der Agentur Viktor an. Der hat heute Nachtdienst. Doch auch er meldet sich nicht. Dabei ist der letzte Anruf vor einer halben Stunde aus der Agentur gekommen – von Viktor. Sie muss kurz duschen, so verschwitzt kann sie nicht zur Arbeit. Ein paar Minuten später schminkt sie sich vor dem Spiegel und sieht nebenher CNN auf dem Handy. Amerika ist mit sich und seinem Präsidenten beschäftigt und Europa schläft wie immer. Niemandem wird es gelingen, diesen Kontinent wieder wachzuküssen.

Sie zieht sich ein Kleid über und schlüpft in die Ballerinas. Es ist für eine Frau wie sie nachts in Narva nicht sicher. Vermutlich gibt es keinen Ort auf der Welt, wo eine Frau wie sie ihre Ruhe hat. Deshalb fährt sie auch häufig die kurze Strecke von ihrer Wohnung zur Agentur. Sie will keinen Blickkontakt mit Männern. Egal wie alt und wie verheiratet sie auch sein mögen, sie glotzen ihr nach. Als wäre sie in einem Käfig eingesperrt. Sie lebt in diesem Käfig, seit sie Brüste hat – genau wie Galina. Wehrlos gegenüber diesen Männerblicken. Sie duldet die Blicke nur, wenn sie die Männer dazu aufgefordert hat, wenn sie die Spielführerin ist.

Karina zieht die Tür hinter sich zu. Es ist 3.05 Uhr. Die Straßen sind leer. Selbst das Restaurant über der Narva ist nicht mehr beleuchtet. Nur die Grenze, diese ewige Grenze, hat Licht. Karina biegt in die *Puškini maantee* ein und geht ins Gebäude. Im Aufzug sieht sie wieder ihre Schwester im Spiegel. Die ist geschminkt, so als sei es mitten am Tag. Als lebe sie.

Der Fahrstuhl öffnet sich und Karina ruft nach Viktor. Überall brennt Licht. Aber wo ist Viktor? Ein Geräusch kommt aus dem Großraum.

»Viktor?!«

Das Geräusch wird lauter. Sie geht durch die Reihen. Dort liegt er geknebelt und gefesselt auf dem Boden, eingeklemmt unter seinem Schreibtisch.

Sie kniet sich vor ihn und entfernt den Knebel.

Viktor holt tief Luft. »Diese Schweine. Sie haben mich von hinten festgehalten und mir diese Kabelbinder um die Handgelenke gebunden. Es tut weh. Schneide sie auf. Schnell. Bitte. Ich blute schon.«

Karina sucht sofort nach einer Schere. Aber auf Viktors Schreibtisch findet sie keine, genauso wenig wie auf dem Arbeitsplatz daneben.

»Ich glaube, das war dieser Phoenix. Und zwei andere, eine Frau und ein Mann. Sie haben deutsch geredet.«

»Warte«, sagt sie. »Ich muss in mein Büro.«

Dort findet sie nicht nur eine Schere, sondern vor allem Unordnung vor. Der Schreibtisch ist verwüstet. Die drei haben etwas gesucht. Es ist ihnen gelungen, Karinas Passwort zu hacken und den PC hochzufahren. Sie läuft zurück in den Großraum und befreit Viktor.

»Sie sind eben erst weggelaufen«, sagt Viktor. »Gerade als du gekommen bist. Du müsstest ihnen auf dem Weg zum Büro begegnet sein.«

»Pssst. Sei still«, flüstert Karina. Es kommt ihr so vor, als habe sie etwas gehört. »Vielleicht sind sie noch hier.« Sie geht ein paar Schritte und schaut zum Flur Richtung Aufzug. Niemand zu sehen.

Dann geht sie in ihr Büro und kehrt mit einem kurzläufigen Revolver zurück, einer Stupsnase. Sie hatte die Waffe hinter ihrem Schreibtisch mit Klebeband montiert. Sie deutet Viktor an, er solle ruhig bleiben.

Vorsichtig drückt sie die Tür direkt gegenüber von ihrem Büro auf und schaut hinein – niemand da. Das Gleiche gilt auch für das nächste Büro und jedes weitere. Wieder hört sie ein Geräusch. Es ist ein leises Kratzen.

»Hörst du das?«

Viktor nickt.

Sie läuft zurück in ihr Büro und reißt einen der Schränke auf, dann den nächsten. Aber drei Leute in einem Schrank? Wieder gibt es ein Geräusch. Diesmal ist es blechern. Intuitiv rennt sie in den Flur und schaut nach oben. Viktor folgt ihrem Blick. An der Decke verlaufen unter der Raufasertapete die Lüftungsschächte. Ob die drei sich darin versteckt haben? Das vergitterte Loch zum Schacht ist gerade groß genug für einen schlanken Menschen.

Wieder ein Geräusch.

Karina zeigt mit fragendem Blick nach oben. Viktor nickt erneut.

»Wir können euch hören!«, ruft sie nun laut in Richtung der Decke. »Ergebt euch. Ihr kommt da sowieso nicht mehr raus!«

Keine Antwort.

Karina verschwindet in ihrem Büro und kommt mit einem Stuhl zurück, stellt sich darauf und klopft gegen die Decke. Im gleichen Moment ertönt von dort ein Geräusch. Sie steigt wieder vom Stuhl, zögert nicht und schießt – und ein zweites Mal. Putz fällt auf den Teppich.

Viktors Handy klingelt.

»Hier ist alles in Ordnung«, erklärt er. »Karina Kusnezowa hat nur geschossen.«

Er legt wieder auf.

»Es rührt sich nichts mehr«, sagt sie. Sie schreit den Löchern in der Decke entgegen: »Ergebt euch!«

Um ihren Worten Nachdruck zu verleihen, schießt sie erneut. Wieder fällt Putz.

Der Aufzug öffnet sich. Darin steht Danilo Rustow aus der zweiten Etage, der Chef der Abteilung England. Er war es wohl, der eben mit Viktor telefoniert hat.

Rustow sieht Karina mit der Waffe in der Hand. »Was ist passiert?«

»Nichts. Ich habe Phoenix auf frischer Tat ertappt.«

»Phoenix?«

»Er und seine Freunde waren an meinem PC. Jetzt sind sie im Lüftungsschacht. Drei Leute. Es geht um die Geschichte mit dem YouTuber in Deutschland. Er ist hier.«

Wie zum Beweis tropft Blut von der Decke.

»Das ist übel«, sagt Danilo Rustow. »Woher hast du die Waffe?«

»Seit dem Tod meiner Schwester habe ich Angst«, lügt sie. Denn sie hat die Waffe schon länger.

»Das gibt Ärger«, meint Rustow.

Karina streckt die Hand aus, sodass das Blut ihr auf die Hand fließt. Danilo Rustow ist ein wenig geschockt von dieser Geste.

Doch Karina sagt: »Wegen ihm musste meine Schwester sterben.«

»Wegen wem?«

»Wegen Phoenix. Ich hasse dich!«, schreit sie und ihre Stimme hallt in dem Flur und dem Büro wider. »Ich hasse ihn. Ich hasse ...«

Dann knicken ihr die Beine weg und sie fällt zu Boden. Und ein Tropfen Blut fällt ihr aufs Gesicht.

»Ruf bitte einen Krankenwagen«, sagt Rustow zu Viktor, während er am Hals Karinas Puls fühlt. Ein bisschen kennt er sich schon aus. Schließlich war er früher bei der Armee Sanitäter.

»Was ist mit ihr? Ist sie tot?«, fragt Viktor.

»So schnell stirbt keiner«, antwortet Rustow und grinst. Er legt ihre Beine hoch auf den Stuhl, damit ihr Kopf wieder durchblutet wird. »Muss ein kleiner Mensch gewesen sein«, meint er nüchtern. »Ein sehr kleiner Mensch mit sehr wenig Blut. Denn sonst würde viel mehr durch die Decke tropfen.

Vermutlich hat Karina nur eine Ratte im Luftschacht erwischt. Hol mal einen Lappen, damit wir den Teppich ein bisschen sauber machen können.«

Viktor ist noch geschockt. Danilo Rustow ist ihm eine Ecke zu abgebrüht.

Montag, 6. August
Narva, Agentur Tere Päevast

Wir hocken hinter einem Schreibtisch im Großraumbüro und ich flüstere Khalil und Sarah zu, dass wir etwas unternehmen müssen. »Wir können uns hier nicht ewig verstecken.«

»Ich unternehme nichts«, entgegnet mir Khalil.

Sarah ergreift jedoch die Initiative und kriecht einen Schreibtisch weiter. Von dort kann sie zumindest zwischen den Schreibtischen hindurch zum Flur schauen. »Karina liegt am Boden«, sagt sie.

Ich folge ihr vorsichtig und Khalil schließt zu uns auf.

»Sie ist wirklich hübsch«, meint Sarah.

»Vor allem, wenn sie bewusstlos ist«, flüstere ich.

»Was machen wir jetzt?«, will Khalil wissen.

»Nichts«, sagt Sarah. »Wir können nichts tun. Um wieder zurück aufs Dach zu kommen, müssen wir durch diese Tür.«

Die Tür, von der sie spricht, liegt hinter uns – am Ende des Großraumbüros. Sie führt in ein Büro mit zwei Arbeitsplätzen. Dort habe ich eben das Dachfenster mit Gewalt eingedrückt. Sonst hätte Troll Viktor uns vermutlich nicht so schnell entdeckt. Aber was hätte ich sonst machen sollen?

»Wenn wir die Tür öffnen, dann erwischen sie uns«, meint Khalil.

»Wir müssen es riskieren«, entgegne ich. »Wir haben die Daten und müssen hier raus.«

Karina ist wieder bei Besinnung, aber Rustow möchte, dass sie liegen bleibt. »Die Sanitäter sind gleich hier. Du solltest dich ärztlich behandeln lassen.«

Da klingelt bereits der Aufzug und zwei Männer in gelbblauen Warnwesten erscheinen auf dem Flur.

»Jetzt sollten wir weg«, schlage ich vor. »Gleich ist hier die Hölle los. Die finden uns garantiert.«

Sarah nickt. »Okay. Auf mein Kommando.« Kurz darauf sagt sie leise: »Los.«

Die ersten Meter kriechen wir noch zwischen den Schreibtischen entlang, dann hören wir einen Ruf und rennen los. Ich bin als Letzter an der Tür, werfe sie hinter mir zu und schiebe mit Sarah einen Schreibtisch davor. Wir folgen Khalil, der bereits auf dem zweiten Schreibtisch steht und überraschend schnell durch die Luke aufs Dach geklettert ist. Von dort geht es eine Feuerleiter hinauf auf das Dach der Bibliothek und durch ein weiteres Fenster ins Gebäude hinein. Wir laufen im Treppenhaus hinunter und unten aus dem Nebeneingang, den wir eben aufgebrochen haben. Es ist ein Rennen wie bei *Super Mario* auf der Flucht vor Bowser. Draußen ist es still und wir sind außer Atem.

»Puh, das war knapp«, meint Sarah und Khalil nickt. Er bekommt kaum noch Luft und hat die Hände auf die Knie gestützt. Wir sind direkt an der Straße. Autos stehen in der Schlange zur Grenze mit heruntergelassenen Scheiben.

»Wir müssen weiter«, sage ich.

Die beiden folgen mir in einen Hinterhof. Um uns herum ist es dunkel, niemand ist hinter uns.

»Wir können nicht zurück ins Hotel«, stelle ich fest. »Die stecken garantiert mit der Agentur unter einer Decke.«

Als Khalil wieder Luft bekommt, schlägt er vor, ein Taxi zu rufen.

»Zu gefährlich«, winke ich ab. »Ich vermute, dass die Agentur uns sofort über den Taxidienst aufspüren wird. Die haben ihre Finger überall drin.«

»Dann mit dem Bus«, sagt Sarah. »Auf dem Fahrplan habe ich gelesen, dass schon um halb fünf einer fährt.«

»Und wenn wir den Zug nehmen?«, schlage ich noch vor, aber Sarah winkt ab.

»Lass uns beim Bus bleiben.«

»Wieso?«

»So sind wir hergekommen, so werden wir wegfahren.« Sie zuckt mit den Schultern.

Keiner von uns weiß, wie wir am sichersten aus der Stadt kommen. Karina kann uns im Bus genauso gut nachstellen wie in der Bahn. Aber wir müssen es riskieren. Hierbleiben können wir nicht.

Sarah meint, dass wir in Bewegung bleiben sollten, denn sie hat einen Schatten auf den Dächern gesehen.

Khalil sagt: »Gut, dass wir keine Handys mehr haben, sonst wären wir geliefert. Die Scheißdinger sind wie Wanzen.«

Montag, 6. August
Narva, Dach der Bibliothek

Karina ist auf dem Dach unterwegs. Der Himmel über ihr ist wieder sternenklar. Und der Mond beleuchtet die unheimliche Szene. Weit und breit ist keine Spur von Phoenix und seinen Freunden zu sehen.

Aber aus Narva kommen sie nicht so leicht heraus, denkt sie.

Es gibt nur eine Straße Richtung Westen, die sie nehmen können. Die beiden Nebenstraßen, die aus der Stadt gehen, führen am Ende schließlich auch auf die Hauptstraße. Und Richtung Osten können sie nicht, denn dort liegt Russland, und um die Grenze zu überqueren, benötigen sie ein Visum.

Sie fasst sich an den Kopf. Er schmerzt. Der ganze Stress macht ihr mehr zu schaffen, als sie sich eingestehen will. »Siehst du was?«, ruft sie Viktor auf der anderen Seite des Daches zu, der nur ein »Nein!« erwidert. »Auf der Straße ist keine Menschenseele.«

Karina telefoniert mit dem Nachtportier im *Hotel Virumaa* und mit der Leiterin der Taxizentrale. Keiner von beiden hat die drei gesehen. Genauso wenig sind Leonid und Michail wieder aufgetaucht. Sogar das Schiff scheint spurlos verschwunden zu sein. Karina ist verzweifelt, sie weiß, wie der Major reagieren wird, wenn sie diese Probleme nicht löst.

Sie trommelt nun jeden aus der Agentur zusammen. Alle müssen die Flüchtigen suchen, die sich dort unten im Schatten der Häuser verbergen wie Insekten, die das Licht scheuen.

Montag, 6. August
Narva, Busbahnhof

Ich bin unendlich müde, aber ich darf nicht einschlafen. Wir sitzen auf einem Mauervorsprung mit Blick auf das Bahnhofsgebäude von Narva und auf den Busbahnhof davor. Sarah liegt in meinem Arm. Ihr Schweiß ist kalt, während mir unendlich heiß ist, so heiß wie noch nie in meinem Leben.

Schräg über uns sitzt irgendein Insekt. Es ist so groß wie mein Daumen. Ich muss an unser Studio in Berlin denken, daran, wie alles vor einer Woche angefangen hat, wie ich dort am Mikro stand und die Stabheuschrecken beobachtete. Damals war die Welt noch einfach, ungefährlich. Aber genau das wollte ich nicht, kein abgesichertes Leben. Ich wollte immer schon ein Abenteuer. Das ganze Leben wäre sonst langweilig, habe ich gedacht.

Doch jetzt verfolgen sie uns. Sie haben uns jede Sicherheit genommen. Obdachlos sind wir in dieser Nacht, gejagt durch eine fremde Stadt, die wie ein Fremdkörper in der EU liegt, die russischer ist als jede andere Europas. Was sollen wir machen? Wir hatten eben schon Angst, uns auch nur den Busfahrplan anzuschauen. Schließlich hängt er direkt unter einer Laterne.

Sarah hatte tatsächlich recht. Der erste Bus fährt um 4.38 Uhr. Es ist noch eine halbe Stunde bis dahin. Warum es so eine krumme Uhrzeit ist, ist mir unverständlich.

In Narva scheinen die Laternen nie auszugehen, nur die Ampeln blinken nachts gelb. Khalil hockt neben uns, den Po auf die Hacken gestützt wie ein Inder. Ich könnte so nicht sitzen. Wir sind still und wach, nur Sarah schläft in meinem Arm. Es gibt nichts mehr zu sagen. Wir haben den Stick – Khalil konnte auf Myasniks Netzwerk zugreifen und hat alle wichtigen Daten abgefischt. Das Bild vom Abfischen kommt mir in den Sinn, weil der Stick aussieht wie ein Walfisch – und Tonnen von Informationen speichern kann. Und wir sitzen jetzt hier wie die Maus in der Falle. Katz und Maus. Das hat Karina mit mir gespielt. Ich habe sie unterschätzt, vor allem ihre Gewaltbereitschaft.

Ich sehe keine Schatten mehr auf den Dächern der Agentur und der Bibliothek. Ob sie aufgegeben haben? Vor etwa einer halben Stunde hat dort oben noch einmal das Licht aufgeleuchtet, wahrscheinlich von einem Handy. Und Schritte waren zu hören. Wir wissen nicht einmal, ob es irgendwelche nächtlichen Spaziergänger waren oder unsere Verfolger.

Jetzt ist alles ruhig. Nur ein Betrunkener ist zu hören, der gegenüber in einem Hauseingang liegt und grölt. Am Himmel sind die Sterne zu sehen. So viele Sterne gibt es nicht über Berlin, aber dafür gibt es hier keinen einzigen Engel. Sarah, Khalil und ich hocken hier in diesem halb verfallenen Gebäude, das vermutlich mal ein Dienstgebäude der estnischen oder sowjetischen Bahn gewesen sein muss.

»Wir müssen los«, sagt Khalil.

Keiner von uns hat ein Handy oder eine Uhr, deshalb wissen wir nicht genau, wie spät es ist. Wir ahnen es nur. Ich hätte auf kurz vor vier getippt, Khalil denkt, dass es schon Viertel nach vier sein könnte. Er verweist darauf, dass schon zwei Wagen in der Nähe der Haltestelle warten. Ich will mich nicht streiten, also wecke ich Sarah, die nur langsam erwacht. Sie orientiert sich und schaut mich an. Ich küsse sie auf die Stirn und entlasse sie aus meinem Arm.

Wir blicken zur Bushaltestelle. Ein weiteres Auto kommt, parkt und zwei Leute, ein Mann und eine Frau, steigen aus und ziehen Koffer über den Asphalt. Ein Stadtbus hält überraschend und entlässt gleich eine ganze Fuhre Passagiere, die zum Bahnhof gehen. Vermutlich warten sie dort auf den ersten Zug nach Tallinn. Noch mehr Wagen. Wir springen von unserem Versteck hinab, verlassen die Deckung.

»Siehst du jemanden?«, fragt mich Khalil.

»Weiß nicht. Es könnte jeder zur Agentur gehören.«

Ich habe Angst. Was ich getan habe, werden sie nicht ungesühnt lassen. Sie werden mich suchen und ganz bestimmt töten wollen.

»Ich gehe vor«, sagt Sarah überraschend und drückt mir entschlossen einen Kuss auf die Wange. »Mich erwarten sie als Letztes.«

Das stimmt, obwohl mir unwohl dabei ist, sie gehen zu lassen.

Kaum dass sie die Straße betritt, fällt mir ein Kerl im Halbschatten am Bahnhof auf. Ist das nicht der Kapitän? Nein. Das kann nicht sein. Ich will nach Sarah rufen, lasse es aber. Er schaut nicht zu ihr, sondern schaut sich um. Vermutlich weiß er nicht, wie Sarah aussieht, zumal sie sich das Haar hochgesteckt hat. Soll ich Khalil meine Beobachtung mitteilen? Ich schweige. Es würde ihn nur noch nervöser machen.

Der Bus fährt ein und ist riesig. Die Tür öffnet sich mit dem Geräusch einer Raumschifftür wie in *Star Trek*. Es ist bis hierher zu hören. Der Fahrer kontrolliert Tickets, verkauft welche und verstaut Gepäck. Sarah steht in der Schlange und dreht sich zu uns um. Warum kehrt sie nicht zurück? Ahnt sie, dass sie nicht weggehen kann, dass Augen in der Dunkelheit lauern und alles sehen, was sie tut? Käme sie zu uns zurück, würde sie uns verraten. Sie zahlt und steigt in den Bus.

»Ich muss zu ihr«, sage ich.

»Sie wartet in Tallinn auf uns.«

Vermutlich, denke ich. Aber was passiert, falls doch jemand sie erkannt hat? Ich will Sarah nicht allein lassen.

»Da drüben lauert ein Typ, der beobachtet die ganze Zeit über die Haltestelle.«

»Beruhig dich«, meint Khalil. »Der Typ würde sich sicherlich nicht in aller Ruhe eine Zigarette anmachen, wenn er von der Agentur wäre. Vielmehr würde er Karina Kusnezowa mit dem Handy verständigen. Lass Sarah fahren. Jeder Schritt ohne uns bedeutet Sicherheit für sie. Wir kommen schon auf einem anderen Weg nach Tallinn.«

Was er sagt, ist logisch. Trotzdem ist mir unwohl bei der Entscheidung. Ich habe keine Idee, wie wir nach Tallinn gelangen sollen. Der Bus fährt ab und die Pkw verschwinden ebenfalls. Der Schatten am Bahnhof bleibt jedoch zurück.

Khalil schlägt vor, zur Grenze zu gehen.

»Warum?«

»Weil dort nicht die örtliche Polizei arbeitet, sondern die estnische Bundespolizei.« Er erklärt mir, dass die örtliche

Polizei vielleicht von der Agentur bestochen werde und korrupt sein könne, die Bundespolizei aber sicherlich nicht. »Das wäre sehr riskant für die Beamten.«

So machen wir uns auf. Fast zeitgleich geht die Straßenbeleuchtung aus. Der Tag ist nun offiziell eröffnet. Und als hätten alle dieses Kommando gehört, sind nun fast schlagartig mehr Leute auf der Straße, unterwegs zu ihrer Frühschicht, unterwegs, um noch etwas vor dem Arbeitstag zu erledigen. Wir fühlen uns sicherer, obwohl der Typ vom Bahnhof hinter uns hergeht. Ist das ein Zufall oder verfolgt er uns? Khalil ist sich auch unsicher.

Bis zur Grenze ist es nicht weit. Wieder an der *Puškini maantee* vorbei, die lange Allee entlang und dann liegt sie am Ende davon rechts. Wir gehen direkt auf einen der Grenzposten zu. Er ist der Erste, der uns auf Estnisch anspricht. Wir reden englisch und bitten um Hilfe. Doch er will, dass wir uns an die örtliche Polizei wenden, er sei nicht zuständig für solche Dinge. Er könne aber gerne dort anrufen. Ich weiß nicht, ob ich ihm sagen soll, dass ich Angst vor der örtlichen Polizei habe.

Es ist besser zu verschwinden. Aus dem Augenwinkel sehe ich, dass der Grenzübertritt für die Laster 100 Meter weiter in einer Nebenstraße ist.

Ich zeige dorthin. »Wir müssen dahin.«

Wir kommen an einer winzigen Parkanlage mit weiß gestrichenen Betonklötzen vorbei, die das Wort »Narva« bilden. Ist der Typ vom Bahnhof noch hinter uns? Ich kann ihn nicht mehr sehen. Dann renne ich auf der anderen Seite des Parks durch ein Metalltor, flankiert von zwei Tannen. Khalil und ich lauern dahinter. Falls uns jemand folgt, muss er hier an uns vorbei. Direkt vor uns befindet sich die Straße, auf der die Laster warten, um in den Grenzkäfig fahren zu dürfen.

»Warum verstecken wir uns?«

»Sei still. Warte«, flüstere ich Khalil zu. »Warte.«

Als in den nächsten Minuten keiner kommt, gehen wir weiter. Offensichtlich haben wir ihn abgehängt. Oder er ist uns nur zufällig gefolgt.

Die Ampel an der Lkw-Grenze schaltet auf Grün. Die Schlange der Laster setzt sich in Bewegung. Aus dem Käfig fahren ebenfalls Laster, die nun von Russland nach Estland einreisen. Einer von ihnen parkt direkt gegenüber auf der anderen Straßenseite. Es ist ein Mercedes, der recht neu aussieht. Die meisten anderen Laster, die ich bislang gesehen habe, waren oft verrostet und husteten Ruß.

»Hast du Geld dabei?«, wende ich mich an Khalil.

»Etwa 50 Euro.«

»EC-Karte?«

»Klar.«

»Dann werde ich den Fahrer von dem Lkw fragen, ob er uns mitnimmt.« Ich deute auf das Nummernschild. Es ist polnisch.

»Nach Polen?«

»Oder vielleicht nur bis Riga in Lettland. Was weiß ich.« Ich bin genervt. Immer wenn ich zu wenig schlafe, bin ich genervt. Und in letzter Zeit habe ich fast gar nicht geschlafen.

»Und Sarah?«, fragt Khalil beschwichtigend.

»Hör zu«, sage ich. »Die holen wir ab. Verlass dich auf mich. Ich werde sie schon nicht allein in Tallinn sitzen lassen.«

Der polnische Fahrer lässt die Scheibe runter. Er blickt von oben zu uns hinab und will zuerst kein Englisch sprechen. Ich frage ihn trotzdem in Englisch, ob er uns mitnehmen kann. Er winkt ab. Ich halte den 50-Euro-Schein hoch. Er nimmt die 50 Euro und sagt, dass es zu wenig sei. »50 Euro bis Tartu.«

Ich frage ihn, wo Tartu liegt. Ob es auf dem Weg nach Tallinn sei. Er schüttelt den Kopf. Dann öffnet er die Tür und zeigt auf dem Navi des Lasters, dass die Straße nach Tartu nach Süden abgeht, die Richtung Tallinn aber nach Westen.

Er hält den 50er hoch und verlangt: »One more.«

»Okay«, sage ich und Khalil zeigt ihm seine EC-Karte, damit er den Umweg über Tallinn fährt. Wir steigen ein und heben, sämtliche Parkplätze blockierend, Geld im 30-Tonner an der SEB-Bank ab. Weitere 50 Euro wandern also von uns in die Hand des Fahrers. Vermutlich hätte er uns noch mehr Geld abknöpft, wenn wir Gepäck dabeihätten. Aber das liegt im Hotel. Dann verlassen wir diese Stadt am Rande der Welt. Endlich!

Der Fahrer hat Funk im Wagen. Ich bitte ihn, nichts von uns zu erzählen. Er will wissen, ob wir irgendwas ausgefressen haben.

»No«, sage ich. »We are not bad.«

Wir reden ein absolutes Bananenenglisch, trotzdem verstehen wir uns irgendwie. Er lässt jedenfalls sein Funkgerät in Ruhe. Khalil und ich gehen davon aus, dass Sarah am Busbahnhof in Tallinn auf uns warten wird. Sie weiß, dass wir Himmel und Hölle in Bewegung setzen, um dorthin zu kommen. Wir bitten den Fahrer, etwas schneller zu fahren, wozu er sich mit weiteren 50 Euro überreden lässt.

Kurz vor Tallinn überholen wir den Bus, in dem Sarah sitzt.

»Da, am Fenster«, sage ich.

Wir winken beide hinüber zu Sarah. Die beachtet uns nicht, sondern redet eingehend mit ihrer Sitznachbarin.

»Das ist Karina«, stelle ich erschrocken fest. »Wie kommt die in den Bus? Verdammter Mist!«

»Beruhige dich, Phoenix. Das ist sie nicht. Die hat doch lange Haare.«

»Es ist Karina. Ganz sicher.«

»Und wann soll sie in den Bus gestiegen sein?«

»Ich weiß nicht. Die Haltestelle am Bahnhof ist wohl nicht die einzige auf der Strecke. Deshalb haben wir den Bus auch so schnell eingeholt.«

»Dann hat der Typ im Halbschatten sie wohl doch erkannt«, sagt Khalil. »Und Karina Bescheid gegeben. Das wäre zumindest logisch.«

»Sarah wird wissen, dass es Karina Kusnezowa ist«, sage ich.

»Ganz sicher, so eifersüchtig, wie sie auf die Tante gewesen ist«, gibt mir Khalil recht und grinst. Er will die Situation etwas auflockern, aber ich entspanne mich nicht. Diese Frau ist gefährlich. Womöglich ist sie sogar bewaffnet.

»Worüber die beiden wohl reden?«, fragt Khalil.

»Was weiß ich. Ich mach mir echt Sorgen.«

»Im Bus sind zu viele Leute, dort kann sie Sarah nichts antun.«

Ich sehe aus dem Augenwinkel den Lastwagenfahrer. Fast kommt es mir so vor, als würde er uns zuhören. Er fährt weiterhin schneller, als er darf. Ich frage ihn, ob er am Busbahnhof von Tallinn halten könne. Er nickt. Wir hören jetzt einen russischen Radiosender, der Popmusik spielt.

Ich sage zu Khalil: »Hast du gesehen, wie Karina einfach so in die Decke geschossen hat? Wir hätten ja auch wirklich im Luftschacht sein können. Dann hätte sie uns, ohne mit der Wimper zu zucken, erschossen.«

»Ohne mit der verlängerten Wimper zu zucken«, ergänzt Khalil.

»Wieso soll ich zum Busbahnhof?«, fragt der Fahrer in Deutsch. »Soll ich die Frau auch noch mit nach Polen nehmen?«

Khalil und ich sind baff. Spricht denn jeder in diesem Land Deutsch? Und warum hat er bislang kein Wort auf Deutsch gesagt?

»Ich kann nur besser Deutsch als Englisch«, meint er bloß als Reaktion auf unsere überraschten Gesichter.

Er hat alles verstanden, was wir besprochen haben. Dann hat mich mein Eindruck eben doch nicht getäuscht.

»Ich habe euch beide in den Nachrichten gesehen. Ihr seid ja zurzeit ganz bekannt«, erklärt er und findet es witzig. Ich habe im Moment keinen Sinn für Humor, aber aus Verzweiflung grinse ich nun ebenfalls. Der Fahrer sagt, er werde uns helfen.

Khalil bedankt sich bei ihm.

»Du bist Araber«, entgegnet der Fahrer.

Khalil bejaht und schränkt ein: »Aber eigentlich bin ich in Deutschland geboren.«

»Die Deutschen übertreiben es ein wenig mit ihrer Liebe zu den Arabern.«

»Finde ich nicht«, sagt Khalil und jetzt lachen beide und

ich muss auch lachen. Dabei entblößt der Fahrer eine riesige Zahnlücke rechts oben.

»Wie viel würde es denn kosten, wenn Sie uns bis nach Warschau mitnehmen?«, frage ich.

»Für alle drei?«

»Ja.«

»Ihr gefallt mir«, sagt er. »Ich nehme euch einfach so mit.«

Ich kann nicht glauben, was ich gerade höre. Der Typ ist so an die 60, trägt Koteletten, zurückgekämmtes, strähniges Haar und eine fette Uhr am Handgelenk. Ich habe ihn mir bisher nicht richtig angeschaut. Für mich war er nicht mehr als irgendein Fahrer auf irgendeinem Laster, der nur unser Geld will und ziemlich schlecht Englisch spricht. Aber so geldgeil ist er gar nicht.

»Wir in Polen haben viel zu wenige junge Leute wie euch. Ich habe damals noch erlebt, wie in Danzig die Arbeiter auf die Straße gegangen sind und für die Demokratie gekämpft haben. Wart ihr schon mal in Danzig?«

Weder Khalil noch ich waren jemals in Polen. Brandenburg fand ich schon immer schlimm genug. Der braune Strick um den Hals von Berlin. Da wollte ich nicht auch noch ins Land der Katholiken, die nur ihren Nächsten lieben, aber keine Flüchtlinge aufnehmen wollen.

»Ich fahre nach Warschau. Wenn ihr dort in einen Zug steigt, seid ihr schnell in Berlin. Da kommt ihr doch her, oder?«

Ich bejahe und er sagt, dass er nicht nur polnische und russische Nachrichten schaut, sondern auch die deutschen Sender. Sein Bruder lebe in Siegburg, das sei bei Köln.

Ich nicke. »Kenne ich, habe selbst bis vor ein paar Jahren

mit meinem Vater in Köln gewohnt. Seit wann wussten Sie, wer wir sind?«

»Nicht sofort. Aber ich habe mich über dich« – er schaut an mir vorbei zu Khalil – »gewundert. Es gibt nicht viele Araber in Estland. Und irgendwann fiel der Name ›Phoenix‹.«

»Sie sprechen gut Deutsch.«

»Ich hatte es in der Schule und war zum Studium in Karl-Marx-Stadt.«

»Karl-Marx-Stadt?«, frage ich. »Wo liegt das?«

»Das ist Chemnitz«, antwortet Khalil. »Erinnere dich. Wir haben ein Video über die rechten Demos in Chemnitz gebracht. Da gibt es diese riesige Statue von dem Kopf von Karl Marx. In der DDR hieß Chemnitz deshalb Karl-Marx-Stadt.«

»Und jetzt ist alles kapitalistisch«, sagt der Fahrer. »Ihr glaubt gar nicht, wie viele Menschen zwischen Warschau und Narva leben, die in der DDR studiert haben und gerne Deutsch reden, obwohl die Russen uns gegeneinander aufhetzen.«

»Finden Sie?«, frage ich.

»Ihr sagt es doch selbst auf eurem Kanal.«

Ich nicke. Der Fahrer, der mir und Khalil jetzt die Hand reicht, um uns offiziell duzen zu dürfen, heißt Kacper. Er scheint ein extrem kritischer Geist zu sein, ganz anders, als ich dachte. Wir fahren auf dem Ring entlang der Gasrohre hinein nach Tallinn. Hier bin ich schon mit dem Taxifahrer vorbeigekommen.

Kacper zeigt auf das Display im Fahrerhaus. »Noch zwei Kilometer bis zum Bahnhof.«

Ich will ihn gerade fragen, warum er Lastwagen fährt,

wenn er doch studiert hat. Aber da schlägt Kacper vor, dass er Sarah vom Bus abholt. Karina Kusnezowa würde ihn nicht kennen. Also ziehe ich jetzt mein Regenbogenfreundschaftsband ab und Kacper streift es sich als Erkennungszeichen über seine Hand. Es wirkt wie ein knatschbunter LGBTQ-Fremdkörper auf seinem behaarten Handgelenk.

Am Busbahnhof hält er den Laster mit einem puffenden Geräusch schräg gegenüber der Bushaltestelle an. Es klingt, als würde ein übergewichtiger Kerl ausatmen. Von hier sind es noch rund 50 Meter bis zu der Stelle, an der die Busse parken. Wir sitzen im Laster und überblicken die Straße. Sarahs Bus kommt. Sie und Karina steigen an der Seite aus, die wir nicht einsehen können. Auch Kacper verschwindet hinter dem Bus.

Khalil und ich können nur abwarten, es gibt nichts zu sagen, nichts zu tun. Wir haben das Glück oder Unglück von Sarah in Kacpers Hände gelegt und haben die gleiche Frage im Kopf: War das richtig?

Einige der Passagiere treten hinter dem Bus hervor. Wie Perlen an einer Schnur – kleine Koffer, große Koffer, keine Koffer. Aber nichts zu sehen von Sarah, Karina oder Kacper.

»Da ist sie!«, ruft Khalil.

Kacper geht neben Sarah her, doch sie steuern nicht auf uns zu. Sie gehen auf der anderen Straßenseite an uns vorbei, ohne uns auch nur mit einem flüchtigen Blick zu bedenken. Sie wollen anscheinend Karina nicht auf uns aufmerksam machen.

»Wo ist Karina?«, fragt Khalil.

»Weiß nicht. Was sollen wir jetzt tun?«

»Füße stillhalten.«

Karina kommt ebenfalls hinter dem Bus hervor und schaut Sarah und Kacper nach, wie sie links in eine Seitenstraße biegen. Damit habe ich die beiden auch im Seitenspiegel aus dem Blick verloren.

»Ob sie ihnen folgt?«, überlege ich.

»Ganz sicher.«

Tatsächlich tut sie es.

Montag, 6. August
Tallinn, Busbahnhof

Wir warten, die Zeit erscheint uns endlos.

Dann kommen Sarah und Kacper wieder aus der gleichen Seitenstraße, in der sie eben verschwunden sind. Sie laufen auf uns zu. Sarah dreht sich um. Sie hat wohl Angst, verfolgt zu werden. Aber da ist niemand hinter ihr. Khalil drückt die Fahrertür auf und ich die Beifahrertür. Kacper springt auf der Fahrerseite in den Laster und Sarah steigt neben mir ein. Ich gebe ihr einen Kuss, während Kacper sofort diesen riesigen Tanker startet. Wieder ertönt dieses ausatmende Geräusch und wir fahren ab.

»Geschafft«, sagt er, schlägt mit der flachen Hand auf das Lenkrad, wiederholt »geschafft« und freut sich. »Wir haben Karina abgehängt.«

»Und wie?«, will Khalil wissen.

»Wir haben einfach an einer Tür geklingelt und sind ins Haus rein. Und dann über den Hinterhof wieder raus. Ich glaube, sie steht jetzt noch davor und wartet«, vermutet Kacper und amüsiert sich darüber.

»Danke dir«, sagt Sarah zu Kacper. »Das war total nett von dir.«

Ich bin überglücklich, Sarah im Arm zu halten. Und ich bin glücklich, dass wir die Leute von der Agentur abgehängt haben. Unsere Handys sind deaktiviert und Kacper hat seinen Funk nicht angerührt und unsere Namen verraten. Wie also sollen sie wissen, wo wir nun sind? Ich fühle mich frei in diesem Cockpit eines 30-Tonners.

»Was hat denn Karina von dir wissen wollen?«, frage ich Sarah.

»Völlig banales Zeugs. Über Instagram und Influencer in Deutschland und Klamotten und so. Und warum ich in Narva gewesen sei.«

»Und was hast du gesagt?«

»Ja, nichts. Gelogen habe ich.«

»Hat sie dich nicht aufhalten wollen?«

»Bestimmt. Aber Kacper war plötzlich da und hat mich einfach mitgenommen.«

»Sie hatte eine Waffe dabei«, ergänzt er. »Ihr Jackett war ein wenig ausgebeult.«

»Glaubst du?«, fragt Sarah entsetzt.

Doch Kacper lacht nur. »Nein. Ich mache nur einen Spaß.«

»Mit denen ist nicht zu spaßen«, sage ich. »Die sind wirklich gefährlich.«

Doch Kacper meint, dass wir uns auf ihn verlassen könnten. Leute wie uns bräuchte es auch in Polen. Leute, die für die Wahrheit einstehen. Davon gäbe es überall auf der Welt zu wenige.

Für eine Sekunde sind wir extrem gebauchpinselt, für eine Sekunde vergesse ich den ganzen Mist, der in den vergangenen Tagen passiert ist, für eine Sekunde fühle ich mich in diesem großen Laster tatsächlich sicher.

Eine Viertelstunde später fahren wir am Flughafen vorbei und dann sind wir wieder aus der Stadt. Ich muss daran denken, wie unendlich lang die Straßen und unendlich groß die Wälder und Wiesen gewesen waren, über die ich auf der Strecke nach Estland geflogen bin. Jetzt werden wir diese Landschaft mit dem Laster durchqueren.

Kacper gibt uns seinen Laptop, damit wir uns die Nachrichten anschauen können. Alexander Schneider wurde vor nicht einmal einer Stunde an der italienischen Küste tot aufgefunden. Sowohl auf ARD und ZDF als auch im Netz wird spekuliert. Das Video eines Arabisch sprechenden Informanten ist in den sozialen Netzwerken unterwegs. Er behauptet, dass Alexander wie andere Kinder auf ein Schiff nach Libyen geschleust werden sollte. Doch dabei sei etwas schiefgelaufen. Der Informant erklärt sich das so: »Vermutlich haben die Schleuser ihn aus Angst vor einem Küstenwachschiff über Bord geworfen. Der Junge war bekannt. Da hätte die italienische Küstenwache auch gegen Geld kein Auge zugedrückt.«

Khalil kann nur lachen. »Das ist so dreist von den Trollen. Das ist garantiert wieder irgendein gekaufter Typ, dessen Behauptungen im Netz viral gehen.«

Es werden Aufnahmen vom Pariser Platz vor dem Brandenburger Tor gezeigt, wo Alexanders Vater soeben eine Rede vor der aufgebrachten Menge gehalten hat. Dann wird ein Statement des russischen Außenministers eingeblendet, der sich gerade in St. Petersburg befindet. Er kritisiert die angebliche Uneinsichtigkeit der deutschen Bundesregierung, die ihre Bürger nicht schütze. Aber der russische Staat werde den Russen in der ganzen Welt immer zur Seite stehen.

»Ich ertrage das nicht«, sage ich. »So eine Propaganda.«

»Lass gut sein«, beruhigt mich Khalil. »Hauptsache, die Leute am Brandenburger Tor flippen nicht komplett aus. Kann ich mal den Laptop haben?«

Kacper nickt. Während wir den Küstenort Pärnu durchqueren, sucht Khalil jetzt auf dem Wal-Stick mit Sarah nach E-Mails, die mit Alexander in Verbindung stehen. Er wird fündig. Es gibt einen Mail-Verkehr zwischen St. Petersburg und Moskau, in dem von einer Wasserleiche die Rede ist. Sarah übersetzt und übersetzt. Draußen fliegt wieder Landschaft an uns vorbei und hier in Kacpers vollklimatisiertem Cockpit stoßen wir auf eine Mail, in der ein »Erlediger« namens »Der Engländer« erwähnt wird. Er hat die Leiche in einem Pool gefunden und der Schreiber fragt, wie mit der Leiche verfahren werden soll. Sarah findet noch mehr Mails ...

»Wir schicken die Mails mit ein paar erklärenden Worten an meinen Vater. Was haltet ihr davon?«

Die beiden sind sofort damit einverstanden. Dann jedoch hat Khalil einen Einwand. Schließlich könnte so Kacper identifiziert werden. Es sei sein WLAN und sein Laptop. Wir drehen um und Kacper hält in der Innenstadt von Pärnu, wo öffentliches Wi-Fi existiert. Über das sendet Khalil mittels einer versteckten IP-Adresse die Daten direkt an die *Berliner Nachrichten*. Mein Vater antwortet sofort und hält uns auf dem Laufenden: Die Chefredaktion der *Berliner Nachrichten* verständigt umgehend die Staatsanwaltschaft. Diese informiert ihre italienischen Kollegen und beschafft die Einverständniserklärung von Alexanders Eltern für eine Obduktion ihres Sohnes. Kurz darauf stellen die italienischen

Amtsärzte fest, dass sich in der Lunge von Alexander kein Salzwasser befindet, sondern gechlortes Süßwasser.

Die *Berliner Nachrichten* sind nicht nur die Ersten, die dies nun vermelden, sondern veröffentlichen auf ihrer Online-Seite auch die Mails, die wir ihnen geschickt haben. Und dann höre ich meinen Vater in einem Video sagen: »Der Pool, in dem Alexander ertrunken ist, steht direkt gegenüber vom Haus seiner Eltern. Ein russischer Mittelsmann – vermutlich ein Auftragskiller – hat ihn von dort mit einem Privatflugzeug nach Italien verschleppt. Mehr über diesen mysteriösen Tod, bei dem der russische Oligarch Juri Myasnik seine Finger im Spiel haben soll, werden Sie bei uns lesen. Wir sind in ständigem Kontakt zu *Uncover*, die uns sämtliche Informationen liefern.«

Während wir mit Kacper durch Lettland fahren und die Hauptstadt Riga erreichen, verbreitet sich das Video im Netz wie ein Lauffeuer. Ich muss an meinen Vater denken. Er hat mir gesagt, dass sich noch vor 20 Jahren die Nachrichten brav nacheinander ausgebreitet haben, heute folgen sie aber so schnell aufeinander, dass es einem vorkommt, als würde alles gleichzeitig passieren. *Du hast keine Chance mehr, dich auf eine Sache einzulassen*, meinte er. *Denn gerade wenn du eine Neuigkeit verarbeitet hast, steht das nächste Ereignis schon im Raum.*

Khalil, Sarah und ich sind glücklich. Schließlich war das nur der Anfang von der Aufklärung, die wir leisten können.

Der Laster rollt jetzt über einen gigantischen Damm, der Riga vom Meer trennt. Kacper erzählt uns, dass die Russen bis heute ihrem Hafen in der lettischen Hauptstadt nachtrauern. Jedes Jahr gebe es dort ein großes Fest, wenn sich der

Tag der russischen Flotte jährt. Aber der sei gerade erst gewesen. Er mag keine Paraden und keine Feste fürs Militär. Das ist mir sympathisch an ihm. Er ist mir ohnehin sympathisch. Hätte mich noch vorgestern jemand gefragt, wie mein Eindruck von Polen sei, so wäre er negativ gewesen. Doch ein Mensch wie Kacper kann deine Vorurteile über den Haufen werfen.

Ab Riga geht es nur noch geradeaus Richtung Kaunas in Litauen. Mit jedem Kilometer wird es dunkler und die Fahrt monotoner, denn es sind fast überall nur 70 Stundenkilometer erlaubt. War es in Estland nachts noch sehr hell, so ist es hier schon wieder ganz anders. Sarah liegt hinten in Kacpers Kabine und schläft. Auch Khalil ist eingenickt. Er hat sich ein Kissen gegen die Scheibe gelegt und seinen Kopf dagegen gelehnt. Ich frage mich, wann Kacper müde wird. Es gibt doch angeblich Kontrollen der Lenkzeiten. In Deutschland muss jeder Lkw-Fahrer gesetzlich spätestens nach viereinhalb Stunden eine Pause machen. Aber hier? Kontrolliert das denn niemand?

Kurz vor Kaunas bin auch ich im Traumland und erwache erst wieder an der polnischen Grenze. Kacper scheint immer noch nicht müde zu sein. Er fährt und fährt und fährt. Ob er irgendwelche Tabletten schluckt?

Er deutet auf das Navi. »Schau dir das an, Phoenix! Hier ist die Grenze von Litauen und Polen.« Er zeigt mir eine rote Linie zwischen Polen und Litauen auf dem hochauflösenden Display. »Den Russen gehört hier oben am Ende der Grenzlinie das Gebiet Kaliningrad.«

Das weiß ich und dass die Hauptstadt Kaliningrad früher einmal Königsberg hieß.

»Dort lebte der Philosoph Kant«, sagt Khalil, der wohl wieder aufgewacht ist.

»Heute ist dieses Gebiet russisch«, sagt Kacper. »Und genau da stehen Komarows Raketen, Panzer und Soldaten. Sie alle sind von dem Truppenmanöver *Sapad* im Jahr 2017 übrig geblieben. Achtzigtausend Soldaten haben daran teilgenommen.« Sein schlanker Zeigefinger, der ober- und unterhalb der Gelenke schwarz behaart ist, zeigt nach rechts auf der Karte. »Genau hier am Ende der Grenzlinie ist Weißrussland. Auch dort wurde 2017 von den Russen ein Manöver abgehalten. Und zufällig sind genau dort ebenfalls Raketen und Panzer von Komarow vergessen worden.«

Ich bin erstaunt, was aber daran liegen mag, dass ich mich nicht sonderlich für militärische Dinge interessiere.

»Nun kannst du dir an drei Fingern abzählen, was Komarow tun wird. Denn die polnisch-litauische Grenze verläuft genau zwischen Kaliningrad und Weißrussland. Sie ist nicht mehr als 100 Kilometer lang. Wenn er diese kurze Grenzlinie mit seinen Truppen dichtmacht, dann ist das Baltikum – dann sind Litauen, Lettland und Estland – von Europa abgetrennt. Und niemand kann ihn daran hindern, denn seine militärische Übermacht ist direkt hier, wo wir friedlich über die Landstraße fahren, extrem hoch.«

»Warum sollte Komarow das tun?«

»Warum hat er die Krim angegriffen? Komarow ist der erste russische Präsident, der sein Gebiet erweitern möchte. Und in seinen Augen ist das Baltikum russisches Territorium. Dort leben sehr viele Russen, die Stalin damals angesiedelt hat. Bevor Komarow auf die Krim vorgedrungen ist, hat er ebenfalls ein Manöver an der Grenze zur Krim abgehalten. Das ist sein Trick. Ein Manöver und dann Waffen zurücklassen, den richtigen Moment abwarten und einmarschieren.«

»Und warum tut der Westen dann nichts?«

»Was soll er denn tun? Der Westen will keinen Krieg. Der Westen hat zu viel zu verlieren. Der Westen will verkaufen. Was glaubst du, was die NATO tun wird, wenn Komarow in Narva über die Grenze dringt?«

Ich weiß es nicht, aber ich ahne, dass wir den Esten nicht helfen würden.

»Siehst du«, sagt er und lehnt sich zufrieden in seinem Lastersitz zurück. »Siehst du. Du weißt es auch. Euer kleines Deutschland gibt genauso viel Geld für Rüstung aus wie ganz Russland, aber es nutzt euch nichts. Weil Komarow bewusst ist, dass ihr niemals einen Krieg in Europa riskieren würdet.«

»Das will ich nicht hoffen«, erwidere ich.

»Das ist eure Schwäche und die wird hier an der polnisch-litauischen Grenze irgendwann einmal von Komarow ausgenutzt.«

Ich würde ihm gerne widersprechen, ihm sagen, dass es Quatsch ist, aber ich weiß, wie ernst die Balten die russische Bedrohung nehmen und wie ernst die Bedrohung ist. Es könnte schon ein kleiner Funke in einem Ort wie Narva dazu führen, dass die estnischen Russen Komarow um Hilfe bitten, und dann käme er als Befreier des Baltikums, als Beschützer der Russen in Estland, Lettland und Litauen. Genau so passiert es ja gerade in der Ost-Ukraine.

Ich denke an Krieg und da gibt es einen Knall, als habe ein Sniper auf unseren Wagen geschossen. Kacper bleibt ruhig, aber der Lkw schwenkt hin und her. Die entgegenkommenden Laster hupen und wir werden langsamer. Kacper steuert nach rechts zum Straßenrand, flucht auf Polnisch und dann zischt unser Lkw wieder wie eine Dampflok und wir stehen ein wenig schräg an der Straße. Links an uns donnern weiter andere Laster vorbei.

Endlich sagt Kacper, was Sache ist: »Der Reifen ist platt.«

Das ist schon nervig, aber es kommt schlimmer. Ich steige mit ihm aus, und als Kacper nun den Reifen wechseln möchte, stellt er fest, dass das Reserverad ebenfalls einen Platten hat. Wieder flucht er auf Polnisch. Sein Kollege hat ihm wohl den Mist eingebrockt. Wir stehen also mitten in der Nacht am Straßenrand und sitzen irgendwo vor Białystok fest. Kacper ruft mit dem Handy seinen Chef in Warschau an. Ich habe keine Ahnung von Autos und Kacper offensichtlich ein Problem, denn der polnische ADAC ist verhindert. An uns rast ein Laster nach dem anderen vorbei. Die Hitze, der Krach und der Fahrtwind der Laster – das alles ist beängstigend.

»Nachts in Polen auf der Landstraße«, sagt Kacper. »Das ist schlimmer als verschollen auf dem Mond.«

»Können wir dir nicht irgendwie helfen?«, frage ich.

»Nur wenn ihr ein Ersatzrad dabeihabt.«

Wir steigen wieder ein. Nun ist auch Sarah aufgewacht. Kacper greift nach seinem Funkgerät. Er will seine Kollegen fragen, ob uns jemand nach Warschau mitnehmen kann.

Ich winke ab. »Wenn du sagst, dass hier drei Deutsche nach einer Mitfahrgelegenheit suchen, könnte die Agentur Wind von uns bekommen und …«

»Hey, wir sind in Polen. Niemand vermutet euch hier«, sagt Kacper. Dann funkt er.

Nach nicht einmal zehn Minuten hält schon ein Laster neben uns. Zu unserer Überraschung steigt kein Er, sondern eine Sie aus. Sie hat ein rundes Gesicht, platt anliegende kurze graue Haare und eine dünne Stimme. Es stinkt wie Hölle. Woher kommt der Gestank? Was hat sie geladen?

Die Frau und Kacper umarmen sich. Dann fahren wir weiter mit Olga, die sagt, dass sie uns bis Berlin mitnehmen kann. Sie müsse dort zum Schlachthof. Ihr Führerhaus ist enger als das von Kacper. So sitzen wir dicht gedrängt wie Ölsardinen in dem abgelebten Laster, der vermutlich noch mit Schweröl fährt.

»Sprecht ihr Russisch?«, fragt Olga an Sarah gerichtet.

Die nickt und muss ab jetzt übersetzen.

Der penetrante Geruch ist noch stärker geworden, richtig beißend. Ob sie Leichen transportiert? Ähnlich hat es in der Hütte in der Datschensiedlung gerochen. Ich muss an Eymen denken. Was der wohl gerade macht?

Olga erklärt: »Ich transportiere Hühner. Die Hitze macht die Tiere fertig. Sie stinken wie der Teufel.«

Warum sie mit den Hühnern durch die halbe EU fahren müsse, will Khalil wissen. »In Deutschland gibt es doch genügend Hühnerhöfe.«

»Weil Hühner Zugvögel sind«, scherzt sie. Es ist Galgenhumor, denn die Vögel tun ihr leid. »Alles muss billig sein in der EU.«

Sie redet davon, dass sie am liebsten nachts fahre. Den ganzen Tag über habe sie geschlafen. Nachtschicht sei ihre Schicht und morgen Mittag seien wir schon in Berlin.

Nach Warschau nicke ich auf der Autobahn ein. Laster an Laster reiht sich hier aneinander. Ich sehe die roten Rücklichter und versinke in einem Traum. Darin tauche ich in der Bucht ab, entdecke Fische und Quallen. Das Wasser ist glasklar. Nur dort unten ist der Nebel rötlich wie eine Wolke aus Rot. Ich schwimme darauf zu. Jemand liegt am Meeresboden. Jetzt erkenne ich sein Gesicht. Es ist Leonid. Er grinst, er lebt und ich wache auf.

Wir stehen. Olga ist nicht da.

Khalil und Sarah schnarchen beide. Wo mag Olga sein? Rechts und links von unserem Laster ist Platz, überall sonst auf dieser gigantischen Raststätte stehen Lkw. Niemand will anscheinend die Nacht neben einem stinkenden Hähnchentransporter verbringen.

Die Tür geht auf und ich zucke zusammen.

Olga lacht. »Mittagsessen«, sagt sie in Deutsch mit russischem Akzent.

Ich verstehe. Für sie als Nachtfahrerin ist jetzt Mittag. Sie fährt weiter.

»Wo sind wir?«, versuche ich sie auf Russisch zu fragen.

»Poznań.«

Von Posen aus ist es nicht mehr so weit bis nach Berlin.

»Sleep«, sagt sie und ich versuche es. Doch ich bekomme meine Gedanken nicht mehr gebändigt. Ich lehne mich an Sarahs Schulter. Früher war mir oft langweilig. Bis ich Sarah kennenlernte, bis wir *Uncover* gründeten. Früher habe ich viel gezockt. *GTA*, *Call of Duty*, *Counterstrike* oder *Fortnite*. Aber das war nicht real, das war kein Leben, sondern nur verdammte Fiktion. Deshalb habe ich mit den Nachrichten angefangen. Ich wollte darüber berichten, was andere erleben, zumindest geistig mit dabei sein, wenn irgendwo etwas passiert, wenn mir schon nichts passiert.

Olgas Handy klingelt. Sie schaut aufs Display. Dann hält sie es mir entgegen. Darauf steht: *Hallo, Phoenix. Wir finden euch überall und jederzeit. Liebe Grüße von Karina.*

Darunter hat sie ein Kuss-Emoji und ein Tränenlachen-Emoji gesetzt.

Ich bin geschockt und wecke sofort Sarah und Khalil. »Guckt euch das an.«

»Was ist denn? Lass mich endlich schlafen«, grummelt Khalil. Aber dann liest er die Nachricht und nimmt das Handy selbst in die Hand. »Sie wissen, wo wir sind. Die kennen sogar Olgas Nummer.«

»Wir müssen etwas tun«, sage ich. »Die bringen uns um.«

Wie immer fordert Khalil Ruhe und Besonnenheit. Doch er fummelt nervös mit den Fingern an der Klappe des Armaturenbretts herum. Ich überlege. Wenn dir einer hinterherläuft und du ihm nicht entkommen kannst, dann musst du dich ihm stellen, sonst fällt er dir in den Rücken.

Ich sage: »Wir müssen mit meinem Vater reden. Er kann uns helfen.«

Olga fährt auf die Raststätte. Es gibt die übliche Tanke inklusive eines *McDonald's*, einer Café-Bar und zig Regale mit Schnickschnack. Wir folgen Olga, die uns neben den Toiletten- und Waschräumen in ein kleines Zimmer für die Lasterfahrer bringt. Hier stehen zwei PC und ein Drucker. Er sei für die Fahrer, die kein WLAN oder Handy im Wagen haben, das sie in Polen nutzen können, ohne Unsummen für die Gebühren zahlen zu müssen. Ich bin froh, dass wir die Einzigen hier sind. Khalil sucht auf dem Stick nach den Dokumenten zum Trollhaus in Narva und ich rede mit meinen

Eltern über das Münztelefon. Mama ist dran. Sie will wissen, wie es uns geht. Wo wir sind. Was wir tun.

»Mama, ich muss mich beeilen. Wir brauchen eure Hilfe. Wir schicken Papa und dir gleich die Dokumente, die belegen, dass es in Narva ein Trollhaus gibt, und zeigen, wie von dort die Öffentlichkeit in Deutschland manipuliert wird.«

»Okay«, sagt sie.

»Ihr müsst die estnische Polizei informieren und es in den Medien verbreiten. Und noch was … Im Team der *StratCom* in Tallinn …«

»Ja?«

»Da gibt es einen russischen Maulwurf. Der muss enttarnt werden.«

»Gut. Ich kümmere mich darum. Aber geht es dir gut?«

»Alles okay«, sage ich. »Ihr müsst das schnell machen, denn sie bedrohen uns.«

Ich höre meinen Vater aufgeregt im Hintergrund. Er will wissen, was los ist.

»Warte«, wehrt Mama ihn ab. »Ich erzähle es dir gleich.« Dann fragt sie mich: »Ist Sarah bei dir?«

»Ja«, bestätige ich. »Sag ihren Eltern bitte, dass es Sarah gut geht.«

Sarah bittet mich, mit meiner Mutter zu reden. Ich gebe ihr den Hörer.

»Vielleicht können euch meine Eltern ja helfen. Die Dokumente sind auf Russisch. Meine Eltern sprechen Russisch … Mein Vater und meine Mutter müssen selbst sehen, was die Russen machen, und sie müssen mit uns beim Kampf gegen die ganzen Fakes und Hetzereien vorgehen.« Anscheinend will Sarah ihre Eltern mit ins Boot holen. Das ist ein geschickter Schachzug. »Meine Mutter hat früher Texte vom Deutschen ins Russische übersetzt. Sie kann das gut.«

Ich weiß jetzt schon, was mein Vater dazu sagen wird: dass dies unprofessionell sei. Aber ich weiß auch, was meine Mutter sagen wird: »Es ist Sarahs Wille. Und den sollten wir respektieren. Ohne Sarah, Khalil und unseren Sohn hätten wir die Informationen gar nicht bekommen. Also tun wir, was sie wollen.«

Mein Vater wird sich aufregen, sich aber am Ende damit abfinden – und tun, was Mama will. Das ist immer so. Er hat keine Chance gegen sie, denn er liebt sie.

Mama will mich noch einmal sprechen. »Wann kommst du?«

»Unsere Fahrerin Olga hat gesagt, dass wir gegen Mittag in Berlin sind.«

»Wir warten auf euch.«

»Das müsst ihr nicht, Mama. Ihr habt zu tun. Wir melden uns. Bis morgen.«

Dann lege ich auf. Khalil, Sarah und ich schicken jetzt alle Dateien und bitten in einem begleitenden Schreiben jeden, der die Dokumente verbreitet, folgende Adresse als Quelle anzugeben: *uncover-documents.de*. Auf dieser Web-Seite werden sämtliche Unterlagen frei zugänglich sein.

Zufrieden gehen wir zurück zum Truck.

»Ich fühle mich befreit«, sagt Khalil. »Richtig befreit.«

Wir nicken, denn das tun wir alle.

Ich stimme zu: »Egal was sie mit uns machen, ob sie uns köpfen oder vierteilen, die Fakten können sie nicht mehr aus der Welt schaffen.«

Dienstag, 7. August
Berlin, Unter den Linden

Olga hat uns bis Unter den Linden gefahren. Schon seit dem Reiterstandbild von Friedrich dem Großen kommen wir nur noch im Schritttempo voran. Unterwegs haben wir mit Olga über die Unverschämtheit gesprochen, dass unsere Gesellschaft die Kehrseite des Konsums verdrängt, Hähnchen isst und so tut, als sei das Fleisch clean. Doch das ist es nicht, denn es stinkt noch lebendig vom Heck her. Unsere Diskussion hat Olga aufgestachelt. Eigentlich untersagt ihr die Firma, in die Städte zu fahren, sie soll direkt zu den Schlachthöfen. Aber jetzt gehorcht sie nicht und fährt geradewegs ins Zentrum von Berlin mit ihrem Hühnerhaufen.

Die Leute an den Kreuzungen rümpfen die Nasen und fragen sich, woher der Gestank stammt. Olga lacht. Sie lebt mit dem Gestank. Die Leute hier verdienen das Zigfache von ihr und kennen Hühnchen nur eingeschweißt aus dem Kühlregal. Niemand kann diesem Gemisch aus Angst, Federn und Scheiße entkommen. Die Klimaanlagen blasen den beißenden Geruch in die Kabinen der Autos und Transporter um uns herum.

Olgas Hühnchen sind auf ihrer letzten Tour durchs Leben

und sie sagt: »Sie werden mal Engel mit frittierten Flügeln.« Dann lacht sie wieder. Draußen ist es heiß und hier drinnen noch heißer.

»Guck dir das an! Wie die sich über uns aufregen«, sagt Khalil. »Die sitzen in ihren fetten Kisten, fressen Hühnchen auf der Pizza und zu Pommes und ...«

»Sei mal ruhig«, bittet ihn Sarah, denn im Radio kommen Nachrichten. Die Sprecherin hat das Wort »Estland« erwähnt und Sarah ist sofort darauf angesprungen. So wie *Siri* oder *Alexa* sofort den US-Geheimdienst anrufen, wenn du »Bombe bauen« sagst. Seit wir die Grenze von Polen nach Deutschland bei Frankfurt an der Oder überfahren haben, hören wir deutsches Radio.

Die Sprecherin redet von einer Eilmeldung: »In Estland wurden mehrere Mitarbeiter einer Trollfabrik festgenommen. Von der drittgrößten estnischen Stadt Narva aus seien seit Monaten Kampagnen gegen westliche Regierungen initiiert worden. Darunter auch die hetzerischen Äußerungen und Falschmeldungen im Zusammenhang mit dem toten Alexander Schneider und dem syrischen Flüchtling Amer Tallak. Die estnische Polizei geht Tatbeständen wie Volksverhetzung nach. Seit Jahren wird spekuliert, dass der russische Oligarch Juri Myasnik Trollfabriken finanziert. Der deutsche YouTube Kanal *Uncover* lieferte Europol die entscheidenden Hinweise, die zur Festnahme von Mitarbeitern des russischen Oligarchen führten. Nachdem bereits der Schwindel um die Leiche des sechsjährigen Alexanders durch die Betreiber von *Uncover* aufgeklärt wurde, ist dies nun der zweite Schlag des News-Channels, der weltweit Beachtung findet. Über den Verbleib der YouTuber gibt es bislang keine näheren Informationen. Die Eltern von Alexander haben sich soeben in einem Interview der ARD-Tagesschau für die Aufklärungsarbeit der jungen Journalisten von *Uncover* bedankt. Darin riefen sie dazu auf, nicht weiter gegen Flüchtlinge wie Amer Tallak und dessen kleinen Sohn zu hetzen. Dies ist vor allem an die Demonstranten am Brandenburger Tor gerichtet, die sie baten, sich friedlich und respektvoll im Angedenken an ihren Sohn zu verhalten.«

Wir haben die Scheibe unten und sind in Höhe von *Madame Tussauds*, dem Wachsfigurenkabinett. Schon aus der Ferne hören wir einen Redner, der offenkundig den Leuten auf dem Pariser Platz vor dem Brandenburger Tor einheizt. Er wird noch nicht wissen, was Alexanders Eltern gerade gesagt haben.

Ein Polizist regt sich über unseren Ruß hustenden und stinkenden Laster auf. Autos hupen. Der Polizist in schwarzer Montur kommt auf uns zu. Olga lässt die Scheibe auf der Fahrerseite runter. Sie redet russisch mit ihm. Er versteht kein Wort.

Dann sage ich über Sarah und Olga hinweggelehnt: »Wir wollen zum Brandenburger Tor.«

»Mag sein, dass Sie das wollen. Aber Sie fahren jetzt sofort hier weg.«

»Nein«, entgegne ich. »Wir müssen dort reden.«

Wir steigen aus, nur Olga bleibt sitzen. Der Polizist geht uns vor der Motorhaube entgegen. Er ist wegen meiner Renitenz aufgebracht. Dann erkennt er mich. Bevor er noch etwas sagen kann, strecke ich die Hand aus und stelle mich freundlich vor: »Phoenix Zander. Freut mich, Sie kennenzulernen.«

Er weiß nicht, ob ich ihn veralbern will, und ist sich anscheinend unsicher, ob er mir die Hand reichen soll. Sonst bietet ihm wohl nie jemand die Hand.

»Ich bin froh, endlich wieder in Berlin zu sein und einen deutschen Polizisten zu sehen«, betone ich. Ein Kollege eilt hinzu und schaut mich ebenfalls wissend an. Auch er bekommt meinen Händedruck, während die Autos hinter uns hupen.

»Olga fährt gleich weg«, beruhige ich den Polizisten. »Aber ich muss dringend auf den Platz.«

»Du bist verrückt«, meint Sarah. »Die lynchen dich.«

Auch die Polizisten gucken kritisch, aber es muss hier und jetzt geschehen. Alle Fakten sind nichts wert, wenn sie keine Emotionen in sich tragen.

»Emotionen sind Fakten«, betone ich gegenüber Sarah.

Khalil ist still. Ich ahne, dass er jetzt am liebsten an seinen PC möchte und seine Ruhe haben will.

»Ich muss reden«, sage ich zu den Polizisten. »Niemand wird mich auf der Tribüne angreifen. Aber Sie müssen mich dort hochbringen. Sie können dabei helfen, dass wir endlich wieder Ruhe am Brandenburger Tor haben.«

Der Polizist, den wir zuerst getroffen haben, funkt seine Leitung an. »Es dauert ein paar Minuten«, meint er. »Bitte haben Sie Verständnis.«

Derweil gehe ich mit Khalil und Sarah zu Olga. Jeder von uns umarmt sie und mit ihrem rollenden Hühnerhaufen verzieht sich auch der Geruch Richtung Schlachthof. Das war's, die Aufregung der Autofahrer wird sich legen und ihre Klimaanlagen werden wieder saubere Berliner Luft in die Kabinen blasen.

Wir stehen bei den Polizisten. Jemand, der etwas zu sagen hat, stößt nun mit zwei weiteren Polizisten zu uns und bittet uns, von »unserem Vorhaben Abstand zu nehmen. Wir möchten jede Aufregung vermeiden«. Das klingt so geschwollen wie sein Brustkorb.

»Das kann ich verstehen«, erwidere ich.

»Sie haben doch andere Möglichkeiten, Ihre Meinung kundzutun«, meint er. »Der Pariser Platz ist nicht unbedingt der geeignete Ort für Sie.«

Ich stimme ihm nicht zu, aber gebe aus taktischen Gründen klein bei. Er fragt uns noch, ob er und seine Männer uns vielleicht »anderweitig« helfen können. Ich wundere mich, wer ihm diese schwülstigen Bürokratenworte auf die Zunge gelegt hat.

Wir zucken mit den Schultern.

»Keine Ahnung.« Ich bin genervt.

Um uns herum kommen Leute zusammen, die uns erkannt haben. Handys filmen uns. Ein Mädchen traut sich und bittet mich um ein Selfie mit ihren Freundinnen. Jedes der drei gackernden Mädchen will ein Foto.

Ich lasse es zu, obwohl ich es für absurd halte. Ich bin kein Justin Biber und *Julian Bam*, ich bin PhoenixZ. Nun wollen noch mehr ein Foto, auch mit Khalil und Sarah. Wir bleiben nett. Dann reicht es, denn es sind mittlerweile Hunderte Menschen und sogar ein Kamerateam hat uns entdeckt.

Ich frage laut: »Wollt ihr alle mitkommen? Wir gehen zum Tor.«

Ich fühle mich wie früher auf der Gamescom in Köln. An Politik denkt hier keiner. Noch mehr schließen sich uns an. Wir laufen einfach in die Menge. Khalil und Sarah folgen mir. Die Polizisten wissen nicht, was sie nun tun sollen. Ihr Vorgesetzter ist wieder weg. Das Überraschungsmoment ist jetzt ganz auf unserer Seite.

»Sie sollten nicht weitergehen«, fordert einer der Polizisten. »Unser Einsatzleiter hat Sie doch *gebeten* ...«

»Er hat uns nur gebeten«, nehme ich ihm die Worte aus dem Mund. »Denn niemand kann uns *verbieten*, zu der Demonstration zu gehen«, stelle ich fest. »Ich habe ein Recht, meine Meinung frei zu äußern, genau wie diese Leute hier. Wir sind friedlich.«

Die Polizisten machen den Weg frei und wir quetschen uns durch in die Menge. Wer mich aufhalten will, den spreche ich an: »Ja, ich bin Phoenix Zander.«

Mehr muss ich nicht sagen. Das reicht, dann wird Platz gemacht. Wir ziehen Richtung Bühne. Darauf redet ein »Aktivist des Volkes«. Er kommt aus Chemnitz und ist zur Verteidigung der Heimat und der Vergangenheit angereist. Was ein solcher *Aktivist* genau ist, weiß ich nicht. Ich habe noch nie von dieser Gruppe gehört. Die Chemnitzer tun mir leid. Ihre Stadt wurde von nationalistischen Idioten zur Hauptstadt einer nationalistischen Bewegung auserkoren. Wen wundert es? Die Nähe zu Dresden bietet sich an.

Unsere Schlange endet vor einem Security-Kerl, der den Bühnenaufgang bewacht. Er sieht aus, als wolle er gleich sämtlichen Hühnchen von Olga die Köpfe abbeißen. Solche Typen traten früher in Freakshows auf, heute bewachen sie die Kundgebungen der Rechten.

»Da könnt ihr nicht rauf!«, poltert er. Er wirkt wie ein schwarz lackierter, aggressiver SUV – viel Blech, kaum Hirn. Die Sonnenbrille aus Panzerglas ist verspiegelt.

Ich sage: »Gib den Veranstaltern Bescheid, dass wir von *Uncover* sind.«

Uncover kennt er. Und so geht der SUV fünf breitbeinige Schritte nach rechts und redet mit einem Kerl, der genauso SUV-mäßig aussieht. Die beiden schauen zu uns rüber, als überlegten sie, uns ein Bolzenschussgerät an die Schläfe zu halten.

»Ich gehe mal zu denen«, kündigt Khalil zu meiner Verwunderung an. »Und ihr steigt schnell auf die Bühne. Die werden garantiert mit mir streiten.«

Oben hat der Volksaktivist seine Rede beendet und erntet Applaus. Der Zeitpunkt ist gekommen, um unser Ding durchzuziehen. Fünf Stufen, dann sind Sarah und ich oben. Bevor die SUVs begriffen haben, was passiert, sind wir schon beim Volksaktivsten, dem ich freundlich lächelnd die Hand reiche. Er weiß nicht, was er sagen soll.

Sarah ist bereits am Mikro und bedankt sich für die Redezeit, die uns hier gewährt wird. »Phoenix Zander möchte im Namen von *Uncover* nun sprechen.«

Ehe jemand reagieren kann, übersetzt sie das Ganze ins Russische. Die Menge ist sogleich still. Sarah macht das alles souverän, souveräner, als ich es jemals könnte. Ich frage mich gerade, warum ich immer vor der Cam rede und nicht sie.

Währenddessen steht der Aktivist völlig passiv vor mir.

»Sie sollten jetzt gehen«, sage ich zu ihm. »Ihre Redezeit ist beendet. Sprechen Sie bitte die Herren von der Security dort an, die kümmern sich um Sie.«

Sarah tritt zur Seite und nun blicke ich auf das Mikro vor meinem Mund, sehe die Menge und bin nervös. Da sind

TV-Sender anwesend, neben den deutschen auch BBC und CNN, sogar Rossija 1. Das hier ist was ganz anderes als bei unseren YouTube-Aufnahmen für *Uncover*. Es kommen Buhrufe und ich halte mich rechts und links am Rednerpult fest wie ein Opa am Rollator. Direkt vor der Bühne stehen jetzt die drei Mädchen von eben und fotografieren mich.

Die Buhrufe werden lauter.

»Rede«, zischt mir Sarah ins Ohr. »Du musst reden.«

Diese Buhrufer wissen nichts über mich, sie sind stumpf wie Steine – es ist eine Versammlung der Steine. Solche Steine haben den Chemnitzern ihr Chemnitz geraubt und den Dresdnern ihr Dresden. Doch ich werde diesen Arschlöchern nicht das Feld überlassen und rede: »Ich bin Phoenix Zander. Ihr kennt mich vielleicht von YouTube. Aber jetzt rede ich nicht im Fernsehen oder auf unserem Kanal, sondern ich stehe hier vor euch.«

Die Mädchen da unten rufen laut »Jaaaaaa!«. Sie applaudieren mir und schreien: »Phoenix! Phoenix! Phoenix!« Und mit ihnen tun es auch andere.

Ich fahre fort: »Ich bin gerade mit meinen Freunden aus Estland zurückgekehrt, genauer gesagt aus Narva, einem Ort mit 60 000 russischstämmigen Esten. Es ist ein Ort an der Grenze zu Russland ... Ihr werdet euch fragen, warum euch das interessieren sollte. Ihr werdet euch fragen, was wir dort getan haben – uns ganz sicher nicht versteckt! Wer das behauptet, der kennt uns nicht ... Sonst würde ich nicht hier oben stehen und zu euch sprechen. Ich will euch gar nicht mit Fakten langweilen, denn mittlerweile sind in diesem Land nur noch Emotionen Fakten. Aber die wirklichen Fakten findet ihr auf unserer Seite *uncover-documents.de* im Netz.«

Sarah übersetzt meine Rede ins Russische. Auch die Russen sollen auf *Rossija 1* hören, was wir zu sagen haben. Und viele auf diesem Platz werden es gut finden, dass wir Russisch sprechen, weil sie sich als Russen fühlen. Ich rede über Myasnik, über die Trollhäuser und den Einfluss des Oligarchen auf unsere Meinung in Deutschland. Ich fordere, dass wir für die Wahrheit kämpfen müssen.

»Jeder, der hier am Brandenburger Tor steht, und jeder in dieser Stadt und in diesem Land. Wir von *Uncover* sind von niemandem abhängig. Wir von *Uncover* wollen nur die Wahrheit. Deshalb waren wir in Narva, am Rande der EU.« Ich berichte über die Festnahme der Trolle, die gegen uns und gegen die deutschen Medien gehetzt haben. »Wir haben Todesdrohungen erhalten. Vor wenigen Tagen wollte mich ein englischer Killer im Auftrag des russischen Oligarchen Myasnik töten. Sogar den Tod des kleinen Alexanders haben die russischen Trolle gnadenlos für ihre Politik der Hetze ausgenutzt. Wir von *Uncover* setzen auf Gemeinsamkeiten, nicht auf Unterschiede. Sarahs Vater« – ich schaue sie an – »ist selbst Russlanddeutscher. Ihre Oma kommt aus Kasachstan. Dort ist es den Deutschen schlecht gegangen. Aber das wissen viele von euch ja selbst. Ihre Eltern haben gestern noch hier mit euch demonstriert. Doch dann haben sie unsere Dokumente gesehen und die Wahrheit über die üblen russischen Hetzer in Estland und Russland selbst gelesen. Wer möchte, der kann sich im Netz informieren. Sarahs Eltern haben die Dokumente übersetzt, damit diese Trolle dingfest gemacht werden können.«

Dienstag, 7. August
Moskau, Funkhaus Rossija 1

»Sie müssen die Live-Übertragung sofort abschalten!«

Myasnik sitzt der Chefredakteurin Jelena Wasiljeva in ihrem Büro gegenüber. Eigentlich war er zu einer Teambesprechung in den Sender gekommen. Er wollte sich mit dem offiziellen Staatsmedium absprechen. Vereint würden sie schon die Lage in Deutschland weiter eskalieren lassen können. Aber jetzt ist alles anders, jetzt fällt sogar sein Name in den deutschen Medien und auch auf *Rossija 1*. Das gefällt ihm gar nicht. Er will möglichst anonym bleiben und erst im entscheidenden Moment die Herrschaft an sich reißen.

»Wir können das nicht einfach abschalten«, sagt Jelena zu Myasnik. »Wenn wir die Übertragung jetzt abschalten, werden die Moskauer auf YouTube oder sonst wo die Rede von Phoenix Zander mitverfolgen.«

»Wollen Sie mir widersprechen?«

»Ich muss«, sagt sie. »So perfekt funktioniert *Runet* noch nicht. Es ist uns dank Ihrer Hilfe ja schon gelungen, dass zahlreiche Menschen russische Medien wie *Sputnik* oder *RT* nutzen.«

Die Chefredakteurin redet ruhig und bedächtig, was Myasnik nur noch mehr aufregt. Wie kann sie bloß da sitzen und die Dinge unkontrolliert laufen lassen? »*Rossija 1* ist da, um dem Präsidenten zu dienen. Sie sind da, um uns zu dienen – jeder in Ihrer Redaktion sollte das tun. Wenn ich Ihnen sage, dass wir die Live-Schaltung abbrechen, dann tun Sie das gefälligst!«

Jelena Wasiljeva geht zum Telefon und spricht mit der Redaktion. Dann setzt sie sich wieder Myasnik gegenüber und im Fernseher wird die Live-Schaltung von *Rossija 1* aufgrund technischer Probleme abgebrochen. Stattdessen laufen Archivbilder von der zurückliegenden Demonstration am Holocaust-Mahnmal in Berlin.

Dienstag, 7. August
Pariser Platz, vor dem Brandenburger Tor

»Wir haben dafür gesorgt, dass der Schwindel um den leider zu Tode gekommenen Alexander entlarvt wurde«, sage ich. »Alexander ist im Pool der Nachbarn ertrunken und derselbe Killer, der mich und meine Freundin vor wenigen Tagen töten sollte, hat dafür gesorgt, dass Alexanders Leiche verschleppt wurde. Sein Auftraggeber war ein russischer Oligarch namens Juri Myasnik. Derselbe Mann, der für die Russen Geld eintreibt, indem er den Syrern das Öl stiehlt.«

In der Menge brodelt es. Ich weiß, dass ich mit der letzten Bemerkung den Bogen überspannt haben könnte. Einige Neonazis schubsen die Leute, die vor dem *Hotel Adlon* stehen. Sie versuchen, Chaos zu verursachen. Aber die Polizei ist da und ergreift sie.

Sie schreien: »Verräter!«

Doch ich stelle mich noch näher ans Mikro und sage ruhig: »Lasst nicht zu, dass diese Nazis uns unterwandern. Keiner braucht Nazis – kein Russlanddeutscher, kein Russe, kein Deutscher, keiner von uns. Wir leben hier alle zusammen. Genau wie Alexander und Tallaks Sohn zusammen in eine Klasse gegangen sind und zusammen gespielt haben.«

Ich rede und die Leute hören zu. Dabei sehe ich die Menschen, Transparente mit dem Gesicht des toten Alexanders und auch rassistische Parolen wie »Asylanten, geht nach Hause!«.

»Wir sollten die Freundschaft von Alexander und seinem syrischen Freund fortsetzen. Berlin war lange geteilt und darf nie wieder geteilt werden. Deshalb muss Berlin zusammenhalten. Nie wieder eine Mauer! Für diese Freiheit, für die Chance auf Gerechtigkeit und Ehrlichkeit sind die Menschen vor 30 Jahren auf die Straße gegangen und durch dieses Tor.«

Noch bevor Sarah meine letzten Sätze ins Russische übersetzen kann, applaudieren Einzelne und es werden immer mehr. Khalil stößt zu uns auf die Bühne.

»Ich bin dafür, dass wir uns nun zusammenschließen und gemeinsam friedlich durch die Straßen gehen. Wir brauchen niemanden, der uns entzweit. Diese Stadt wurde schon einmal vereint. Wir sollten sie wieder vereinen!«

Dienstag, 7. August
Narva, Polizeiwache

Karina Kusnezowa und ihre Kollegen sind auf verschiedene Wachen aufgeteilt worden, manche sitzen jetzt in Jõhvi, andere in Sillamäe und einige wurden bis nach Tallinn transportiert. 46 Mitarbeiter der Agentur wurden verhaftet. Karina ist in Narva.

Sie sitzt Polizeiinspektor Anu Jakobson gegenüber und verweigert die Aussage. Jakobson reagiert darauf wie ein Sack Zement, er hockt da und tut nichts.

»Was passiert jetzt?«, will Karina wissen.

»Wir warten.«

Sie zupft nervös an ihrer Bluse. Warten mag sie nicht. Ihr Anwalt kann nicht kommen, denn der hat noch in Jõhvi zu tun. Kontakt zum Major ist auch nicht möglich. Schließlich befürchtet sie, dass das Gespräch abgehört werden könnte. Was sie sehr wundert, ist, dass die Agentur nur mit diesem einen Anwalt zusammenarbeitet, der verständlicherweise völlig überfordert ist.

Sie fragt: »Wann ist genug gewartet?«

»Das weiß ich nicht. Sie können ja auch ohne Ihren Anwalt reden.«

»Ich werde nicht reden.«

»Das können Sie noch besser ohne Ihren Anwalt.« Jakobson verzieht dabei keine Miene. Karina grinst. Sie kennt solche Esten wie Jakobson. Der sieht nicht nur aus wie ein Fuchs mit seinem spitzen Mündchen und den spitzen Ohren, er ist auch ein Fuchs und will sie an der Nase herumführen. Sein Humor ist trocken wie Sand – wie Treibsand.

Sie trommelt mit ihren Fingernägeln gegen das Stuhlbein. *Klick, klick, klick.* Jakobson kümmert das nicht. Er schaut stumpf auf einen Stapel Blätter, die er in aller Seelenruhe einzeln abarbeitet, in drei Fächer sortiert und einige davon unterschreibt. Digital war gestern, Papier ist heute.

Warum lässt er mich nicht gehen?, fragt sich Karina. Sie hat weder Staatsgeheimnisse verraten noch den Premier beleidigt, nur dafür gesorgt, dass in Deutschland über den Zustrom von Asylbewerbern diskutiert wird. Das ist nicht strafbar. Sie hat sich in ihren Augen sogar für die Demokratie eingesetzt. Was ihr genau vorgeworfen wird, da ist sie sich unsicher.

Der Fernseher läuft am anderen Ende des Großraumbüros und zeigt estnisches Fernsehen. Sie reden vermutlich in einer Tour über die Vorkommnisse in Narva. Hören kann Karina es jedoch nicht. Dann bringen sie Bilder von Berlin und von Phoenix, Sarah und Khalil.

Karina kocht innerlich. Wie konnten die drei sie nur so austricksen? Drei junge Leute, ohne Erfahrung, ohne einen Apparat hinter sich zu haben. Sie kann es nicht glauben und sie will es nicht glauben.

Das Telefon von Jakobson klingelt.

»Ihre Mutter möchte Sie sprechen«, sagt er.

Karina schaut ihn kritisch an: »Meine Mutter?«

»Hier«, entgegnet Jakobson und reicht ihr den Hörer. »Es geht sicherlich um die Beerdigung Ihrer Schwester.«

Karina fragt sich, woher Jakobson von ihrer Schwester weiß.

Er steht auf und meint: »Bleiben Sie sitzen und reden Sie ganz in Ruhe mit Ihrer Mutter.«

Dann geht er weg.

»Ja, ich bin jetzt in Galinas Wohnung«, erklärt ihre Mutter. »Galina wird morgen beigesetzt.«

»Wer wird zur Beerdigung kommen?«

»Ich weiß es nicht. Sie hatte wohl keine Freunde und ihre Schwester Karina sitzt im Gefängnis. Vielleicht kommen ja die Meerschweinchen?« Ihre Mutter klingt bitter. Sie fühlt sich von ihren Töchtern belogen. Die beiden hatten ihr nicht gesagt, für wen sie arbeiten.

»Mit dem Herzen bin ich bei euch«, erklärt Karina und schaut sich kurz um. Die Polizisten sitzen zu weit weg und sind zu sehr mit Vernehmungen beschäftigt, als dass sie sich um Karina kümmern würden. Jakobson steht mit einer Teetasse in der Nähe des Fernsehers und schaut zu.

»Du musst jetzt vernünftig sein«, meint ihre Mutter. »Versprich mir das, Karina. Du hast doch nichts mit den Morden zu tun, oder?«

»Was redest du da, Mama? Welche Morde?«

»Der Polizist hat gesagt, dass du womöglich wegen Beihilfe zum Mord angeklagt wirst. Aber er dürfe nichts verraten. Vielleicht solltest du einen Deal mit der Polizei aushandeln.«

Karina schaut zu Jakobson. Das ist alles eine Finte. Sie haben doch gar keine Beweise für den versuchten Mord an Phoenix und Sarah. Das sind bloß Vermutungen.

»Nur du bist mir geblieben«, betont ihre Mutter.

»Ja.«

»Du weißt, dass du die Einzige bist.«

»Ja, Mama.«

»Ich könnte mich um ein Enkelchen kümmern.«

Karinas Mutter hat ein einfaches Gemüt. Ohne die Zuwendungen ihrer Töchter hätte sie in den vergangenen Jahren kein so gutes Leben führen können. Aber sie wollte nie, dass Galina und Karina eine solche Arbeit erledigen.

»Du wirst den Polizisten alles erzählen, was du weißt. Versprichst du mir das?«

Karina vermutet, dass ihr Gespräch von der Polizei abgehört wird. Doch sie dürfen das Material ohnehin vor Gericht nicht verwenden.

»Du kennst doch den Major Arslan Sukolow?«

»Woher weißt du das, Mama?«

»Der Polizist hat es mir verraten. Ich solle dir ausrichten, dass es dir helfen würde, wenn du über ihn redest. Es würde dein Gewissen erleichtern. Sukolow ist wohl ein Terrorist. Nur nicht mit Bomben, sondern mit Worten. Ein Russe. Muss ich Angst vor diesen Leuten haben?«

Karina will nicht, dass ihre Mutter sich weiter aufregt. »Sukolow tut niemandem etwas. Du musst dir keine Sorgen machen.«

»Dann rede doch über ihn. Du musst die Wahrheit sagen. Du kannst uns beschützen.«

»Sei still, Mama«, fährt Karina sie plötzlich schroff an. Sie erträgt das Gerede ihrer Mutter nicht mehr. Es macht sie wütend, traurig und hilflos zugleich. »Ich werde ihnen alles erzählen«, lügt sie einfach. »Glaub es mir, Mama. Ich werde dich nicht enttäuschen. Ich werde alle verraten.«

Sie erzählt es zwar, aber sie meint es nicht. Sie will nur, dass ihre Mutter nicht mehr traurig ist und nicht mehr weiterredet. Denn Karina würde niemals gegen Sukolow oder gar Myasnik aussagen. Sie weiß viel über die Trollfabriken und den Kreml. Sie könnte Myasnik schwer schaden. Aber sie würde nie ein Wort sagen. Sie ist keine Verräterin. Die Sache ist größer als sie. Zur Not wird ihr Myasnik helfen. Schließlich weiß er, wie treu sie ihm dient.

Karina verabschiedet sich von ihrer Mutter, die ihr noch einmal unter Tränen das Versprechen abverlangt, der Polizei alles zu erzählen.

Kurz darauf sitzt Jakobson wieder vor ihr und schaut erneut stumpf auf die Blätter, liest und sortiert und unterschreibt. »Ich mag kein Papier«, erklärt er. »Wir hatten alles digital gespeichert, aber dann kamt ihr und die Amerikaner und habt euch in unsere Computersysteme gehackt. Und nun, da wir wissen, dass ihr alles mitgelesen habt, müssen wir uns wieder umstellen. Ich mag kein Papier. Aber Papier kann man« – dabei schaut er Karina an – »nicht hacken. Keine Chance. Ein Telefon kann immer abgehört werden, ob in Washington oder in Moskau. Jeder kann ein Telefonat, wie Sie es gerade mit Ihrer Mutter geführt haben, abhören.«

Karina zuckt zusammen. Dann wird ihr klar, was sie gerade eben am Telefon erzählt hat. Dass sie Myasnik verraten wird. Sie hat es sogar versprochen. Plötzlich schwitzt sie, Angst steigt in ihr hoch. Dieser Jakobson ist ein Schwein. Er hat sie zu dieser Aussage am Telefon gedrängt. Myasnik wird von dem Gespräch erfahren und dann ist sie tot. Jakobson hat sie ihm ausgeliefert. Was soll sie tun? Zum ersten Mal in ihrem Leben hat sie Todesangst. Am liebsten würde sie direkt den Major oder Myasnik anrufen und ihnen erklären, dass es alles nicht so gemeint gewesen war. Sie sei keine Verräterin, sie habe es nur gesagt, um ihre Mutter zu trösten.

»Sie zittern ja«, meint Jakobson. »Wollen Sie eine Aussage machen?«

Mittwoch, 8. August
Brandenburg, Harckburgh

Ich schreibe. Sarah schläft und alle anderen schlafen auch, denn es ist halb drei Uhr in der Nacht. Aber ich muss diese Geschichte erzählen. Vorher kann ich einfach nicht schlafen. Stift auf Blatt muss diese Geschichte raus aus meinem Kopf. Ich traue mich nicht, sie aufs Handy zu tippen oder in den Computer. Denn ich weiß nicht, wer alles am anderen Ende mitliest. Ich fange mit den heutigen Ereignissen an und werde die letzten Tage aufrollen, Schritt für Schritt werde ich mich zurücktasten, Tag für Tag. Die Geschichte ist nur für mich, für niemand anderen.

Was ist heute noch am Brandenburger Tor passiert?

Sarah, Khalil und ich sind mit der Menge zum Holocaust-Mahnmal gegangen. Spontan hat der Berliner Bürgermeister dort eine Rede gehalten. Danach wurden wir in die Redaktion der *Berliner Nachrichten* gebracht. Auf der Fahrt hat mir Papa von Eymens Tod erzählt. Die Polizei geht davon aus, dass es ein Einbrecher gewesen ist, der ihn getötet hat.

In London wurden noch zwei Mitarbeiter von Myasnik verhaftet sowie Mittelsmänner in Luxemburg und Brüssel. Ich frage mich, wie die Polizei an die nötigen Informationen gekommen ist, um die Festnahmen durchzuführen. Ob einer der Trolle geplaudert hat?

Und was ist mit Karina? Wurde sie auch verhaftet?

Plötzlich haben die Polizisten und Journalisten die Trollfabriken im Visier. Plötzlich schauen sie nach Narva, verstehen die Angst der Esten, Letten und Litauer vor einer russischen Invasion. Plötzlich interessieren sie sich auch für Myasnik, obwohl er schon lange seine Fäden in Moskau spinnt und sie in die Welt wirft. Plötzlich wird anders über die Heimfahrten der syrischen Flüchtlinge gedacht. Plötzlich wird klar, dass sie nur versucht haben, Land und Haus zu retten – vor Ibrahim al-Tawīl, den Russen und den Iranern. Alles passiert so plötzlich. Dabei lagen viele Fakten schon auf dem Tisch. Jeder hätte sich darüber informieren können. Doch ständig wurde den Leuten Sand aus Moskau in die Augen gestreut. Hass wurde geschürt und alles schwarzgemalt.

Khalil, Sarah und ich sind froh, dass wir das Material zugänglich gemacht haben. Alles ist öffentlich, unwiderruflich öffentlich auf unserer Plattform. Aber ich bin mir darüber klar, dass Myasnik weiter seine Fäden spinnen wird, bis er Präsident von Russland ist.

Wo wir jetzt sind? Im Haus von Sarahs Eltern. Der Schreibtisch in Sarahs Zimmer ist noch ein richtiger Schülerschreibtisch. Sie hat sogar eine pinke Unterlage und ich schreibe mit einem Füller. Das habe ich schon seit Jahren nicht mehr getan. Ich habe keine Ahnung, wie es weitergehen soll. Ich bin bloß froh, hier zu sein. Sarahs Eltern sind so nett zu uns gewesen und ihre Oma sowieso. Zu unserer Überraschung hatte Sarahs Vater nicht nur Khalil, sondern auch noch seine Eltern und die nervende Schwester hierher eingeladen. Dazu muss er über sämtliche Schatten gesprungen sein. Selbst Sarah hatte nicht damit gerechnet. Jedenfalls schlafen Khalil und seine Familie im Schlafzimmer von Sarahs Eltern und Sarahs Eltern im Wohnzimmer. Und meine Eltern sind in einem winzigen Gästezimmer neben dem von Oma Anna untergebracht.

Meine Eltern hatten die Idee, dass wir hier am besten unsere Rückkehr ohne irgendwelche Medien feiern könnten. Es stehen sogar zwei Polizisten vor unserer Tür. Ich frage mich zwar, warum, aber die Polizei hat es Papa angeboten und deshalb sitzen sie draußen im Wagen. Obwohl es keine neuen Informationen mehr gibt, denn alles ist online. Ich höre den Stift über das Papier schaben. Linkshänder sind halt lauter beim Schreiben. Wir haben ein bisschen gefeiert. Es gab Kuchen – Stachelbeere und Pflaume – und Baklava von Khalils Mama.

»Pst.« Ich zucke zusammen.

Da ist jemand. Ich will schreien, aber er sagt wieder »Pst« und ich gehorche. Sein Gesicht ist mir bekannt. Woher kenne ich es? Der schlanke Typ schließt vorsichtig die Tür hinter sich. Er hat eine Waffe in der Hand. Sie hat einen Schalldämpfer.

»Wenn sie nicht aufwacht, dann erschieße ich nur dich.«

Ich weiß immer noch nicht, wer er ist. Er hat einen leicht englischen Akzent. Ich muss an die Dokumente denken, die wir aus der Trollfabrik in Narva mitgebracht haben. Ein gewisser Engländer, ein Killer, wurde darin erwähnt. Er sollte uns töten.

»Sie sind der Engländer?«

Er schweigt.

»Warum schießen Sie nicht?«

Ich habe keine Angst um mich, nur um Sarah. Sie schläft fest, ihr Schnarchen beruhigt mich.

»Warum schießen Sie nicht?«, wiederhole ich.

»Warum hast du nicht aufgehört herumzuschnüffeln?«

»Neugierde.«

Er hebt die Waffe und macht einen Schritt auf mich zu.

»Hallo.«

Sarah ist wach. Sie sieht mich, sieht ihn, sieht die Waffe und dann geht die Tür hinter dem Engländer auf. Sarahs Vater steht im Türrahmen. Der Killer dreht sich um. Aber er kommt nicht zum Schießen, denn Sarahs Vater zieht schon Waffe und Hand des Engländers zu sich. Es knackt und dann liegt der Mann reglos am Boden. Daneben die Waffe. Kein Schuss hat sich gelöst. Nichts. Es ist alles so schnell geschehen, als wäre es überhaupt nicht passiert.

Georg schließt die Tür. »Ich hole jetzt die Polizei. Ihr müsst keine Angst mehr haben. Der wacht so schnell nicht auf.«

»Ist er tot?«, will Sarah wissen.

»Er hat einen Schock und wird Schmerzen in der Brust haben, wenn er aufwacht.«

Georg verlässt das Zimmer und ich nehme Sarah in den Arm. Oder sie mich. Ich kann es nicht sagen. Ich weiß nicht einmal, wie ich vom Schreibtisch zum Bett gekommen bin.

»Dein Vater ist unglaublich«, meine ich. »Ich habe so was noch nie gesehen. Ich kenne ihn nur vom Training.«

Sarah gibt mir einen Kuss. »Dabei mag ich Systema überhaupt nicht.«

»Aber es ist gut, dass dein Vater es beherrscht.«

Kurz darauf kommen die Polizisten und nehmen den Engländer fest. Alles geht sehr ruhig vonstatten. Die Polizisten wollen die Kripo holen, damit wir zu dem Vorfall verhört werden können.

»Das möchte ich nicht«, sagt Sarahs Vater. »Sie können die beiden später vernehmen. Jetzt bitte nicht. Die Kinder haben seit Tagen nicht geschlafen. Sie können nun gehen. Ich werde mich darum kümmern, dass den beiden nichts passiert.«

Es beruhigt mich, wie Georg redet und dass er uns »die Kinder« nennt. Ich fühle mich auf einmal sicher. Vollkommen sicher.

Die beiden Polizeibeamten führen den Engländer ab, der wieder bei Bewusstsein ist. Er wirkt, als sei er nicht verletzt, er hält sich lediglich den Brustkorb.

Meine Eltern höre ich nicht und auch nicht Khalil und seine Familie. Sie haben wohl in ihren Zimmern hinter der Küche gar nichts von dem Vorfall mitbekommen. Jetzt erinnere ich mich, wo ich den Engländer schon einmal gesehen habe: Er stand vor der Hütte und warf mir Mascha entgegen. Dieses Schwein. Wer weiß, was er sonst noch für Verbrechen begangen hat.

Als wir wieder allein sind, erzählt Sarah: »Morgen ist die Beisetzung von Alexander.«

»Ich weiß«, entgegne ich und küsse sie. »Morgen werden wir dorthin gehen und dann …«

»Was dann?«, fragt sie neugierig.

»Ich wollte es dir erst morgen zeigen, aber … « Ich greife in meine Jacke und hole einen Umschlag heraus. Daraus ziehe ich einen Gutschein über einen Urlaub für drei Leute für 14

Tage an einem Ort unserer Wahl. »Der ist *von den Berliner Nachrichten.*«

Sarah lächelt und fällt mir um den Hals. »Wo soll es hingehen? Hast du eine Idee?«

»Was hältst du von Korsika – segeln?«

Das will ich lesen!

ISBN 978-3-7432-0364-8

Eingesperrt, ohne Erinnerung, erwacht Manuel in einem weißen Raum. Er weiß weder, wer er ist, noch, wie er hierher kam. Sein einziger Kontakt ist eine computergenerierte Stimme namens Alice, durch die er Zugriff auf das Internet hat. Stück für Stück erschließt sich Manuel online, was mit ihm passiert ist: Bei einem Entführungsversuch wurde er lebensgefährlich verletzt. Doch wie konnte er diesen Anschlag überleben? Ist das alles tatsächlich die Wahrheit? Und wer ist Manuel wirklich?